Insoo Kim Berg

Familien-Zusammenhalt(en)

Ein kurz-therapeutisches und lösungs-orientiertes Arbeitsbuch

systemische Studien Band 8

herausgegeben von Jürgen Hargens

Insoo Kim Berg

Familien-Zusammenhalt(en)

Ein kurz-therapeutisches und lösungs-orientiertes Arbeitsbuch

 verlag modernes lernen - Dortmund

systemische Studien

herausgegeben von Jürgen Hargens (Meyn)

In dieser Buchreihe erscheinen Arbeiten, die systemische Ansätze in der Therapie weiterentwickeln und Möglichkeiten der praktischen Umsetzung mit einbeziehen. Die Reihe wendet sich an praktisch tätige KlinikerInnen, theoretisch interessierte ForscherInnen und alle an systemischem Denken Interessierte.

Dieses Buch erschien unter dem Titel *„Family Preservation. A Brief Therapy Workbook"* bei BT Press, London, 1991

Aus dem Englischen übersetzt von Axel Wrede in Zusammenarbeit mit Jürgen Hargens

Band 8:
Insoo Kim Berg
Familien-Zusammenhalt(en)

© 1992 by SolArgent Media AG, Basel

Veröffentlicht in der Edition:
verlag modernes lernen • Hohe Straße 39 • D-44139 Dortmund

8. Aufl. 2006
Gesamtherstellung: Löer Druck GmbH, Dortmund

Bestell-Nr. 4308 ISBN 3-8080-0360-X
(ISBN 978-3-8080-0360-2)

Inhalt

Kapitel 5.

Kapitel 6.

Kapitel 7.

Kapitel 8.

Vorwort

Familien-Zusammenhalt(en) - was kann sich hinter diesem Begriff verbergen? Die Schwierigkeit, anglo-amerikanische Literatur aus dem psychosozialen Bereich ins Deutsche zu übersetzen, besteht nicht nur in der Übersetzung. Vor allem ist zu berücksichtigen, daß die psychosoziale Versorgung in der Bundesrepublik Deutschland andere Strukturen hat als in Amerika oder England. Das, was Insoo Kim BERG als Arbeitszusammenhänge für ihr methodisches Vorgehen beschreibt, läßt sich in Deutschland am ehesten mit den Aufgaben der Allgemeinen Sozialen Dienste (ASD), der Familienfürsorge, der Familienhilfe und der Einzelfallhilfe als sozialpädagogische Maßnahme, der Erziehungsbeistandsschaft sowie der Arbeit der Kinderschutzzentren und des Kinderschutzbundes vergleichen. Sie faßt es unter dem Begriff „Familienorientierte Beratungsdienste" und geht auf Strukturen, Phasen und vor allem methodische Schritte in dieser Arbeit sehr detailliert ein. Am Beispiel der Familienhilfe läßt sich am ehesten verdeutlichen, zu welchen wichtigen Bereichen sie Stellung nimmt.

Die Situation der Familienhilfe zeichnete sich vor ca. zwanzig Jahren dadurch aus, daß man/frau der Überzeugung war, nur wirklich viel Hilfe helfe. FamilienhelferInneneinsatz von 8-19 Stunden die Woche war üblich. Die Tätigen, meist BerufsanfängerInnen oder Studierende, die bereits eine pädagogische Qualifikation hatten, aber auch Ehrenamtliche ohne pädagogische Ausbildung, hatten die Aufgabe, den Familien in allen Bereichen zu helfen. Das ging von der Einführung in die Säuglingspflege über das Wäschewaschen bis hin zu erzieherischen Funktionen. Ziel war implizit, die Eltern (in der Regel die Mütter) zu erziehen und sich selbst als der „bessere Elternteil" zu erweisen. Zu welchen Konflikten solche Haltungen animieren, stellt die Autorin ausführlich dar. Oft waren FamilienhelferInnen heillos in den Spielen der Familie verstrickt. Die Kinder nutzten die Konkurrenzsituation aus, und die Mütter boykottierten die Angebote. Waren Väter vorhanden, so zogen sie sich zurück oder nutzten die FamilienhelferIn, um Paarkonflikte auszutragen. Das Ganze lief ohne Supervision und hatte oft den Zweck, für das Jugendamt abzusichern, daß alles erdenklich Mögliche getan wurde, um den Kindern eine Trennung von der Familie zu ersparen. Oft war es aber ebenfalls heimliches Ziel, die Kinder in der Heimerziehung unterzubringen, denn die liberaler werdenden Heime, vor allem die heilpädagogischen für verhaltensauffällige Kinder und Jugendliche, galten als allemal besser als die „kaputten" Familien. Scheiterte die Heimerziehung, so wurden die Gründe dafür bei den Eltern und der familiären

„Schädigung" des Kindes gesucht. Über Kontexte behördlicher Sozialarbeit, soziale Systeme und strukturelle Bedingungen, wie sie die Autorin berücksichtigt, machten sich zu diesem Zeitpunkt erst Wenige Gedanken. Ca. zehn Jahre später hatte sich die Situation in der Familienhilfe und der Sozialpädagogischen Einzelfallhilfe (letzteres bedeutet, daß sich das Hilfeangebot nur an ein Kind der Familie richtet und für dieses eine soziale Auffälligkeit diagnostiziert werden muß) dahingehend verändert, daß die Maßnahmen viel stärker als Äquivalent zur Heimerziehung eingesetzt wurden und daß die HelferInnen über bessere Qualifikationen verfügten (abgeschlossene Studien der Sozialarbeit/Sozialpädagogik und oft Zusatzausbildungen in Familientherapie). Dies korrespondierte mit der Situation, daß eine Reihe von SozialarbeiterInnen/SozialpädagogInnen in den Jugendämtern der Überzeugung waren, eine familientherapeutisch ausgerichtete Sozialarbeit sei für die Fälle, für die der Einsatz von FamilienhelferInnen angezeigt war, weiterführend. Sie versuchten, auch Familien, die keine Beratungsstellen aufsuchen würden, therapeutische Hilfen zukommen zu lassen. Die verwaltungsgebundenen Regelungen hatten sich jedoch noch nicht geändert. Man/frau konnte also einer Familie, nach bestehenden Regeln, keine Familientherapie als sozialpädagogische Maßnahme anweisen.

So wurde versucht, die formalen Regelungen der Familienhilfe oder der Sozialpädagogischen Einzelfallhilfe so auszulegen, daß in den Familien familientherapeutisch gearbeitet werden konnte. Familientherapie „at home" kam als Begriff auf. In die verallgemeinerbaren Überlegungen zu Methoden der Sozialarbeit/Sozialpädagogik (SA/SP) wurde dieses Vorgehen erst viel später aufgenommen und in den familientherapeutischen Schulen war (und ist?) es kein Thema. Das Buch von Insoo Kim Berg ist für die, die sich in den frühen 80er Jahren engagiert für familientherapeutische Arbeit und Ausbildung in der SA/SP eingesetzt haben, wie eine späte Rehabilitation. Sie belegt, welcher Qualifikationen es bedarf, um im Feld der SA/SP förderlich mit Familien zu arbeiten. An ihren Fallbeispielen und methodischen Vorschlägen wird deutlich, daß die Komplexität des Aufgabenbereiches sehr ausdifferenzierte, souveräne und in sich stabile professionelle HelferInnen erfordert und daß sozialarbeiterische/-pädagogische Methoden den gleichen Anforderungen unterliegen wie psychotherapeutische Qualifikationen.

Wie effektiv es sich mit familienorientierten Methoden arbeiten läßt, werden alle die wissen, die die Möglichkeit haben, diese Methoden einzusetzen. Die Familien profitieren von dieser Vorgehensweise, denn sie empfinden es als Entlastung, daß die BetreuerIn nicht jeden Tag kommt. Auch daß sie als Familie nicht auseinandergerissen werden und sich durch die Art zu fragen und zu intervenieren tatsächlich etwas verändert, sind Rückmeldungen von derart betreuten Familien.

Es entstand bereits Anfang der 80er Jahre die Vision, auf dem Wege der familientherapeutischen Methoden weite Bereiche der Sozialarbeit verändern zu können. Offensichtlich zu früh, denn die Strukturen behördlicher SA/SP und familienorientierte Methoden stimmen nicht überein. Behördlich war man/frau nach wie vor der Überzeugung, daß die Betreuungsarbeit umfangreich sein muß (galt als Maßstab für eine intensive, gute Beziehung). Insoo Kim BERG belegt das Gegenteil. Des weiteren galten Probleme nur als behebbar, wenn bestimmbare Ursachen herausgearbeitet werden konnten. Auch hier entwickelt die Autorin durchaus andere Sichtweisen. Und Supervision galt als notwendig für die, die noch etwas lernen müssen und Kontrolle brauchen. Als Bestandteil der familienorientierten Arbeit, so wie die Autorin sie definiert, wird Supervision auch heute noch nur vereinzelt in der SA/SP wahrgenommen.

Inzwischen hat Familienhilfe in der SA/SP in Deutschland einen gefestigteren Stellenwert. Es gibt Projekte und festangestellte FamilienhelferInnen, die auch Anspruch auf Supervision haben. Aber noch immer läuft die Diskussion, ob es sich bei Familienhilfe nun um eine bessere Laientätigkeit oder eine besondere Qualifikation handelt. Dabei ist professionell helfende Arbeit mit Familien als ganzes in ihrem Lebensbereich nichts Neues. Es ist das, was als klassische Methode der Sozialarbeit bekannt wurde: Soziale Einzelfallhilfe. Dieses Vorgehen läßt sich bis in die frühen Anfänge der professionellen SA/SP zurückverfolgen. Haltungen, Prinzipien und Ideale, wie Insoo Kim BERG sie herausarbeitet und gut nachvollziehbar beschreibt, wurden immer wieder in der einschlägigen Literatur zur Einzelfallhilfe angesprochen und gefordert. Trotzdem hat die Einzelfallhilfe als Methode im psychosozialen Feld nie den Stellenwert erlangt, der ihr von ihrer Notwendigkeit her zugekommen wäre. Woran liegt das?

Hier sind verschiedene Antworten möglich, die in der Literatur zur SA/SP detailliert aufgeführt werden. Ich möchte zwei wichtige Aspekte aufgreifen. Zum einen gelang es der SA/SP im deutschsprachigen Raum nie, eine eigene „Basiswissenschaft" zu etablieren. Hierarchien im Bildungsbereich und politische Entwicklungen in diesem Jahrhundert sind hier als Gründe anzuführen. Somit konnten die Methoden der SA/SP nie eigenständig wissenschaftlich überprüft werden. PsychologInnen,

SoziologInnen, MedizinerInnen und PädagogInnen haben aus ihrer Perspektive das Feld der SA/SP definiert und da diese Berufsgruppen in den deutschen Verwaltungs- und Bildungsstrukturen hierarchisch höher angesiedelt sind, konnten sie SozialarbeiterInnen/SozialpädagogInnen vorschreiben, wie sie ihr Arbeitsfeld wahrzunehmen haben.

Zum zweiten war (und ist) die Arbeit mit Familien im deutschen Rechtssystem (und JuristInnen definieren viel stärker, was SA/SP ist, als die Berufsgruppe selbst) immer an einer Kind-versus-Eltern-Perspektive ausgerichtet. Wir hatten ein „Jugendwohlfahrtgesetz" und haben heute ein „Kinder- und Jugendhilfegesetz". Von Familien ist da nicht die Rede. In all diesen Wahrnehmungen und Regelungen wird davon ausgegangen, daß Probleme erkennbare „Ursachen" haben und daß sie sich beseitigen lassen, wenn man/frau nur die Defizite ausgleicht, Fehler korrigiert und notfalls die Unverbesserlichen reglementiert. Außerdem muß jemand Schuld sein, die Verantwortung dafür tragen, wenn etwas nicht so läuft, wie es gesellschaftlich gewünscht wird. An Lösungen zu arbeiten, statt Probleme verschwinden zu lassen, den Betroffenen Ressourcen zuzutrauen, wo sie doch im Elend fast ersticken, so wie Insoo Kim Berg es fordert, ist nach den oben beschriebenen Wahrnehmungsmustern in der SA/SP immer noch eine Ausnahmeposition.

Das Buch veranschaulicht durch die Reflexion des methodischen Vorgehens und durch die praktischen Beispiele wie unangemessen es ist, daß in weiten Teilen des psychosozialen Bereiches den Studierenden der SA/SP immer noch vermittelt wird, sie bekämen eine Qualifikation zweiten Ranges: um „richtig" professionell helfen zu können, bedürfe es eines Universitätsstudiums oder zumindest einer Zusatzqualifikation; und „Therapie" sei sowieso nichts für SozialarbeiterInnen/SozialpädagogInnen, das „dürfen" nur PsychologInnen oder ÄrztInnen (wie ja im Entwurf des Psychotherapiegesetzes erneut zum Ausdruck kommt). Von daher finde ich es bedauerlich, daß der Begriff „worker" mit „TherapeutIn" übersetzt wurde und nicht mit „SozialarbeiterIn", denn das, was die Autorin beschreibt, ist *Soziale Arbeit* und daß die der Familientherapie nahe und gleichgewichtig ist, bringt die Autorin eindrucksvoll zum Ausdruck.

Frankfurt/M., im Juli 1992 *Dagmar Hosemann*

Vorbemerkungen
des (Reihen-) Herausgebers

Die Konzepte und Vorgehensweisen des *Brief Family Therapy Center* (BFTC) spielen wegen ihrer Schlichtheit und Wirksamkeit im familientherapeutischen Bereich eine immer größere Rolle. Trotz - oder wegen - der zunehmenden Aufmerksamkeit ist das BFTC-Team um Insoo Kim BERG und ihren Mann Steve DE SHAZER offenbar einer ihrer Grundüberzeugungen treu geblieben: neugierig und experimentierfreudig zu bleiben. Und genau das finde ich an diesem Arbeitsbuch so interessant und anregend.

Insoo Kim BERG schreibt über ihre Erfahrungen mit KundInnen, die im „therapeutischen Alltag" als „schwierig" und therapeutischen Bemühungen gegenüber wenig aufgeschlossen gelten. Und so wundert es nicht, wenn TherapeutInnen sich um eben diesen „KundInnen"-Kreis wenig bemühen.

Das BFTC-Team kennt solches Zögern offenbar nicht. Sie nehmen ihre eigenen Grundlagen ernst - Stärken, Lösungen, Ressourcen und Ausnahmen - und übertragen diese auf die Begegnung mit als „schwierig", „besonders problematisch" oder „widerspenstig" etikettierten „Multi-Problem-Familien".

Und Insoo Kim BERG zeigt auf, wie ein Miteinander möglich sein kann, ohne Schuldverteilungen vorzunehmen, aber ohne deswegen zugleich Verantwortlichkeiten aufzugeben.

In diesem Sinne ist dieses Buch für mich durchaus spektakulär - einfach weil Insoo Kim BERG unspektakulär Handlungsmöglichkeiten aufzeigt, Schritte und Strategien benennt und einen Einblick in den Fundus ihres Fragen-Schatzes gewährt. Das macht dieses Buch in meinen Augen so anders - es bietet keine Lösungen an, sondern es zeigt Ausnahmen auf. Insoo Kim BERG nimmt ihre eigenen Überzeugungen ernst, sucht nicht nach Lösungen, sondern ist überzeugt, daß sie dazu beitragen kann, daß ihre KundInnen *ihre eigenen* passenden Lösungen und Ausnahmen finden.

Und mir scheint dieses Buch überaus „zeitgemäß" - in den USA ist die Arbeit, die sich „home-based" oder „family preservation" nennt, im kommen; sicher auch aus der Einsicht und der Erkenntnis heraus, daß dem Wohl der Kinder nicht immer damit gedient sein kann, sie aus der Familie herauszunehmen, manchmal sogar von Institution zu Institution zu verschieben - Fragen, die sich auch bei uns stellen (lassen) und die auch Alternativen notwendig machen.

Ich hoffe deshalb, daß dieses Buch - das ich für ein Arbeitsbuch in des Wortes wörtlicher Bedeutung halte - von vielen HelferInnen gelesen wird, die mit dieser KundInnen-Gruppe arbeiten, daß sie angeregt werden, ihre eigenen Vorannahmen über diese Familien zu befragen und vielleicht einmal die eine oder andere neue/andere Frage zu stellen. Ich habe es als Erleichterung empfunden, hier praxisnah darüber zu lesen, daß es nicht notwendig sein muß, Schuldkonten zu führen, Familien aufzuspalten oder zeitweilig zu trennen - sondern daß es Alternativen gibt, die Ressourcen, über die die KundInnen verfügen, offen zu machen und zu nutzen.

Ich hoffe aber auch, daß TherapeutInnen, die vorrangig in ihren Praxen und Institutionen arbeiten, dieses Buch lesen und angeregt werden (und sich anregen lassen), über den strukturellen Rahmen ihrer Arbeit zu reflektieren.

In diesem Sinne verstehe ich Insoo Kim BERGS Praxis auch als Hinweis auf eine therapeutische Bescheidenheit, die die Stärken der KundInnen betont und nicht Defizite und Schwächen in den Mittelpunkt stellt. Um ihre Worte ein wenig umzuformulieren: wenn wir mit KundInnen sprechen, sind wir durchaus ihre *Gäste* - in ihren Wohnungen wie auch in ihren Geschichten.

Meyn, im Juni 1992   *Jürgen Hargens*

Vorwort

Wir alle wissen eine ganze Menge über Familien, weil wir selbst in einer Familie aufgewachsen sind. Und doch scheint man mit zunehmendem Wissen eigentlich immer mehr den Überblick zu verlieren. Familien scheinen alle gleich zu sein, und doch unterscheiden sie sich voneinander. Die Familie stellt eine Gruppe dar, die gleichermaßen Gutes wie Schlechtes hervorzubringen vermag; sie gibt ihren Mitgliedern Rückhalt und kann sie zugleich aushöhlen; sie ist nährend und doch sehr beanspruchend; so leicht zu verstehen und doch so verwirrend.

Lassen Sie sich als LeserIn mit mir auf ein Unterfangen ein, das einerseits sehr aufregend und kraftspendend ist, andererseits aber auch oft schmerzhaft und erschöpfend: die Arbeit mit Familien im Sinne des familienorientierten Beratungsdienstes (*FBS-Family Based Service*). Dieser Ansatz wird für Sie eine ganz neue und wichtige Herausforderung darstellen. Er kann unseren Horizont erweitern und uns helfen, Fähigkeiten in uns zu entdecken, die wir nie vermutet hätten. Ich bin sicher, daß Sie diese Arbeit schätzen werden, da sie keinen Augenblick Langeweile bereitet. Für Probleme werden Sie nicht mehr viel übrig haben.

In dieser Arbeit berührt man das Leben vieler Familien. Den Einfluß, den Sie dabei auf ihre KlientInnen haben, kann man nicht direkt messen oder unmittelbar feststellen. Dennoch aber werden die meisten KlientInnen sich bestärkt fühlen und froh sein, daß Sie sie für ein kurzes Stück auf ihrem Lebensweg begleitet haben.

Dieses Arbeitsbuch zielt darauf ab, die täglichen Mühen in der Arbeit etwas zu mildern und Ihre Freude wiederzubeleben, Vielleicht hilft es Ihnen wie Ihren KlientInnen, die überraschenden Möglichkeiten des menschlichen Geistes zu entdecken und sich weiterzuentwickeln. Es soll ein Leitfaden sein bei Ihrem Weg durch die Unmenge von Informationen, die die Familien vor Ihnen ausbreiten. Der Text ist in einer einfachen Sprache geschrieben, kommt fast ohne Fachjargon und Fachausdrücke aus und bietet den Stoff in aufeinander aufbauenden Lerneinheiten an. Wir stellen reale Fallbeispiele vor, bei denen ich entweder direkt einbezogen war oder zumindest indirekt mitgewirkt habe.

Therapie ist nichts Geheimnisumwittertes. Wenn Sie sich an den hier vorgeschlagenen Schritten orientieren, machen Sie im Grunde Familien-Therapie, selbst wenn Sie nur mit einer Person der Familie arbeiten.

Ich danke allen Familien, die mich inmitten von Leid und Schmerz an ihrer unglaublichen Kraft und Lebendigkeit haben teilhaben lassen. Besonderer Dank gebührt auch Steve DE SHAZER und Larry HOPWOOD, die mich in großzügiger Weise und mit Geduld unterstützt haben.

Milwaukee, Wisconsin, April 1991 *Insoo Kim Berg*

1

Der Familienorientierte Beratungsdienst (Family Based Service–FBS)

A. Allgemeine Überlegungen

Der Familienorientierte Beratungsdienst (FBS) ist ein spezialisiertes Angebot für die Arbeit im Bereich der Kinder- und Jugendwohlfahrt. Er basiert auf grundlegenden Modellen und Techniken der Familientherapie. Ansatzpunkt therapeutischer Interventionen, die im Rahmen einer intensiven und zeitlich begrenzten Arbeit stehen, ist die Familie als Einheit, d.h. Kinder und Eltern werden vorzugsweise nicht getrennt voneinander behandelt.

Das Programm des FBS geht von der Haltung und Annahme aus, daß es einem Kind am meisten nützt, wenn man die Familie, in der es lebt, als Einheit stärkt und unterstützt. Es stellt einen traumatischen Einschnitt für Kind und Familie dar, wenn ein Kind aus der Familie herausgenommen werden muß, wobei es unwesentlich ist, ob die Herausnahme durch Gewalt oder Vernachlässigung begründet ist. Viele Untersuchungen belegen, daß sich Kinder, die fremduntergebracht werden, langfristig nicht besser entwickeln als jene, die in solchen Fällen bei ihren Eltern verbleiben. Wir glauben, daß es auf lange Sicht der beste Weg ist, Kinder zu schützen, wenn man die bestehenden Bindungen zwischen Eltern und Kind stärkt und Eltern dabei unterstützt, sich kompetent zu verhalten. Der klinische Alltag zeigt zudem, daß sogar schwer mißhandelte und vernachlässigte Kinder zu ihren Eltern zurückwollen.

Mit dem vorliegenden Modell haben sich unsere Vorstellungen davon, was wir für Kinder und ihre Familien für hilfreich halten, ganz wesentlich geändert. Um einer Familie als Ganzes zu helfen, Eltern-Kind-Beziehungen und andere Familien- und Verwandschaftsbeziehungen zu fördern, sind spezialisiertes Wissen und Fähigkeiten notwendig. Das FBS-Programm zielt auf Kooperieren mit der Familie und nutzt dabei familiäre Ressourcen und die offiziellen und inoffiziellen Netzwerke einer Gemeinde.

Die Familie wird bei Prozessen, die der Entscheidung und Zielbestimmung dienen, zum Partner. Familiäre Kräfte und Ressourcen werden hervorgehoben und genutzt, um Familien ein Gefühl von Kompetenz und Kontrolle über ihr eigenes Leben zu geben. Familien fühlen sich dadurch sehr bestärkt. Auf diese Weise kann sich eine Familie entwikkeln, in der sich ein Kind geborgen und gefördert fühlt. Besondere kulturelle oder andere Merkmale der Familie als Einheit bleiben unangetastet. Innerhalb dieses Rahmens können Familien unabhängig und mit minimaler Einmischung von außen leben.

Worin unterscheidet sich der FBS von anderen Diensten der Familienhilfe?

Im Bereich der Jugendhilfe begegnete man Eltern lange Zeit äußerst kritisch und sah die Kinder häufig als Opfer schlechter und inkompetenter Eltern. Gelöst wurden Probleme oft dadurch, daß man Eltern und Kind voneinander trennte, indem man Kinder zum Beispiel in Pflegefamilien unterbrachte. In der Folge bemühte man sich darum, die Eltern zu besseren Eltern zu erziehen. Die Zeit des Getrenntseins von ihren Kindern sollte ihnen Gelegenheit geben, neues und geeigneteres Erziehungsverhalten zu erlernen. Wenn die Kinder dann in die Familie zurückkehrten, sollte das Zusammenleben besser funktionieren. In der Praxis jedoch haben sich diese Ansprüche nicht verwirklichen lassen.

Eltern mußten bestimmte Auflagen erfüllen, um ihre Kinder zurückzubekommen. So verlangte man, daß sie wieder zur Arbeit gingen, ihre Wohnung sauberhielten; sie sollten an Kursen, die erzieherische Kompetenz vermitteln, teilnehmen und Beratung aufsuchen, um jene Probleme zu lösen, die man für Mißhandlungen und Vernachlässigung ihrer Kinder verantwortlich machte. Es wurde erwartet, daß sie mit SozialarbeiterInnen kooperierten und deren Vorschriften befolgten. Viele Eltern gingen auf diese Forderungen ein, ohne Probleme zu machen. Andere fügten sich den Anforderungen nur widerwillig, forderten ihre Kinder aber schließlich mit Erfolg zurück. Den meisten dieser KlientInnen wider Willen schrieb man jedoch Attribute wie „unmotiviert" und „therapieunwillig" zu und betrachtete sie als KlientInnen, die ihre Probleme „verharmlosten" oder sich weigerten, Verantwortung zu übernehmen.

Darüber hinaus erzeugte diese Praxis nur noch mehr Schwierigkeiten und Einbrüche für die Kinder, weil sie auf der Basis einer individuumzentrierten Sichtweise von einfachen „Ursache-Wirkungs-Beziehungen" ausging. Die Absicht, die Kinder aus den „Klauen" ihrer Eltern zu retten, wirkte sich auf die Kinder wie eine Bestrafung aus und eine Rückführung wurde immer schwieriger, je länger Eltern und Kinder voneinander getrennt waren.

18

Entgegen der ursprünglichen Absicht, kooperative und familienerhaltende Beziehungen zu fördern, führte diese Praxis zu einer Zersplitterung der Familie und zu feindseligen Beziehungen der Familienmitglieder untereinander. Die Zusammenarbeit verschiedener HelferInnen, die Kind, Eltern oder Pflegeeltern zugeordnet waren, gestaltete sich schwierig. Bei gerichtlichen Entscheidungen gab es mitunter Fälle, bei denen drei verschiedene AnwältInnen drei unterschiedliche Sichtweisen von dem, was für die Familie gut wäre, vertraten. Ich habe einmal mit einer fünfköpfigen Familie gearbeitet, die durch fünf verschiedene AnwältInnen vertreten wurde: je eine für die Eltern, die unterschiedliche Standpunkte hatten und je eine für die drei Kinder, die über zwölf Jahre alt waren und daher eine RechtsvertreterIn in Anspruch nehmen konnten.

In den vergangenen Jahren ist das Bewußtsein dafür gewachsen, daß die geeignetste Form der Hilfe für ein Kind in der Stärkung der Familie als Einheit besteht. Verschiedene Faktoren haben zu diesem Wandel bei der Betrachtung des kindlichen Wohlergehens geführt: Die Bedeutung der emotionalen Bindung von Eltern und Kind wurde neu gewichtet. Man erkannte die zerstörerischen Einflüsse, die die Jugendwohlfahrtspolitik auf die Familie hatte und gelangte zu der Einsicht, daß viel Geld für sehr dürftige Erfolge ausgegeben wurde (Peter FORSYTH, 1988). Der Versuch, „unfreiwillige" Eltern in kooperative, engagierte und motivierte KlientInnen zu verwandeln, die in der Lage waren, individuelle Beratung, unterstützende Gruppen und Elternkurse zu nutzen, erbrachte nur begrenzte Erfolge.

Mißerfolge mit KlientInnen, die verpflichtet worden waren, zur Beratung zu gehen, wurde der aggressiven und feindseligen Wesensart der KlientIn*) angelastet, ihrem Bildungs- oder Intelligenzmangel oder der Unmöglichkeit der Erwartungen, die eine Familie an die TherapeutIn herantrug.

Allzulange war es oberstes Ziel der Jugendwohlfahrt gewesen, Kinder zu „schützen". Dies implizierte naturgemäß die Vorstellung, daß das Kind vor jemanden geschützt werden müsse, — üblicherweise den Eltern. So entstand rasch eine gegnerische und feindselige Beziehung, wenn einE SozialarbeiterIn ungebeten in einer Familie auftauchte, mit

---

*) *Anm.d.Hrsg.*: In der Übersetzung bemühe ich mich darum, die Schreibweise mit „I" und dem weiblichen Pronomen als allgemeine Beschreibung von TherapeutIn und KlientIn etc. durchzuhalten. Zum anderen wird der Begriff „worker" als TherapeutIn übersetzt, da der allgemeine Begriff „ArbeiterIn" im deutschen mißverständlich wirkt.

inquisitorischen Fragen die Partei des Kindes gegen die Eltern ergriff und ihnen sagte, wie sie sich verhalten sollten. Die Eltern wurden darüber hinaus häufig solange als schuldig angesehen, bis sie ihre Unschuld bewiesen hatten. Kein Wunder also, daß sich SozialarbeiterInnen frustriert, gestreßt und ausgebrannt fühlten und die MitarbeiterInnenfluktuation in manchen Einrichtungen bei 50% in sechs Monaten lag.

Den KlientInnen wurden alle denkbaren psychopathologischen Störungen zugeschrieben. Man sah sie als Eltern, die unzureichende oder falsche Erziehungsvorstellungen haben und nicht über entsprechende Problemlösestrategien verfügen. Man hielt sie für unbeteiligt oder traute ihnen nicht zu, gute Eltern zu werden. Wenn man nun mit derartigen Vorstellungen an die Arbeit herangeht, wird es zu einer kräfteraubenden und undankbaren Aufgabe, mit solchen „Vielfach-Problemfällen" zu arbeiten, die mit ihren Defiziten einem Faß ohne Boden gleichen.

Ich glaube, daß man KlientInnen, die Auflagen nachkommen müssen, erfolgreich „behandeln" kann, wenn man das Augenmerk eher auf ihre Stärken als auf ihre Schwächen richtet und nach den Momenten sucht, in denen das Problem nicht auftritt, eine alternative Zukunft mit ihnen entwirft, indem man „Wunderfragen" stellt und kleine, für sie erreichbare Ziele herausarbeitet. Einer Grundprämisse der lösungsorientierten Therapie zufolge ist Veränderung ohnehin unvermeidbar und keine mühsam erarbeitete Angelegenheit. Im folgenden Kapitel werde ich nun die Rolle der TherapeutIn als eine beschreiben, die im wesentlichen auf Respekt und Anerkennung für die Kraft von KlientInnen, mit den Problemen des Lebens fertig zu werden, beruht. In allen Einzelheiten wird dargestellt, wie man eine positive Beziehung zu KlientInnen aufbaut, ihre Veränderungen beurteilt, Fragen stellt, die Veränderungen begünstigen und andere Interventionstechniken verwendet.

Grundlegende Arbeitsprinzipien der Familienorientierten Beratung

Wir verwenden für das familienorientierte Beratungsmodell (FBS) auch andere Namen, die betonen, daß die „Therapie in der Wohnung" der Familie stattfindet und darauf abzielt, die „Familie zusammenzuhalten". Für unsere Arbeit hat sich folgendes als charakteristisch herausgestellt:

1. Hauptziel der Arbeit, die sich auf die gesamte Familie bezieht, ist es, die Familie zusammenzuhalten und gleichzeitig die Sicherheit einzelner Familienmitglieder zu gewährleisten.

2. Es ist ein intensives, ziel-orientiertes und sofort einsetzendes Beratungsangebot.

3. Das Angebot wird von einem Team erbracht, das sich oft aus Sachbearbeiterln, TherapeutIn/SozialarbeiterIn, FamilienhelferIn oder -fürsorgerln u.a. zusammensetzt. Nach einer Phase, in der die Anliegen der Familie geklärt werden, werden konkrete Behandlungsziele aufgestellt. Differenzierte Pläne zur Durchführung und Beendigung der Therapie werden ausgearbeitet und die Familie nimmt daran von Anfang bis Ende teil.

4. Jede TherapeutIn betreut für eine bestimmte Zeit (z.b. 90 oder 120 Tage oder sechs Monate) eine begrenzte Anzahl von Fällen. Die meisten Familien werden in ihrer häuslichen Umgebung betreut. Einige Programme bieten aber auch die Möglichkeit an, in den Räumen der Einrichtung zu arbeiten.

5. Einige Programme kombinieren das grundsätzliche Behandlungsprogramm mit spezialisierten Angeboten für jene Fälle, bei denen sexuelle Übergriffe, Gewalt oder Alkohol- und Drogenmißbrauch mit im Spiel sind.

6. Das Beratungsprogramm ist mit dem Ziel entwickelt worden, auf die jeweils ganz individuellen Bedürfnisse jeder Familie einzugehen.

7. Zu Beginn wird darüber entschieden, wer zum Betreuungsteam gehört; häufige Fallbesprechungen begleiten die Arbeit.

Vorzüge des Modells

Die Vorzüge des FBS-Programms für KlientInnen und TherapeutInnen fallen ins Auge.

Die begrenzte Anzahl von Familien, die jedE betreut, ermöglichen einen viel intensiveren Kontakt der betreuten Familien und ein gründlicheres Kennenlernen. Indem die TherapeutIn die Gelegenheit hat, das familiäre Zusammenspiel häufiger zu beobachten, kann sie rechtzeitig intervenieren. Die Erfolge der KlientInnen ermutigen die TherapeutIn, die KlientInnen arbeiten mit weniger Mühe und Fälle können rascher abgeschlossen werden.

Die meisten Familien, bei denen es um den Schutz der Kinder geht, kommen unfreiwillig und fürchten, daß ihnen die Kinder weggenommen werden. Sie brauchen einerseits das Gefühl, daß die TherapeutIn daran interessiert ist, die Familie zusammenzuhalten und daß sie andererseits Hilfen anbietet, die das Funktionieren der Familie stärken. Es erfordert Geschick und Geduld, Familien so zu beeinflussen, daß sie ihre anfängliche Unsicherheit und Abwehrhaltung aufgeben können. In dieser Hinsicht hat das FBS-Programm mehr Erfolge aufzuweisen als traditionelle Kinder- und Jugendhilfeansätze.

Die Arbeit mit Familien mit vielfältigen Problemen kann leicht zu einer Überforderung für TherapeutInnen werden, und sie leisten dann weniger als sie könnten. Indem auf bestimmte, konkrete und meßbare Ziele hingearbeitet wird, zum Teil auch mit einer Zeitbegrenzung, können die Betroffenen ihre Kräfte und Ressourcen gezielter nutzen. Erfolge werden wahrscheinlicher.

Die schwierigen Entscheidungen, die ständig gefällt werden müssen, werden vom Team mitgetragen. Unter klinischen Gesichtspunkten verlangt die Arbeit im Rahmen der Kinder- und Jugendhilfe von TherapeutInnen, daß sie Urteile und Interpretation von Daten vornehmen, die grundsätzlich doppeldeutig sind. Wenn man dann einE KollegIn neben sich hat, die den Fall noch aus einem anderen Blickwinkel sieht und vielleicht anders angehen würde, erhöhen sich die Optionen; hinsichtlich der Sicherheit eines Kindes, fühlt man sich selbst sicherer. Es stärkt den eigenen Rücken, wenn man auch die Meinung eineR anderen hört, die auf der gleichen Seite steht. Die Erfahrungen vieler FBS-Teams hat gezeigt, daß sich das Phänomen des Ausgebranntseins verringert. Gleichzeitig bessern sich die eigene Moral und der Enthusiasmus, sich für eine Sache einzusetzen. Es ist leicht nachzuvollziehen, daß die Energie und Begeisterung, mit der einE TherapeutIn an die Arbeit geht, die KlientIn ansteckt.

Nachteile des Modells

Eine Schwierigkeit des FBS-Ansatzes besteht darin, daß diejenige, die damit arbeitet, ihr Denken bezüglich ihrer Rolle und der Konzepte, auf deren Basis sie auf Familien zugeht, umstellen muß. Die SozialarbeiterIn ist nicht mehr MaklerIn, die auf die Bedürfnisse einer Familie mit den Möglichkeiten des Gemeinwesens eingeht, sondern jemand, die einen therapeutischen Standpunkt einnimmt. Dies verlangt natürlich neue Fertigkeiten und Wege.

Die SozialarbeiterIn muß rasch auf die Bedürfnisse einer Familie eingehen können, innovativ und kreativ sein und die Dinge mit der entsprechenden Flexibilität und Bereitschaft anpacken. Der Ansatz erfordert die Bereitschaft zu kooperieren, weil man in einem Team zusammenarbeitet und sich mit der eigenen Arbeit exponiert.

Vor allem aber verlangt das Programm eine andere organisatorische Unterstützung und Flexibilität durch die KollegInnen auf der Leitungsebene, da sie die Grundannahmen des FBS verstehen und mittragen müssen. Ohne die Unterstützung des ganzen Systems und die Bereitschaft, die Organisationsstruktur und Trainingsvoraussetzungen gegebenenfalls zu verändern, kann keinE SozialarbeiterIn die schwierigen, aber auch lohnenswerten Beratungsaufgaben ausführen.

Diese Veränderungen brauchen Zeit. Das Verständnis, mit dem jemand an die Arbeit herangeht, muß sich wandeln. Man muß damit rechnen, daß man im Leben der KlientInnen Veränderungen auslöst; dies erfordert ihnen gegenüber eine andere Art von Geduld. Auch die anderen Gemeindeeinrichtungen wie Schule, Gericht, medizinische Dienste und andere Sozialdienste müssen sich mit den einzigartigen und kreativen Aspekten des FBS-Ansatzes zunächst einmal zurechtfinden.

B. Der Einfluß der Familientherapie auf FBS

Die grundlegenden Konzepte und Annahmen des FBS sind stark von der Familientherapie geprägt, die sich in den letzten 40 Jahren entwickelt hat. Diese Entwicklung ging von der Beobachtung aus, daß das Verhalten eineR Einzelnen im Kontext ihres Umfeldes steht und davon beeinflußt wird. Das Individuum seinerseits beeinflußt wiederum das Umfeld. Da B ein Teil des Kontextes von A ist, beeinflußt A, was B tut und umgekehrt.

Diese einfache Beobachtung führte zu einer veränderten Auffassung von „Problemen". Was zuvor als Merkmal des Individuums angesehen worden war, wurde nunmehr als Teil eines Interaktionssystems aufgefaßt. Indem man die Grenzen des „Problem"-Konzepts neu definierte, veränderte Familientherapie auch das dazugehörige „Lösungs"-Konzept. Die Familie wurde die Einheit, auf die sich Beobachtung wie Behandlung richtet.

Familientherapie geht von der Vorstellung aus, daß sich die Familie als regelgesteuertes System betrachten läßt. Zum Beispiel kann man beobachten und mit einiger Wahrscheinlichkeit vorhersagen, daß sich Person B zurückzieht, wenn Person A nörgelt. Ebenso kann die BeobachterIn vorhersagen, daß A nörgelt, wenn B sich zurückzieht. Man könnte also sagen, daß A und B folgender Regel zu gehorchen scheinen: Wenn A nörgelt, zieht sich B zurück und wenn sich B zurückzieht, nörgelt A. Wer dabei den Anfang macht, hängt davon ab, an welchem Punkt die BeobachterIn mit ihrer Beschreibung beginnt. In diesem weiter gesteckten Betrachtungsrahmen besteht das Problem nicht mehr nur einfach darin, daß „A NörglerIn" und „B EinzelgängerIn" ist. Man kann das Problem stattdessen als interaktionales Wechselspiel auffassen, das aus Nörgeln und Sichzurückziehen besteht.

Weiterhin beruht die Familientherapie auf der Idee, daß menschliche Systeme evolvieren und fließende, sich stets verändernde Systeme sind. Innerhalb dieses Kontexts kann keine klare Unterscheidung zwischen „Ursache und Wirkung" getroffen werden: Weder die Beteiligten noch die BeobachterIn können entscheiden, ob das Nörgeln den Rückzug oder der Rückzug das Nörgeln verursacht hat.

FamilientherapeutInnen gehen davon aus, daß es einem Familienmitglied möglich wird, sich zu ändern, wenn sich die Interaktion der Familienmitglieder untereinander verändert: Andererseits verändert sich der Rest der Familie, wenn sich ein Familienmitglied wandelt. Auch der Kontext oder die Umgebung müssen sich zwangsläufig der vom Individuum ausgehenden Veränderung anpassen. Wenn A also das Nörgeln einstellt, wird B darauf reagieren und das Rückzugsverhalten entweder beenden oder verstärken. Umgekehrt wird A das Nörgeln verstärken oder damit aufhören, wenn B sich nicht mehr zurückzieht. Egal, was geschieht, irgendeine Art der Änderung wird sich immer ereignen.

Es ist jedoch, wie wir alle wissen, nicht leicht, unerwünschtes Verhalten zu beenden. A wird es wahrscheinlich leichter finden, ein anderes Verhalten an die Stelle des Nörgelns zu setzen, als damit aufzuhören. B wird es in Hinblick auf ihr Rückzugsverhalten ähnlich gehen. Auch wenn A und B es nicht sehen können, daß sie zeitweise ohne Nörgeln und Rückzug auskommen, kann einE BeobachterIn dies höchstwahrscheinlich tun. Diese Verhaltensausnahmen können nun benutzt werden, um das Muster Nörgeln-Rückzug zu verändern. Beispielsweise kann irgendein Verhalten von A, das nichts mit Nörgeln zu tun hat, an die Stelle des Nörgelns als Reaktion auf den Rückzug von B treten. Die Chance, daß B sich nicht weiter zurückzieht, wächst damit.

Aufgrund der Verwobenheit der Beziehungen von Individuum und Umfeld entwickelte die Familientherapie die Vorstellung, daß auf eine kleine Änderung bei A eine unverhältnismäßig größere Veränderung in A's Familie folgen kann. Wenn zum Beispiel A positiv auf B eingeht und B dies mit positivem Verhalten beantwortet, so kann daraus in ihrem Umfeld eine Kettenreaktion entstehen. Je häufiger solch ein positiver Austausch stattfindet, desto wahrscheinlicher wird er C und D beeinflußen. Dies wird „Wellen-Effekt" genannt.

Mit ihren weiterreichenden Lösungsvorstellungen weist die Familientherapie darauf hin, daß es bei der Entwicklung von Lösungen innerhalb eines Beziehungskontextes darauf ankommt, daß wenigstens einE der Betroffenen ein anderes Verhalten zeigt als gewöhnlich.

Dies stellt eine radikale Abkehr von traditionellen Auffassungen dar, wie psychologische Probleme zu verstehen und zu behandeln sind. Aus traditioneller Perspektive muß ein Individuum erst gesund werden, bevor sich sein Verhalten verändert. Demgegenüber betont der interaktionale Standpunkt, daß sich das Verhalten der Einzelnen als Reaktion auf Veränderungen, die in seiner/ihrer Umgebung stattfinden, verändern kann. Es ist leicht zu erkennen, daß die interaktionale gegenüber der traditionellen Sichtweise wesentlich optimistischer über Möglichkeiten des Wandels denkt.

Ein Kind und seine sozialen Beziehungen auf diese Weise zu sehen, hat bedeutenden Einfluß auf die Arbeit im Bereich der Kinder- und Jugendwohlfahrt: anstatt beide getrennt voneinander zu betrachten, werden Kind und Eltern als Quelle von Veränderungen angesehen.

Die klinische Praxis der Familientherapie unterscheidet sich sehr deutlich von einem individuumzentrierten Behandlungsansatz. Selbst wenn einE einzelne KlientIn behandelt wird, betrachtet die TherapeutIn die vorgestellten Probleme im Kontext der Familie und fragt, worin der Einfluß der anderen Familienmitglieder besteht, bzw. auf welche Weise sie von den Problemen beeinflußt werden. Der therapeutische Ansatz richtet sich also auf die familiären Interaktionsmuster und nicht auf die Psyche des Individuums.

C. Lösungsorientierte Therapie

Lösungsorientierte Therapie ist ein Behandlungsmodell, das von DE SHAZER (1985, 1988, 1991), Insoo Kim BERG (1988a, b, 1991) und ihren KollegInnen am Brief Family Therapy Center in Milwaukee entwickelt und beschrieben wurde. Es stellt einen neuen Behandlungsansatz dar, der sich deutlich von anderen unterscheidet.

Er fußt auf einigen der Vorstellungen, mit denen die Familientherapie das Individuum im interaktionalen Kontext seines sozialen Umfeldes betrachtet. Von der gleichen Position ausgehend schlägt dieser Ansatz aber eine Reihe anderer Wege ein. Der Hauptunterschied liegt in der Auffassung von Änderung. Während man in der Familientherapie davon ausgeht, daß die Familie alles versucht, ihre homöostatische Balance und ihre Grenzen zu erhalten, glaubt die lösungsorientierte Therapie, daß Veränderungsprozesse unvermeidlich sind und sich fortwährend ereignen. Der buddhistischen Auffassung vergleichbar, wonach Stabilität nur eine Illusion ist, die aus Augenblicken besteht, die im Gedächtnis festgehalten werden, betrachtet dieses Modell das menschliche Leben als einen Prozeß ständigen Wandels.

Mit dieser Sichtweise konzentriert sich die lösungsorientierte Therapie auf die Ausnahmen eines Problems, jene Momente, in denen kleine Veränderungen in der Stabilität eines Problemzustands auftreten. Diese Ausnahmen stellen den Schlüssel zu Problemlösungen dar. Dabei ist es leichter, eine schon vorhandene Veränderung, so klein sie auch immer sein mag, zu vergrößern, statt etwas herzustellen, was noch nicht existiert.

Lösungen statt Probleme

Lösungsorientierte TherapeutInnen gehen davon aus, daß es einfacher und erfolgversprechender ist, an Lösungen zu arbeiten, statt Probleme zum Verschwinden zu bringen. Die klinische Erfahrung zeigt, daß sich jene Aktivitäten, die darauf abzielen, Lösungen zu finden, sich deutlich von denen unterscheiden, die Probleme lösen sollen. Es ist für KlientInnen einfacher, bereits vorhandene, erfolgreiche Verhaltensmuster zu wiederholen, statt symptomatisches oder problematisches Verhalten zu beenden oder zu verändern. Auf die gleiche Situation bezogen macht es einen großen Unterschied, ob sich die TherapeutIn darum bemüht, ein Kind vor seinen Eltern, die ihm/ihr Gewalt antun oder vernachlässigen, „zu schützen" oder ob sie sich für ein „sicheres Zuhause" des Kindes einsetzt. Dieser Unterschied verstärkt sich noch, wenn betont wird, daß es Zeiten gibt, wo die Eltern die Sicherheit des Kindes bereits ohne Schwierigkeiten gewährleisten. Dies stellt den unkomplizierteren und müheloseren Weg dar.

Bestimmte therapeutische Aktivitäten, die die Verhaltensausnahmen unterstützen und verstärken, stellen den Schlüssel zu Lösungen dar. Im folgenden beschreiben wir, wie man Ausnahmen entdecken kann.

Veränderungen vor der ersten Sitzung

Häufig trifft man auf KlientInnen, die berichten, daß sich ihre Situation deutlich und in einer erwünschten Richtung verändert hat, nachdem die Kinderschutzstelle des Jugendamtes [child welfare department] einen Hausbesuch mit ihnen vereinbart hat. Als sich die MitarbeiterInnen (WEINER-DAVIS, GINGERICH, DE SHAZER, 1987) des Brief Family Therapy Center dieses Phänomen genauer betrachteten, stellten sie fest, daß etwa 2/3 ihrer KlientInnen von irgendeiner positiven Veränderung erzählten, die sich auf jene Aspekte bezog, deretwegen sie therapeutische Hilfe gesucht hatten. Wenn man solche Vorab-Veränderungen versteht und einbezieht, gelangt man rasch zu Lösungen, da bereits ein Anfang in Richtung positiver Veränderung gemacht ist. Familien wissen, was sie tun müssen, um solche kleinen Erfolge zu bewerkstelligen.

Solche Veränderungen bleiben allerdings oft unerwähnt, wenn man nicht danach fragt, weil die meisten KlientInnen eine Veränderung als zu unbedeutend einschätzen, da sie ihnen im Vergleich zu den massiven Problemen, denen sie gegenüberstehen, winzig vorkommt. Viele TherapeutInnen übergehen solche Vorab-Veränderungen oder sehen in ihnen ein Abwehr-Manöver oder den Versuch, die Probleme zu verharmlosen. Wenn eine KlientIn bereits positive, zielgerichtete Veränderungen vollzogen hat, ist es die Aufgabe der TherapeutIn, diese Veränderungen auszubauen, zu verstärken und die Wiederholung solcher Ansätze zu erleichtern. In den späteren Kapiteln werden wir Techniken beschreiben, diesen Ansatz in der Praxis zu gestalten.

Wie sind Ausnahmen definiert?

Ausnahmen sind all die Augenblicke, in denen das erwartete Problem nicht auftritt. Wenn ein Kind, das sonst „immer streitet" oder „immer lügt", sich „kooperativ" oder „ehrlich" verhält, so stellt dies eine Ausnahme dar. Wenn man den interaktionalen Mustern, die im Zusammenhang mit solchen Ausnahmesituationen stehen, mehr Beachtung schenkt, dann findet man vielleicht heraus, wovon die KlientIn „mehr tun" sollte. Was macht die Mutter, wann verhält sich das Kind kooperativ und ehrlich, was passiert sonst noch, wenn es sich „benimmt"? Zu Anfang erscheinen den meisten KlientInnen die Ausnahmen vom Problem unbedeutend und unwesentlich. Wenn eine Mutter und ihr Sohn jedoch Möglichkeiten finden, Verhaltensweisen, die Ausnahmen darstellen, zu wiederholen, dann wird eine problematische Situation an Gewicht verlieren, kontrollierbarer und vielleicht verschwinden.

Veränderung tritt auf verschiedene Art und Weise auf: emotional, kognitiv und behavioral. Wenn sich die Gefühle, die mit einem Problem verknüpft sind, verändern, wird ein anderer Blickwinkel möglich, der ein anderes Verhalten nach sich zieht; wenn man eine problematische Situation positiv sehen kann, ergeben sich vielleicht Verhaltensänderungen und es entstehen in Hinblick auf das gleiche Problem neue Gedanken und Gefühle; wenn man sich anders verhält, ergeben sich emotionale und wahrnehmungsmäßige Veränderungen. Diese Phänomene sind eng miteinander verflochten und aufeinander bezogen. Es ist ähnlich wie mit dem Nörgeln von Person A und dem Rückzug von Person B. Es ist unmöglich zu bestimmen, wo es seinen Anfang nahm. Es ist das altbekannte Henne-Ei-Dilemma. Dementsprechend ist es nützlicher zu klären, wie es die KlientIn angestellt hat, eine Veränderung herbeizuführen, statt herauszufinden, was zuerst kam – veränderte Gefühle, ein anderer Standpunkt oder geändertes Verhalten. Die Wiederholung dieser kleinen erfolgreichen Verhaltensweisen stellt den Ausgangspunkt für Lösungen dar. Weiter unten gehen wir darauf ein, wie man diese Aspekte herausarbeitet.

Beabsichtigte und zufällige Ausnahmen

Bei unserer Suche nach Ausnahmen fanden wir zwei Formen von Ausnahmen: solche, die von der Absicht einer KlientIn und solche, die vom Zufall abhängen.

Ausnahmen, die wir absichtliche Ausnahmen nennen, sind solche, die die KlientIn Schritt für Schritt beschreiben kann: „Ich befahl mir aufzustehen, in die Küche zu gehen und Kaffee zu kochen. Ich zwang mich, die Kinder für die Schule fertig zu machen und mich selbst auf den Weg zu begeben. Das alles half mir, mich ein bißchen zufriedener zu fühlen." Da die KlientIn beschreiben kann, was sie gemacht hat, um sich besser zu fühlen, kann man davon ausgehen, daß sie dieses Verhalten wiederholen kann. Es kommt darauf an, daß sie „mehr davon" tut.

Bei Ausnahmen, die vom Zufall abhängen, kann die KlientIn ihre Erfolge entweder nicht beschreiben oder schreibt sie jemand anderem oder den Umständen zu, so als ob sie keine Kontrolle hätte. Beispielsweise beschrieb sie einen Tag, an dem sie weniger deprimiert war als sonst: „Ich weiß nicht, woran es lag, daß es am Mittwoch besser ging. Ich wachte auf und fühlte mich einfach besser" oder „Es war das Päckchen von meiner Großmutter, das an diesem Morgen ankam und mich irgendwie aufrichtete" oder „Als ich aufwachte, schien die Sonne, und ich fühlte mich besser." Da die KlientIn glaubt, keinen Einfluß auf diese Ausnahme gehabt zu haben, ist es praktisch unmöglich, etwas Ähnliches zu wiederholen. Solche Fälle verlangen nach einer anderen Intervention oder Aufgabe: Die KlientIn wird darum gebeten vorauszusagen, wie der kommende Tag sein wird. Wenn man dann danach fragt, was sie getan hat, um einen „guten Tag" zu haben und wie sich das von den „schlechten Tagen" unterscheidet, findet man Wege, die einem sagen, was die KlientIn öfter tun sollte. Wir werden darauf später noch eingehen.

Ziele definieren

FBS-Fälle erfordern mehr als alle anderen klare Zielbestimmungen, um endlose Kontakte zu vermeiden. Vielleicht würde andernfalls nur eine Notfallmaßnahme zum Schutz der Kinder eine Beendigung der Kontakte herbeiführen.

Ziele können auf zwei verschiedene Weisen verhandelt werden. Zum einen kann man die Beendigung der Kontakte an einen bestimmten Zeitplan binden, indem man eine feste Anzahl von Sitzungen (5, 10 oder 20 Sitzungen) oder Zeiträume vereinbart, während der Gespräche stattfinden (30 Tage, 3 Monate, 6 Monate, ein Jahr). Dieses Vorgehen hat sowohl positive als auch negative Seiten. Positiv ist es, daß alle Beteiligten genau wissen, wann die Kontakte enden und auf diesen Zeitpunkt hingearbeitet werden kann. Der negative Aspekt ist, daß die TeilnehmerInnen die Zeit einfach verstreichen lassen, ohne eine klare Vorstellung davon zu gewinnen, was erreicht worden ist.

Ich bevorzuge die zweite Möglichkeit, die klare, ausgearbeitete Ziele vorgibt, die sehr konkret beschrieben werden können. Wenn Ziele klar formuliert sind, spiegeln sie als sichtbare Zeichen die inneren Veränderungen wider, die sich ereignen.

Zum Beispiel ist die „Wunderfrage" eine Technik, die der Zielbestimmung und dem Ausfindigmachen von Lösungen dient. Mit ihrer Hilfe kann die KlientIn bestimmen, was anders sein wird, wenn das Problem erst einmal gelöst ist. (vgl.Kapitel 6) Man legt der KlientIn die folgende Frage vor: „Angenommen, es würde eines Nachts, während Sie schlafen, ein Wunder geschehen, und das Problem, das Sie mit unserem Beratungsdienst (FBS) zusammen gebracht hat, ist gelöst. Da Sie geschlafen haben, haben Sie nicht bemerkt, daß ein Wunder geschehen ist. Was, glauben Sie, werden Sie am nächsten Tag bemerken, was anders ist als sonst? Woran werden Sie feststellen, daß in der Nacht ein Wunder geschehen ist?" Wir benutzen das Bild „ein Wunder ist geschehen" als Orientierungshilfe, mit der die KlientIn herausfinden kann, was sie erreichen möchte und was sie tun muß, um die gewünschten Veränderungen zu erreichen.

Das Modell, das wir beschreiben, wird oft als „zielgeleitet" charakterisiert, das heißt, alle Aktivitäten von KlientIn und TherapeutIn sind immer auf das Erreichen von Zielen gerichtet. Im Unterschied zum medizinischen Modell, bei dem es die Aufgabe der ExpertIn ist, eine Diagnose zu stellen, Ziele und Pläne aufzustellen, denen die PatientIn folgen soll, folgt die lösungsorientierte Therapie den Vorstellungen der KlientInnen. Wenn eine KlientIn zum Beispiel sagt, sie möchte „den Sozialen Dienst wieder loswerden," so stimmen wir ihr zu. Es ist dies ein Ziel, wofür es sich zu arbeiten lohnt, zumal es auch das wichtigste Ziel der TherapeutIn ist, die Arbeit erfolgreich zu einem Ende zu bringen. Wenn die KlientIn die Ziele definiert und nicht vorgeschrieben bekommt, ist es viel wahrscheinlicher, daß sie sich der Aufgabe verschreibt, diese Ziele zu erreichen.

Leitlinien zur Herausarbeitung von erreichbaren Zielen werden in Kapitel 5 beschrieben.

Die Rolle der TherapeutIn

Es ist sicherlich schon deutlich geworden, daß lösungsorientierte Therapie von der TherapeutIn ganz und gar andere Aktivitäten verlangt. Wir betrachten die TherapeutIn-KlientIn-Beziehung als Ergebnis der Interaktion beider. Die Beziehung stellt ein einmaliges und zeitlich begrenztes System dar, das sich darum bemüht, Lösungen für das Problem der KlientIn zu finden. Ist dieses Ziel erreicht, endet die Beziehung.

Die TherapeutIn setzt sich zusammen mit der KlientIn aktiv dafür ein, Veränderungen vor der Sitzung und Ausnahmen vom Problem zu finden und fiktive Lösungen zu entwerfen. Ihre Fragen sollen der KlientIn helfen, eigene Lösungen zu entdecken. Mit den scheinbar einfachen Fragen, die sie stellt, interveniert sie im System und da die Lösung vom System selbst erzeugt und nicht von außen eingeführt wird, ist sie in größerer Übereinstimmung mit der Familie. Veränderungen kommen auf diese Weise schneller zustande, Rückschläge werden unwahrscheinlicher. Unsere Arbeit zeigt, daß sich im Sinne eines „Welleneffekts" langfristige positive Entwicklungen einstellen (KISER, 1988).

Drei Regeln

1. Repariere nicht, was nicht kaputt ist!
Durch einfache Beobachtungen läßt sich leicht feststellen, daß A und B nicht immer in ihrem Muster „Nörgeln-Rückzug-Nörgeln" verstrickt sind. Selbst die meisten chronischen und problematischen Muster treten von Zeit zu Zeit *nicht* auf. Manchmal ist das Problemverhalten sogar nur ein ganz kleiner Ausschnitt im Leben der KlientIn. Außer in ganz seltenen Fällen, mißhandeln Eltern ihre Kinder nicht fortwährend. Häufig gibt es durchaus längere Zeitabschnitte, in denen sich die gleichen Eltern liebevoll, fürsorglich und sehr kompetent verhalten.

Natürlich ist es kein wissenschaftliches Kriterium, sondern bestenfalls ein subjektives, herauszufinden, „was funktioniert" und daher keiner Reparatur bedarf. Die TherapeutIn braucht eine weitgespannte Auffassung von dem „was funktioniert" und dem „was nicht klappt", weil für den Kontakt mit dem Jugendamt oft extreme Unterschiede in Kultur und Lebensstil ausschlaggebend sind.

2. Wenn du weißt, was funktioniert, mach' mehr davon!

Wir glauben, daß mehr dabei herauskommt, wenn man das Augenmerk auf jene Augenblicke richtet, in denen sich die KlientIn kompetent, unterstützend und verantwortlich verhält. Diese positiven Verhaltensweisen stellen den Ausgangspunkt dar, Familien zu stärken. Wenn man jeder Ausnahme sorgfältig nachgeht und betrachtet, wer was, wann, wo und wie tut, entdeckt man Muster erfolgreichen Verhaltens. Weil es sich dabei um Verhaltensweisen handelt, die die KlientIn entweder vor kurzem oder in der Vergangenheit erfolgreich ausgeführt hat, ist es relativ einfach für sie, solche Ausnahmen zu wiederholen. Es ist einfacher, jene Augenblicke auszudehnen, in denen Erfolge sichtbar sind, als neue und andere Verhaltensweisen zu erlernen.

3. Wiederhole nicht, was nicht funktioniert. Mach' etwas anderes.

Wenn man B fragen würde, warum er/sie sich zurückzieht, bekäme man sicher die Antwort, daß er/sie erreichen möchte, daß A mit dem Nörgeln aufhört. Im Rückzug sieht er/sie den einzig vernünftigen Ausweg und er/sie glaubt vielleicht, daß er/sie sich nur noch effektiver abschotten muß, um A dazu zu bewegen, das Nörgeln einzustellen. Tatsächlich aber verstärkt B in gewisser Weise das Verhalten von A. Wenn auch das Sprichwort „Wenn's beim erstenmal nicht klappt, versuch' es immer wieder" auch in einigen Situationen zutreffen mag, behaupten wir „Wiederhole nicht, was nicht funktioniert, mach' etwas anderes." Wenn B erreichen möchte, daß A aufhört zu nörgeln, kann er/sie vielleicht beobachten, was A macht, wenn er/sie nicht nörgelt und stellt dabei vielleicht fest, daß A nie in den Augenblicken nörgelt, wenn sie beide in der Küche miteinander reden oder er/sie ihre/seine Hand hält. Wenn nun B mit seinem/ihrem „normalen" Nicht-Rückzugsverhalten (Händchen halten, Gespräch in der Küche) auf A's Nörgeln antwortet, dann ist es wahrscheinlich, daß A damit aufhört. Die Chancen, daß A ohne zu nörgeln auf B eingeht, steigen. Auf diese Weise hätten A und B zu einem neuen Muster „Nörgeln-Rückzug-Händchenhalten-Zärtlichkeit- mehr Gespräch-mehr Zärtlichkeit" gefunden.

2

Die Anfangsphase

Was alles soll erfaßt werden?

Was man üblicherweise unter dem Begriff „diagnostische Beurteilung" einordnet, wird häufig mißverstanden. Oft wird eine Art Waschzettel daraus, auf dem alles aufgelistet ist, was mit der KlientIn nicht stimmt: Detaillierte Berichte geben Auskunft über ihre schlechte Kindheit und Erfahrungen des Mißhandeltwerdens. Die KlientIn wuchs in einem Heim auf, hatte keinen Kontakt zu ihrer Mutter, gab sich mit zwielichtigen Gestalten ab. Ihre vier Kinder stammen von vier verschiedenen Vätern. Sie vernachlässigt und mißhandelt ihre Kinder.

Eine solche Liste impliziert, daß die KlientIn in ihrem Leben zum Scheitern verurteilt ist und legt noch vor der ersten Sitzung eine negative Einstellung ihr gegenüber nahe. Eine derartige Sichtweise hilft der KlientIn sicherlich nicht, insbesondere weil wir unsere Gedanken und Gefühle auf subtile, nonverbale Weise übermitteln. Sobald wir uns von Problemen überwältigt fühlen, suchen wir nach Möglichkeiten, unser Scheitern zu rechtfertigen und so bietet sich an, die KlientIn als „unbeeinflußbar", „unmotiviert" und „uneinsichtig" zu beschreiben, als jemanden, die „abschweift", „Widerstand leistet" und „therapieunwillig" ist.

Man darf aber auf keinen Fall vergessen, daß die KlientIn der Liste ihrer Probleme möglicherweise überhaupt nicht zustimmt, sondern ganz andere Vorstellungen davon hat, was ihr Problem ist. Die Auffassungen darüber, worin das Problem besteht und was man dagegen tun kann, geraten dann in einen krassen Widerspruch zueinander. Man kann sich leicht vorstellen, daß auf seiten der KlientIn daraus „Widerstand und Vermeidung", „passives und aggressives Verhalten" und „mangelnde Mitarbeitsbereitschaft" resultieren. Eine Möglichkeit, die eben beschriebenen Verhaltensweisen zu vermeiden, besteht darin, eine Liste von Aktivitäten zusammenzustellen, die TherapeutIn und KlientIn ausführen müssen: Eine hilfreichere Methode die Dinge zu erfassen, besteht darin, einen vernünftigen Plan zu erstellen, der einem sagt, wie die Probleme beseitigt werden können. Wie zielt man auf kleine Veränderungen und welche Aktivitäten sind nötig, um auf dem leichtesten Weg zu Lösungen zu finden.

Wenn Sie dieses Buch lesen, sollten Sie daran denken, daß die Beurteilung nicht zu einer Liste werden sollte, die aufzählt, was „schief gelaufen" ist, sondern zu einer Art Landkarte (Leitfaden), auf die Sie und Ihre KlientIn sich verständigen, um herauszufinden, was Sie beide erreichen möchten. Da Sie die FührerIn sein werden, brauchen Sie die Landkarte vielleicht mehr als Ihre KlientIn.

A. Vorab-Informationen

Vor der ersten Zusammenkunft werden alle Daten, die den neuen Fall betreffen, zusammengestellt. Die Informationen stammen aus verschiedenen Quellen: Es sind medizinische Berichte, Informationen vom Gericht, von Schulen, Verwandten, der Kirchengemeinde, Nachbarn oder von SozialarbeiterInnen aus dem Bereich Kinderschutz, die mit der Familie Kontakt hatten, von ZuweiserInnen, SupervisorInnen oder der, die die Familie bislang betreut hat.

Während man Aufzeichnungen von früheren Kontakte durchgeht, sollte man versuchen herauszufinden, was in diesem speziellen Fall schon versucht worden ist und welche Empfehlungen gegeben wurden, ohne daß sie jedoch verwirklicht wurden. Zwischen den Zeilen finden sich Hinweise darauf, wie TherapeutIn und KlientIn miteinander zurechtkamen oder es gibt Bemerkungen, wie sich die BetreuerInnen verhalten haben, um mit den KlientInnen zurechtzukommen oder woran sie gescheitert sind. Die Fehler der vormaligen BetreuerInnen werden Sie sicherlich nicht wiederholen wollen und auch nicht mehr von dem tun, was sich bereits als unwirksam herausgestellt hat.

Wie man die vorliegenden Informationen verwenden kann

Beim Durcharbeiten der vorliegenden Informationen über eine Familie, die man zudem noch nicht einmal gesehen hat, ist es nützlich, sich folgende Fragen zu stellen:

1. Welches Bild hat man von der Familie vor Augen?
2. Welches sind die Kernpunkte, die am stärksten in den Vordergrund treten?
3. Welches Problem würde die KlientIn als wichtigstes ansehen?
4. Wer wird in der Familie die Person mit dem größten Einfluß sein?
5. Was sollte man bei diesem Fall unterlassen?

Wenn man sich diese Fragen im Geist beantwortet, entsteht vor dem inneren Auge langsam ein Bild von der Familie, der man nun bald begegnen wird.

Offen für Veränderungen

Selbst wenn die KlientIn schon mehrfach in Behandlung war, ist es immer denkbar, daß sich ihre Situation in der Zwischenzeit verändert hat. Manchmal ergeben sich positive Perspektiven durch einE neue PartnerIn, eine neue Anstellung, eine andere Wohnung, einen Urlaub von der alleinigen Erziehungsverantwortung. Aber es kann natürlich auch mehr Belastung für die Familie entstanden sein. Es ist sehr wichtig, daß die TherapeutIn für mögliche Veränderungen offen bleibt, seien sie nun positiver oder negativer Art.

Es ist das Klügste, davon auszugehen, daß sich alles im Leben ständig verändert und daß jedes Treffen im Rahmen der Behandlung anders sein kann. Man sollte offen und bereit sein, die KlientIn mit anderen Augen zu sehen. Selbst wenn es einem bei altbekannten KlientInnen so vorkommt, als sei alles beim Alten geblieben, wird sich der jeweilige Kontakt von den früheren unterscheiden, weil Sie mit einem neuen Behandlungsansatz in die Kinderschutzarbeit gehen: dem familienorientierten Beratungsmodell.

B. Der Hausbesuch

Woran man denken sollte

Sie sollten bei Ihrem Besuch in der Wohnung der KlientIn folgendes im Kopf behalten:

1. Eine Ihrer wichtigsten Aufgaben ist es, für eine freundliche und positive Atmosphäre zu sorgen. Wenn Sie angenommen werden, sollten Sie sich ungezwungen und entspannt geben. Die KlientIn wird solche Hinweise wahrnehmen.

2. Sprechen Sie in der normalen Umgangssprache in einem freundlichen und warmen Tonfall. Benutzen Sie neutrale Ausdrücke und Sätze. Gebrauchen Sie, wenn möglich, positive Wörter und ersetzen Sie den abgedroschenen Begriff „Problem" durch Wörter wie „Schwierigkeiten", „Mühen" oder „Lösungen". Stellen Sie sich vor, daß Sie bei einer Tasse Kaffee mit Ihrer NachbarIn sprechen, während Sie daran denken, daß Sie bei der Arbeit sind und Ihre Konversation ein Mittel der Veränderung darstellt.

3. Vertrauen Sie in der Beziehung zu den KlientInnen Ihrem Urteil und Ihrer Intuition. Solange Sie sich gegenüber den KlientInnen eine respektvolle Haltung bewahren, kann sich Ihre „Ignoranz" gelegentlich in einen Vorteil verwandeln.

4. Gebrauchen Sie Ihre persönliche Wesensart als ein Werkzeug, um Ihren KlientInnen zu helfen. Ihr gesunder Menschenverstand, Ihre Beobachtungsgabe und Ihr Gespür sind dabei wichtige Aspekte.

5. Bewahren Sie sich in der Arbeit eine positive, zuversichtliche Perspektive. Wenn Sie Ihren KlientInnen mit Zuversicht gegenübertreten, werden Sie ihnen das auf subtile, nonverbale Weise vermitteln. Die meisten KlientInnen haben feine Antennen für Ihre sprachlichen und nonverbalen Signale. Versuchen Sie, die feinen Strömungen in Beziehungen zu erfassen und nutzen Sie sie, um den KlientInnen zu helfen, ihre Lebenssituation zu verbessern.

6. Es ist wichtig, daß man sowohl Eltern als auch Kindern Interesse bekundet. Viele Eltern leben isoliert und allein und fühlen sich leicht verängstigt, wenn die TherapeutIn den Kindern die meiste Aufmerksamkeit schenkt.

7. Wenn Eltern sich sehr über ihre Kinder beklagen, sollte die TherapeutIn dies zum Anlaß nehmen, anerkennende Worte für ihre Erziehung zu finden. Viele Eltern fühlen sich wegen ihrer Erziehung leicht angegriffen und in die Defensive gedrängt und werden dann noch strenger. Zudem machen sie ihre Kinder für die ganze Misere verantwortlich.

Was zu tun ist

Es hat sowohl positive als auch negative Aspekte, eine Sitzung in der Wohnung der Familie durchzuführen, und es hängt von Ihrem persönlichen Geschick ab, die negativen Aspekte in wirksame Größen zu verwandeln. Wenn man eine Sitzung in der Wohnung der Familie durchführt, tritt man als Gast auf, der Vorschläge macht und manchmal auch verlangt, daß die KlientIn ihr Leben neu gestaltet.

1. Treffen Sie eine Verabredung für den Hausbesuch. Bitten Sie am besten darum, die Familie zu Hause besuchen zu dürfen, denn dies impliziert, daß Sie es ihr überlassen, eine Einladung auszusprechen. Sind Sie eingeladen, so benehmen Sie sich wie ein Gast, was Sie schließlich auch sind.

2. Es ist wichtig, daß Sie sich so wohl fühlen, daß auch die KlientInnen sich wohl fühlen können. Wenn Sie so fein angezogen sind, daß Sie dreckig werden könnten, weil die Wohnung nicht sauber ist, dann entsteht dadurch eine Barriere. Wenn die sanitären Einrichtungen in der Wohnung zu wünschen übrig lassen, können Sie darauf eingehen, ohne den Zeigefinger zu erheben, indem Sie sagen: „Der Ver-

mieter kümmert sich ja wohl auch nicht besonders darum, die Dinge in Stand zu halten." oder „Der Vermieter könnte mehr tun, um die Wohnungen sauber zu halten". Diese Kommentare zeigen etwas klar auf, ohne auf die KlientIn zu zeigen.

3. Gehen Sie auf Dinge ein, die hübsch sind oder mit denen man sich viel Mühe gegeben hat, so wie das ein guter Gast macht. Denken Sie daran, daß Sie sich im privaten Bereich der Familie befinden; auch wenn Sie einen anderen Geschmack haben, so ist es doch wichtig, den Geschmack der Familie zu respektieren. Fragen Sie danach, wo die KlientIn am liebsten sitzt und wo Sie Platz nehmen sollen.

4. Gehen Sie auf Familienfotos ein, indem Sie danach fragen, wer darauf zu sehen ist. Sie bekommen dadurch vielleicht auch wichtige Informationen.

5. Würdigen Sie das Geschick und das Können einzelner Familienmitglieder. Es kommt im Umgang mit einem Haustier oder in Holzarbeiten, Puzzles, Strickarbeiten oder Preisen und Urkunden zum Ausdruck.

6. Verabreden Sie für Ihren Hausbesuch einen festen Tag und eine feste Uhrzeit; dies bringt etwas Struktur in ein vielleicht unorganisiertes Leben.

7. Denken Sie an Ihre Sicherheit und die Ihrer KlientInnen, denn es überträgt sich auf den Kontakt mit ihnen, wenn Sie sich unsicher fühlen. Sorgen Sie dafür, daß Sie ein Gefühl von Sicherheit haben; vielleicht müssen Sie es sogar zum Thema machen.

8. Ablenkungen durch Fernsehen, Telefon, herumlaufende Kinder, Hunde oder NachbarInnen und BesucherInnen, die hereinschauen, sind sehr störend. Man kann aber auch versuchen, sie zu nutzen. Zögern Sie nicht, die KlientInnen darum zu bitten, das Fernsehgerät leiser zu stellen oder den Geräuschpegel in der Wohnung zu senken. Ihre Frage sollten Sie als Bitte, Ihnen zu helfen, vortragen. Etwa folgendermaßen: „Es würde mir sehr helfen, Sie besser zu verstehen und Ihnen meine ganze Aufmerksamkeit zu schenken, wenn Sie das Fernsehen etwas leiser stellen könnten". „Ich kann mich schlecht konzentrieren. Ob Sie die Kinder dazu bringen könnten, ein bißchen leiser zu sprechen." Die meisten KlientInnen sind kooperativ und bereit, sich darauf einzustellen.

Der negative Aspekt des Hausbesuchs liegt darin, daß man in den privaten Raum, in fremdes Territorium eindringt. Der TherapeutIn sind die dort „herrschenden Sitten" nicht so vertraut, und sie muß sich mit einem größerem Maß an Flexibilität auf die verschiedenen Gewohnheiten beim Essen, der Haushaltung, den sanitären Bedingungen einstellen.

C. Die TherapeutIn-KlientIn-Beziehung

Es ist manchmal sehr verwirrend herauszufinden, wer in der Familie am meisten an einer Veränderung interessiert ist und wer die Hauptrolle bei der Lösung der Probleme spielen sollte. Manchmal fühlt sich die Person, von der man denkt, daß sie am meisten an einer Problemlösung interessiert sein sollte, am wenigsten gestört. Stattdessen ist jemand anderes, von dem man es zuletzt erwartet hätte, stärker daran interessiert, Lösungen zu finden. Solche Mißverständnisse hängen zum Teil mit unserem Gebrauch des Begriffs „KlientIn" zusammen, der keine Hinweise darauf liefert, wer sich am stärksten um eine Lösung des Problems bemüht. Im folgenden möchte ich einige hilfreiche Wege darstellen, um die TherapeutIn-KlientIn-Beziehung zu beurteilen.

Erfahrene TherapeutInnen wissen, daß TherapeutIn-KlientIn-Beziehungen von Fall zu Fall unterschiedlich sind. Eine genaue Beurteilung der Beziehung zu jeder einzelnen KlientIn liefert Anhaltspunkte dafür, was zu tun bzw. zu unterlassen ist, um Kooperation zu fördern und eigene Frustration zu verhindern.

Die Beziehungen sind nie statisch, sondern verändern sich fortwährend, sind in Bewegung und dynamisch; es ist ein Geben und Nehmen, das sich mit der Zeit verändert und davon abhängt, aus welchen Gründen man weiterhin zusammenkommt. Ich schlage vor, daß Sie sich einige Ihrer gegenwärtigen KlientInnenbeziehungen vorstellen und darüber nachdenken, was für eine Beziehung es jeweils ist, während Sie dieses Kapitel lesen.

Die TherapeutIn-KlientIn-Beziehung ist der Ausgangspunkt jeder Veränderung. Wenngleich die Beziehung selbst keine Veränderung hervorbringt, so baut doch jede Problemlösung auf ihr auf. Viele junge TherapeutInnen bringen hier die Dinge durcheinander und erwarten eine dramatische Veränderung im Anschluß an ein Gespräch, in dem eine KlientIn, die über Jahre alles in sich hineingefressen hat, ihr Herz ausgeschüttet hat. Es ist recht blauäugig anzunehmen, daß Veränderung die Folge eines Gesprächs über Gefühle ist. Solch ein Gespräch stellt gerade einmal einen Anfang dar. Entscheidend ist, daß KlientInnen in

Hinblick auf das Problem etwas anderes *„machen"*. Dadurch kommt Änderung zustande.

Für viele SozialarbeiterInnen, BeraterInnen und TherapeutInnen sind die nun folgenden Überlegungen zur Beurteilung der professionellen Beziehung zu den KlientInnen sehr nützlich gewesen. Natürlich handelt es sich dabei um Beschreibungskategorien für die TherapeutIn-KlientIn-Beziehung zu einem jeweils bestimmten Zeitpunkt ihrer Beziehung, die ja von beiden mitgestaltet wird; es geht nicht darum, KlientInnen zu beschreiben.

Die BesucherIn

Eine Beziehung, in der die KlientIn als BesucherIn auftritt, entsteht sehr oft in Fällen, in denen eine Auflage des Gerichts, des Arbeitsamtes, der BewährungshelferIn, der Schule, des Arbeitgebers oder anderen Familienmitgliedern vorliegt. Man geht davon aus, daß KlientInnen, die geschickt wurden, sich weigern, ihre Probleme einzugestehen oder die Verantwortung dafür zu übernehmen.

Ihr Hauptanliegen ist es, nicht in die Fänge eines HelferInnensystems zu geraten, weil es aus ihrer Sicht weder Klagen noch Probleme gibt, bei denen sie Hilfe brauchen. Entweder haben sie keine Hoffnung, daß sich ein bestehendes Problem verändert, oder sie erkennen keinen Zusammenhang zwischen ihrem Problem und den Lösungsvorschlägen der TherapeutIn. Daher möchten sie, daß der Kontakt mit der TherapeutIn rasch zu Ende geht und man sie wieder in Ruhe läßt.

Wenn sich eine KlientIn weigert, mitzuarbeiten, so scheint es daran zu liegen, daß sie gezwungen wird oder sich gezwungen fühlt. Unfreiwillige KlientInnen werden nichts unternehmen, um Probleme zu lösen, weil sie auch nicht einsehen, daß man sie behelligt. Häufig sehen sie tatsächlich keinen Zusammenhang zwischen ihrer Lage und den therapeutischen Vorschlägen.

In solchen Fällen sollte die TherapeutIn folgendes tun:

1. sich der Sichtweise der KlientIn anschließen (hierzu auch das folgende Fallbeispiel);

2. Wege finden, die KlientIn zu beeinflussen und zu lenken, so daß sie Probleme und mögliche Lösungen erkennen kann. Sobald die KlientIn erkennt, daß ein Problem existiert, kann sie motiviert werden. Manchmal gelingt das nur auf Druck des Jugendamtes: „Ändern Sie etwas oder Sie riskieren es, Ihr Kind zu verlieren" ;

3. der Problemauffassung der KlientIn soweit wie möglich zustimmen.

Bei einigen KlientInnen wird es länger dauern, bis man hier voran-kommt. Dies hängt zum einen vom Geschick der TherapeutIn ab, die eben beschriebenen Aufgaben in die Tat umzusetzen, zum anderen von den Vorerfahrungen der KlientInnen mit anderen HelferInnen. Je mehr der Schuh drückt, um so eher werden sie bereit sein, etwas zu tun. Das folgende Beispiel zeigt, wie sich die TherapeutIn auf die Klien-tIn einstellt und ihr dabei hilft, das Problem und eine mögliche Lösung zu erkennen.

Fallbeispiel

TherapeutIn: Haben Sie eine Vorstellung, was wir tun können, was Ihnen hilft, damit Ihre Familie zusammenbleiben kann?

Klientin: Ich versuche, Ihnen und Ihren KollegInnen immer wieder klar zu machen, daß mich jemand angeschwärzt hat, ob-wohl es keinen Grund dafür gibt.

TherapeutIn: Haben Sie eine Idee oder eine Vermutung, was diejenige, die sie angeschwärzt hat, gemeint haben könnte, wobei Sie Hilfe brauchen?

Klientin: Wenn ich das bloß wüßte. Die Polizei war vor einigen Tagen hier, weil es hieß, die Kinder würden vernachläs-sigt. Wahrscheinlich hat meine Mutter sie aufgehetzt. Die mischt sich in alles, nur weil ich mit siebzehn schwanger wurde. Sie glaubt immer noch, ich sei siebzehn und be-handelt mich auch so. Sie ist überzeugt, daß ich die schlechteste Mutter bin, solange ich mit meinem Freund zusammenbleibe. Aber ich mach' mir nichts mehr draus, was sie denkt. Fred bleibt und Sie werden mir mein Kind nicht wegnehmen und ihr geben.

TherapeutIn: Das haben wir auch nicht vor und wir möchten auch nicht weiter zu Ihnen kommen. Wir können uns etwas Schöne-res vorstellen, als zu Ihnen zu kommen und Sie zu ner-ven. Was glauben Sie, können Sie selbst tun, daß Ihre Mutter damit aufhört, uns anzurufen und wir Sie in Ruhe lassen.

Klientin: Da kann ich gar nichts daran ändern. Mit dieser Frau hab' ich schon alles versucht.

TherapeutIn: Das macht Ihnen sicher keinen Spaß. Sie haben sicher auch ´was Besseres vor, als sich jetzt mit mir abzugeben.

	Gibt es irgendetwas, was Sie tun müßten, daß Ihre Mutter damit aufhört, Sie zu belästigen?
Klientin:	Sie will, daß ich mich von Fred trenne. Aber das kommt überhaupt nicht in Frage.
TherapeutIn:	Ihre Mutter scheint nicht davon überzeugt, wie wichtig Fred Ihnen ist. Offenbar kennt sie seine guten Eigenschaften nicht so wie Sie. Was, glauben Sie, könnte Ihre Mutter davon überzeugen, daß Fred der Richtige für Sie ist?
Klientin:	Vermutlich müßte ich sie öfter einladen und ihr nichts von unseren Streitereien erzählen. Sie glaubt, ich sei ihr Kind und sie müsse mich vor Fred schützen. Aber er wird halt manchmal grob zu mir und den Kindern, wenn er 'was getrunken hat.
TherapeutIn:	Sie müssen ihn sehr lieben. Was, glauben Sie, würden andere Leute wie Ihre Schwester und Ihre beste Freundin sagen, was gut für Sie ist?
Klientin:	Sie denken, ich sollte mir nicht alles von ihm gefallen lassen. Manchmal treibt er mich fast zum Wahnsinn. Aber er ist ein guter Vater und nett zu mir, wenn er nicht trinkt und keine Drogen nimmt. Er geht regelmäßig zur Arbeit.
TherapeutIn:	Was also müssen Sie tun, um mit Fred besser klar zu kommen und um ihre Mutter dazu zu bringen, daß sie uns nicht mehr anruft?

Diskussion:

Die TherapeutIn muß zwei Versuchungen widerstehen:

a.) die Klientin zu retten, wie es ihre Mutter wiederholt und vergeblich versucht und

b.) ihr einen Vortrag zu halten, welchen negativen Einfluß Fred mit seinem Alkohol und Drogenkonsum darstellt. Sie hat in kluger Voraussicht keinen dieser Wege beschritten, weil sie sonst nur „mehr desselben" getan hätte und genauso erfolglos geblieben wäre wie ihre Mutter.

Stattdessen stellt sie sich auf ihre Sichtweise ein und erkennt an, daß sie trotz der vielen Empfehlungen, ihn zu verlassen, wahrscheinlich gute Gründe hat, um bei ihm zu bleiben. Die TherapeutIn konzentriert sich auf die Frage, was sie tun müßte. Auf diese Weise umgeht sie es, nicht ernst genommen zu werden, weil „sie wie alle anderen redet"; sie bringt die Klientin auch zum Nachdenken über ihre eigene Verantwortung. Diese Art, Fragen zu stellen, führt eher dazu, daß die Klientin erkennt, daß es zwischen ihr und Fred ein ernstes Problem gibt.

Die KlagendE

Wir glauben, daß diese Art von Beziehung dort entsteht, wo die KlientIn meint, daß sie nur wenig Information zum Problem beitragen kann. Sie sieht noch nicht, daß sie Teil des Problems ist oder sie fühlt sich nicht angesprochen, sich um eine Lösung des Problems zu bemühen. Dennoch glaubt die KlientIn, der TherapeutIn helfen zu können, indem sie detaillierte und genaue Beschreibungen der Beziehungsmuster und Vorkommnisse gibt. Sie erzählt die Vorgeschichte, spekuliert über Gründe und schlägt mögliche Lösungen vor, die die Betroffenen aufgreifen könnten.

Solche KlientInnen sehen sich als unbeteiligte ZuschauerInnen oder als Leidtragende der Schwierigkeiten, die andere ihnen bescheren. Da die KlientIn sich nicht als Ursache des Problems sieht, liegt ihrer Meinung nach auch die Verantwortung, Lösungen zu finden, bei jemand anderem, nämlich derjenigen, die die Probleme verursacht. So kommt es beispielsweise vor, daß die Mutter eines Kindes, das sich schlecht aufführt und nicht lenkbar ist, oder eine Frau, die in ihrer Beziehung mißhandelt wird, ausführlich beschreiben, was sie erleiden müssen und mit ihren Bemühungen, die Probleme zu lösen, gescheitert sind. Die KlientIn sieht sich als Opfer anderer oder des Schicksals. Nachdem sie selbst viel Mühe und Zeit darauf verwandt hat, die Probleme und Hintergründe eines Familienmitglieds zu verstehen, sieht sie nun in der TherapeutIn eine VerbündetE. Von ihr wird erwartet, daß sie das Problem in der jeweiligen Person beheben kann, um dadurch das Leid im Leben der KlientIn zu verringern.

Wenn eine KlientIn ihre Beteiligung beim Erarbeiten von Lösungen noch nicht einräumen kann, muß die TherapeutIn verständnisvoll auf ihre Lage eingehen und ihr für die nützlichen Informationen danken, die sie beigesteuert hat. Sie muß anerkennen, daß sie sich um das betroffene Familienmitglied sorgt, sich damit auseinandersetzt und weiterhin nach Lösungen für eine schwierige Situation sucht.

Man verwechselt die Beziehung mit einer klagenden KlientIn leicht mit der Beziehung zu einer KundIn. Das Ausmaß des Leidens, das die

41

KlientIn fühlt oder ausdrückt, gibt keinen ausreichenden Aufschluß darüber, daß sie bereit ist, Schritte zur Lösung der Probleme zu unternehmen. Hierzu ein Fallgespräch.

Fallbeispiel

TherapeutIn: Was, glauben Sie, würde Ihnen helfen, mit Ihrer Tochter besser zurecht zu kommen?

Klientin: Ich brauche keine Hilfe. Lisa muß endlich verstehen, daß sie sich benehmen muß oder es mit mir zu tun kriegt.

TherapeutIn: Hört sich so an, als ob Sie da eine schwierige Aufgabe vor sich haben. Was müßte passieren, daß Lisa auf Sie hört?

Klientin: Dieses Kind muß endlich auf mich hören und nicht mehr herumerzählen, ich würde sie schlagen. Ich hab' ihr nicht damit gedroht, ihr was anzutun! Überall erzählt sie, daß ich sie mißhandle. Sie lügt und stiehlt, aber jeder hält sie für einen Engel und alle meinen, alles sei meine Schuld. Ich hab' nichts falsch gemacht.

TherapeutIn: Es ist ganz schön mühsam, eine Jugendliche allein groß zu ziehen. Wie, glauben Sie, können Sie Lisa dazu bringen, auf Sie zu hören, so daß Sie sich nicht mehr so über sie aufregen müssen.

Diskussion:

Immer dann, wenn die KlientIn ihr Problem nicht zugesteht, sondern jemand anders die Schuld gibt oder die Lösung darin sieht, daß jemand anders sich ändern muß, aber nicht sie selbst, ist es noch zu früh, mit ihr darüber zu sprechen, daß sie Teil des Problems ist. Die beste Möglichkeit, darauf einzugehen, besteht darin, sich mitfühlend auf ihre Seite zu stellen, aber sich weiterhin auf das zu konzentrieren, was sie anderes tun müßte, um eine Lösung zu finden.

In einem solchen Fall ist es am besten, der KlientIn ein Kompliment zu machen, daß sie sich auf das Gespräch eingelassen oder mit der Zuweisung arrangiert hat (wenn es wirklich so ist) oder die positiven Dinge hervorzuheben, die sie macht: zum Beispiel, daß sie zur Arbeit geht, die Kinder zur Schule schickt, morgens aufsteht, die Wohnung aufräumt, für die Kinder kocht, zu einer Anhörung bei Gericht kommt, obwohl sie selbst keinen Nutzen davon hat, oder aber, daß sie eigene kleine Erfolge erreicht hat.

Bis zu dem Zeitpunkt, wo die KlientIn klar zum Ausdruck bringt, daß sie bereit ist, nach Lösungen zu suchen, sollte sich jeder Vorschlag der TherapeutIn auf Tätigkeiten beschränken, die Nachdenken, Analysieren oder Beobachten einschließen und die sich auf die Klage beziehen. Da die KlientIn bereits viele dieser Aktivitäten unternimmt, ist es wahrscheinlich, daß sie mit der TherapeutIn kooperiert.

Die KundIn

In einer Beziehung, in der die KlientIn als KundIn auftritt, herrscht vielleicht auf beiden Seiten noch Unklarheit über die Ziele (vgl. hierzu Kapitel 5). Auf jeden Fall aber teilt die KlientIn der TherapeutIn sowohl sprachlich als auch nicht-sprachlich mit, daß sie bereit ist, die nötigen Schritte einzuleiten, um das Problem zu lösen – ganz gleich, ob sie sich dabei für das Problem verantwortlich fühlt oder nicht. Natürlich sind nicht alle unserer KlientInnen im Rahmen des FBS-Programms an diesem Punkt, wenn wir mit der Arbeit beginnen.

Woran erkennt eine TherapeutIn nun, ob sie eine KundIn vor sich hat? Die Äußerungen einer KlientIn machen deutlich, daß hier eine KundIn-Beziehung vorliegt: „Ich kann nicht so weitermachen. Irgendwas muß sich verändern", „Es wird Zeit, daß ich die Dinge anders anpacke. Aber das schaffe ich nicht allein. Können Sie mir dabei helfen?", „Ich habe alles probiert, um mein Problem zu lösen. Ich weiß nicht, was ich noch machen soll. Ich brauche Hilfe." oder „Ich bin bereit alles zu tun, um das Problem zu lösen. Sagen Sie mir nur, was ich tun soll."

Diese KlientInnen sind an einem Punkt angelangt, wo sie – verbal und nonverbal – zum Ausdruck bringen, daß sie etwas unternehmen wollen, um ihr Leben zu ändern. Sie sind vielleicht auf verschiedenen Wegen, guten oder schlechten, soweit gelangt. Jemand, der soweit gekommen ist, kann eine wirklich positive und kooperative Arbeitsbeziehung zur TherapeutIn entwickeln.

Fallbeispiel

TherapeutIn: Was, glauben Sie, müssen Sie tun, um all diese Leute aus Ihrem Leben zu verbannen?

Klientin: Ich muß mich entscheiden; ich muß meinen Freund loswerden, mich auf meine Kinder konzentrieren, keine Drogen nehmen, mich um meinen Beruf kümmern, zu Cocaine Anonymous Treffen gehen und es den Leuten gleich sagen, wenn ich mich aufrege.

TherapeutIn: Was, glauben Sie, müssen Sie tun, um dabei zu bleiben? Sie sagten, Sie könnten es nicht so gut haben, wenn etwas Sie nervt. Sie wissen ja, daß es einem von Zeit zu Zeit leicht zuviel wird, sich um die Kinder zu kümmern. Was müssen Sie tun, damit zurecht zu kommen?

Klientin: Ich weiß nicht, aber ich habe keine andere Wahl. Ich darf nicht das Leben meiner Kinder ruinieren. Sie gehören zu mir und ich möchte nicht, daß sie bei Fremden aufwachsen.

Diskussion:

Selbst wenn eine KlientIn so motiviert ist, wie im eben beschriebenen Fall, muß man sich auf das Ziel konzentrieren, indem man sie immer wieder an ihr Ziel erinnert und es ihr vor Augen führt.

D. Andere Systeme, die den Fall bearbeiten

Welche anderen Personen oder Systeme sind in den Fall mit einbezogen: die Schule, eine ambulante KrankenpflegerIn, das Gesundheitsamt, das Gericht, einE andere TherapeutIn, die Großmutter, die sich um die Kinder kümmert und mit im Haus wohnt? Bei der Analyse des HelferInnensystems sind die folgenden Aspekte nützlich:

1. Holen Sie die Erlaubnis der KlientIn ein, mit anderen HelferInnen zu sprechen, um eine Doppelbearbeitung zu vermeiden.

2. Nehmen Sie mit der entsprechenden Person Kontakt auf und teilen Sie ihm/ihr mit, daß Sie mit der Familie arbeiten.

3. Fragen Sie nach ihrem/seinem Problemverständnis.

4. Finden Sie heraus, *wer was* getan hat, um *welches* Problem zu lösen. Finden Sie heraus, *was geholfen* hat, und *was nicht.*

5. Erarbeiten Sie eine kooperative Möglichkeit der Zusammenarbeit.

6. Finden Sie heraus, worin IhrE GesprächspartnerIn das Ziel der Behandlung sieht.

7. Stellen Sie sicher, daß er/sie nicht stärker motiviert ist, die KlientIn zu ändern, als die KlientIn selbst.

3

Problemdefinition

A. Was ist hier das Problem?

Erfahrene TherapeutInnen wissen, daß es auf die Frage „Worin besteht das Problem?" mindestens so viele Antworten gibt wie Personen, die damit zu tun haben. Die Problemdefinition der Zuweisenden, die vielleicht einE VerwandtE ist, einer NachbarIn, der Polizei, Schul- oder Gesundheitsbehörden, unterscheidet sich sehr leicht von der Problemdefinition einer KlientIn und vielleicht auch von Ihrem eigenen Problemverständnis.

Wenn man also über das Problem verhandelt, ist es wichtig, nahe an der Problemdefinition der KlientIn zu bleiben, denn schließlich ist sie es, die die notwendigen Veränderungen vollziehen soll. Entscheidend ist auch, daß man sich ein Problem vornimmt, das in der gegenwärtigen Situation und mit den Möglichkeiten der KlientIn realistischerweise zu lösen ist.

Um den eigenen Ansatz in dieser frühen Phase zu organisieren, kann man sich die folgenden Fragen vorlegen:

1. Was glaubt die zuweisende Person, was im vorliegende Fall getan werden sollte?

2. Was meint die KlientIn, was getan werden sollte?

3. Was denken Sie selbst? (Oder Ihr Team, falls Sie in einem Team arbeiten?)

4. Gibt es sonst noch jemanden, der/die eine Schlüsselrolle spielt (z.B. eine MitarbeiterIn des Kinderschutzes)? Was glaubt er/sie, was sich ändern muß?

Das folgende Fallbeispiel zeigt die Komplexität dieses Prozesses und die Nützlichkeit der Fragen, die wir hier vorgelegt haben.

Fallbeispiel

Die Schule bat den Kinderschutzbund um eine Untersuchung im Falle der siebenjährigen Sandra. Es stand zu befürchten, daß Sandra vernachlässigt wurde. Sie schien in einem anhaltenden Zustand völliger Vernachlässigung, denn sie sah krank aus und war unzureichend gepflegt; ihr Verhalten hatte sich auffällig geändert und sie wirkte zurückgezogen und unbeteiligt, war leicht ablenkbar. Sie hatte das Interesse an ihrer Umgebung verloren und litt offenbar manchmal Hunger. Ihre Mutter, Martha, antwortete nicht auf verschiedene Anschreiben und kam auch nicht zu Besprechungen. Da es kein Telefon gab, konnte man sie nicht erreichen.

Der Kinderschutzbund berichtete von einer mäßigen Vernachlässigung, keiner wirklich schlimmen Mißhandlung oder Vernachlässigung. Tatsächlich aber funktionierte die Familie in den letzten Monaten nicht mehr. Martha reagierte auf die Nachricht, daß sie wieder von James, ihrem Partner, schwanger war, sehr depressiv. Wiederholt hatten ihre Mutter und ihre Schwester sie vor James gewarnt. Er war vor kurzem aus dem Gefängnis entlassen worden, wo er eine Strafe wegen schwerer Mißhandlung Marthas abzubüßen hatte. Die Schwangerschaft war ein letzter Strohhalm, und sie stand nun vor der schwierigen Entscheidung, wie sie damit umgehen sollte.

Sie fand auch, daß das Leben für sie und die Kinder nicht besonders gut gelaufen war, daß sie sehr viel Zeit im Bett verbracht hatte, nichts für die Kinder gekocht hatte und kaum Energie aufbrachte, irgendetwas zu tun. Da keine schwerwiegende Vernachlässigung der Kinder vorlag, wurde der Fall zur weiteren Behandlung an das zuständige Amt für Gesundheitsfürsorge der Gemeinde weitergeleitet.

Die Sichtweise der KlientIn vom Problem stellt den wichtigsten Aspekt beim Finden von Lösungen dar. Deshalb verwandte die TherapeutIn viel Zeit darauf, herauszuarbeiten, wie Martha ihre Lage beurteilte und was sie daran ändern wollte.

In einer mitfühlenden Weise angesprochen, war Martha schließlich bereit, dem Anliegen der Schule beizupflichten. Früher war sie eine gute Mutter gewesen und man konnte eigentlich erwarten, daß sie ihre Sache besser machte. Obwohl sie sich anfangs gegen den Kinderschutzbund und die SozialarbeiterIn der Schule gewehrt hatte, konnte sie mehr und mehr anerkennen, daß sie ein Problem hatte und Hilfe brauchte.

Diskussion:

Die ursprüngliche Sorge der LehrerIn um Sandra hatte weitreichendere Implikationen, als ursprünglich angenommen. Es ging nicht nur um eine vorübergehende Unachtsamkeit der Eltern, sondern es stellte sich heraus, daß das Problem in Beziehung zur Schwangerschaft von Martha stand. Dadurch war die schwierige Beziehung zwischen Martha und ihrer Mutter zum Vorschein gekommen, die sich um Marthas Beziehung zu James drehte. Martha stand mitten dazwischen und fühlte sich hin- und hergerissen. Sie wollte beide Beziehungen erhalten und merkte, daß es ihr nicht gelang. Tatsächlich gab es keine einfache Lösung.

Auf die Frage „Worin besteht das Problem?" hätten alle, die LehrerIn, Martha, Marthas Familie und James unterschiedlich geantwortet. Vielleicht hätte sich auch Ihre Antwort noch davon unterschieden. Nachdem solche Unterschiede herausgearbeitet worden sind, muß ein weiterer Schritt getan werden.

B. Wer sorgt sich über welches Problem am meisten?

Es ist sehr wichtig herauszufinden, wer sich so besorgt, gestört oder belästigt fühlt, um etwas gegen das Problem zu unternehmen. Es gibt einige Anzeichen, die dabei helfen, diese Unterscheidung zu treffen:

1. Starke negative oder positive Emotionen, die zum Ausdruck kommen, während über das Problem gesprochen wird.

2. Nonverbale Reaktionen, die zu den Begriffen Aufregung und Besorgnis passen.

3. „Irgendetwas muß geschehen." „Ich kann nicht mehr so weitermachen." „Es ist einfach unerträglich." „Nichts von dem, was ich versucht habe, funktioniert." „Ich bin mit meinem Latein am Ende." sind einige Beispiele von Aussagen, die ein Interesse an Veränderung kennzeichnen.

4. Emotionale Erregung und Streß sind klar zu sehen und es wird eine Bereitschaft ausgedrückt, etwas daran zu ändern.

5. Ausdruck von Zuversicht; die Überzeugung, daß sich die Dinge verbessern werden, wenn das Richtige getan wird.

Diejenige, die am meisten gestört, unzufrieden oder empört auf diese Situation reagiert, ist am ehesten bereit, Schritte zur Lösung des Problems einzuschlagen. Dabei ist es leichter, die Energie, die vorhanden ist, zu nutzen, als sie dort zu erzeugen, wo noch keine ist. Dies zu wissen, ist wichtig, wenn es sich bei der Betroffenen um diejenige handelt, die in der Lage ist, Maßnahmen zu ergreifen.

Wenn zum Beispiel Marthas Mutter diejenige ist, die sich am meisten daran stört, daß Sandra nicht richtig versorgt wird oder daß Martha sich gehen läßt oder daß James das Leben ihrer Tochter ruiniert, dann ist es vielleicht wirkungsvoller mit ihr, statt mit Martha zu arbeiten. Im umgekehrten Fall, wo Martha am meisten von ihrer Lebenssituation betroffen ist, ist es wahrscheinlich produktiver, mit ihr zu arbeiten. Wenn Sie selbst diejenige sind, die es am meisten betrifft und stört, die am stärksten an einer Änderung interessiert ist, dann sind die KlientInnen „BesucherInnen", und keine an Änderung interessierten KundInnen. Ihnen muß man dann auch dementsprechend begegnen, bis sich etwas an ihrer Haltung verändert. Wenn Sie die einzige sind, die betroffen ist und Sie sich vor allem um die Sicherheit der Kinder sorgen, dann ist eine Rücküberweisung an den Kinderschutzbund erforderlich.

C. Welche Stärken existieren in einer Familie?

Bei Familien, die mit dem Jugendamt im allgemeinen und dem FBS im besonderen in Kontakt gekommen sind, fühlt man sich leicht überwältigt von Umfang und Vielfalt der Probleme. Häufig denkt man von diesen Familien, daß sie nicht einmal über einfache Fähigkeiten der Problembewältigung verfügen. Wenn man von dieser Vorstellung ausgeht, fühlt man sich leicht überfordert und entmutigt.

Es hat sich in der Arbeit mit solchen Familien und in der Arbeit mit Obdachlosen gezeigt (BERG und HOPWOOD, 1991), daß diese KlientInnen aber viele Stärken haben und eine enorme Elastizität und Kraft besitzen. Ihre Problemlösemethoden und -techniken unterscheiden sich vielleicht von denen der sie umgebenden gesellschaftlichen Muster, aber im großen und ganzen haben sie viele Probleme erfolgreich gelöst. In Kapitel 1 wurde bereits darauf hingewiesen, daß es weniger aufreibend und viel wirkungsvoller ist, diese Stärken und Erfolge zu betonen und auszubauen.

Frühere Kontakte mit Sozialen Diensten

Wenn Aufzeichnungen über frühere Kontakte vorliegen, selbst wenn es nur ein kurzer Kontakt war, und man darauf mit neutralen und beiläufig vorgetragenen Fragen eingeht, ergeben sich manchmal nützliche Hinweise bezüglich der KlientInnen und ihrer Zusammenarbeitsbereitschaft.

Hierzu ein paar Beispiele nützlicher Fragen:

„Es scheint, daß die Schule sehr um Ihre Tochter besorgt ist und Sie haben dort schon einige Besprechungen gehabt. Wie hilfreich waren diese Besprechungen für Sie? Was hat die Schule Ihrer Meinung nach unternommen, das für Sie nicht so hilfreich war?"

„Es scheint, daß sich viele Leute um das Wohlergehen Ihrer Tochter sorgen. Was, glauben Sie, müßten Sie tun, um sie davon zu überzeugen, daß sie sich keine Gedanken zu machen brauchen?"

„Aus den Unterlagen geht hervor, daß Sie schon früher mit unserer Abteilung zu tun hatten. Was, finden Sie, war das Hilfreichste, das die KollegIn getan hat? (...am wenigsten hilfreich?)"

„Die Krankenschwester des öffentlichen Gesundheitsdienstes war mehrfach bei Ihnen. Können Sie sagen, was bei diesen Treffen am nützlichsten war?"

„Ihre zwei Kinder gehen zur Schule. Was, glauben Sie, war das Hilfreichste, das die Schule für Sie und die Kinder getan hat?"

Derartige Fragen erbringen folgendes:

1. Sie stellen sich auf die Seite der KlientIn und gelangen so in eine Position, ihre früheren Kontakte mit anderen HelferInnen zu erkunden.

2. Sie gelangen aus dem Blickfeld, aber Sie erhalten zugleich einige Informationen über die Sichtweise der KlientIn, was die früheren Kontakte anbelangt und was sie als hilfreich bzw. nicht hilfreich ansieht.

3. KlientInnen erhalten den Eindruck, daß Sie sich bemühen, das zu tun, was für sie am hilfreichsten ist.

4. Sie lassen die KlientIn wissen, daß Sie bereit sind, ihre früheren Erfolge anzuerkennen.

Wenn eine KlientIn negativ gegenüber früheren Kontakten mit professionellen HelferInnen eingestellt ist, so verteidigen Sie die früheren HelferInnen nicht und stimmen Sie der KlientIn zu, wenn immer es möglich ist. Das mag schwer sein, aber es lohnt sich. Wenn man die KlientIn danach fragt, wie sie mit den anderen HelferInnen zurechtgekommen ist, so impliziert dies, daß man sich ihrer Erfolge im Umgang mit HelferInnen bewußt ist.

Die Familiengeschichte im Genogramm

Wie bereits erwähnt, sollte jede Information, die zur Einschätzung eines Falles dient, nützlich bei der Planung der Richtung und der nächsten Schritte sein. Dazu gehört auch das „Genogramm". Stellen Sie sicher, daß die Informationen aus dem Genogramm nützlich in bezug auf das Ziel von KlientIn und TherapeutIn sind.

Was verstehen wir unter „Genogramm", und wozu kann man es einsetzen? Das Genogramm dient dazu, Koalitionen, Allianzen, wichtige Ereignisse in der Geschichte der Familie, Veränderungen der Lebensumstände, Familienmythen und -regeln und andere wichtige Themen, die auf die KlientIn gewirkt haben, herauszuarbeiten. Auf diese Weise werden Ereignisse in den historischen und sozialen Kontext der Familie eingebettet und ergeben wertvolle Hinweise über eventuell verborgene Bereiche.

Der Zeitpunkt, zu dem man nach den historischen Bezügen fragt, ist entscheidend. Manche KlientInnen könnten es aufdringlich finden, wenn sie den Zusammenhang zu ihrem Anliegen noch nicht sehen. Auf der anderen Seite kann das Gespräch über die Familiengeschichte dazu führen, daß die KlientIn Interesse für sich selbst und ihre Probleme entwickelt. Um den richtigen Zeitpunkt zu finden, müssen Sie sich auf Ihre klinische Erfahrung und Menschenkenntnis verlassen. Wenn es Ihnen komisch vorkommt oder Sie merken, daß KlientInnen befremdet reagieren, wenn Sie ein Gespräch über die Familiengeschichte beginnen, dann ist es wahrscheinlich ratsam, es aufzuschieben. Ansonsten betrachtet die Familie Ihren Versuch wahrscheinlich als irrelevant oder aufdringlich, wenn es für sie keinen Sinn macht, sodaß auch ihre Neugier nicht angestoßen wird, genauer hinzuschauen, um Veränderungen und neue Wahrnehmungen zu ermöglichen.

Das Genogramm bringt mitunter wichtige Muster zum Vorschein: Familienmythen, die sowohl gut wie schlecht sind, ein vergessenes Familiengespenst, die Gesamtheit der Überzeugungen bezüglich des Clans, die Familienstruktur, wer bekommt das beste Stück Fleisch, welche Einflüsse haben das Selbstbild der KlientIn geformt usw. Diese Muster spielen bei den Ideen der KlientIn im Hinblick auf Vergangenheit und Zukunft vielleicht eine ganz wesentliche Rolle. Familiengeschichte kann neutral, als Faktum oder mit Emotionen beladen erlebt werden. Es kann mehrere Stunden in Anspruch nehmen, Informationen zusammenzutragen. Besonders dann, wenn die KlientIn nicht so bereit zu sein scheint, über ihre Familie zu sprechen. Dies kann ein wichtiger Hinweis auf ein heikles Thema sein. Hier muß man warten, bis die Bereitschaft entstanden ist und man sollte die KlientIn nicht drängen. Während der Beurteilungsphase ist es besonders wichtig, die KlientIn zu motivieren, etwas an der Situation zu ändern, die dazu führte, daß sie in Kontakt mit den HelferInnen kam.

Man sollte daran denken, daß die Familiengeschichte die Sichtweise der KlientIn widerspiegelt; sie ist nicht unbedingt wahr oder entspricht den Tatsachen und sie kann ausgehandelt werden. Wenn KlientInnen ihre Geschichte nacherzählen, verändern sie sie, erfinden neue Mythen und lassen andere Aspekte beiseite. Mit anderen Worten: die Geschichte ist die Konstruktion der KlientIn. Sie besteht nicht aus wahren oder falschen Aussagen und sie wird mit jedem Erzählen realer. Akzeptieren Sie, wie einE KlientIn ihre Familie wahrnimmt. Elizabeth STONE (1988) beschreibt die phantastischen Erfindungen und Wieder-Erfindungen von Familiengeschichten. Die TherapeutIn sollte daher im Umgang mit Familiengeschichten sehr sorgsam sein.

Viele KlientInnen des FBS-Programms haben den Kontakt zu ihrer Herkunftsfamilie abgebrochen und sich einer möglichen Quelle der Unterstützung beraubt. Häufig stellt die KlientIn fest, daß sie sich aufgrund ihrer Erziehung unterscheiden mußte, ist sich zugleich aber selbst sehr böse, daß sie sich nun genauso verhält wie ihre Mutter. Versuchen Sie, Bereiche zu finden, in denen die KlientIn ein gewisses Maß an Autonomie erreicht hat und würdigen Sie die Mühe, die es gekostet hat, soweit zu kommen. Wenn die KlientIn Erfolg empfindet, wird es leichter, über ihre familiären Bindungen nachzudenken.

Die folgenden Informationen sollten im Rahmen einer Reihe von Gesprächen zusammengetragen werden. Ermutigen Sie die KlientIn, ihre eigene Sichtweise der Familie herauszuarbeiten. Achten Sie darauf, Ihre Fragen so zu stellen, daß man nicht nur mit „ja" oder „nein" antworten kann. Geben Sie ihr die Möglichkeit, ihre eigenen Worte zu benutzen. Sie erfahren dann nicht nur etwas über ihren Sprachgebrauch, sondern auch darüber, wie sie ihre Stellung innerhalb der Familie beurteilt.

1. Wie sieht die KlientIn ihre Herkunftsfamilie?

Die KlientIn sieht ihre Familie (Mutter, Vater, Geschwister, Großmutter, Großvater, Cousinen, Tanten usw.) als eine positive Kraft in ihrem Leben, eine potentielle Hilfe, oder aber als Ursache von Reibungen und Problemen, die sie besser vermeidet. Eine positive Sichtweise kann man noch betonen, indem man interessiert nachfragt, wie die KlientIn dazu kam, die positiven Züge der Familie zu übernehmen. Bei einer negativen Meinung kann man fragen, wie sie es geschafft habe, sich die negativen Eigenschaften der Familie nicht anzugewöhnen. Man kann die KlientIn weiter danach fragen, wie erfolgreich sie sich in dem einschätzt, was sie von ihren Absichten in die Tat umgesetzt hat. Bereits kleine Erfolge sollten gewürdigt werden.

Fallbeispiel

Klientin: Meine Eltern haben mir immer eingeredet, daß ich es nie zu etwas bringen würde. Sie waren nie zärtlich und haben mir nie einen Kuß gegeben oder mit mir geschmust. Ich glaube, meine Mutter ist selbst in einer Familie aufgewachsen, in der Liebe nicht gezeigt wurde. Sie weiß einfach nicht, wie man einem Kind hilft, Selbstvertrauen zu entwickeln. So war ich lange Zeit überzeugt, daß ich nichts wert wäre. Aber ich habe mich dagegen aufgelehnt und wollte zeigen, wer ich wirklich bin. Rebelliert habe ich dann allerdings, indem ich weglief, ein Kind bekam, die Schule geschwänzt habe und mit den Gesetzen in Konflikt kam.

TherapeutIn: Wie haben Sie das herausgefunden, daß Sie anders waren, als Ihre Eltern von Ihnen dachten?

Klientin: Ich hab's innen drin gespürt. Ich wollte Ihnen einfach beweisen, daß sie sich täuschen und ich in Wirklichkeit anders bin.

TherapeutIn: Wie haben Sie das gemacht?

Klientin: Ich wollte meinen Kindern eine gute Mutter sein, besser als die, die ich gehabt hatte.

TherapeutIn: Wo haben Sie diese Fähigkeit erworben?

Klientin: Ich habe andere Leute beobachtet und sie nachgeahmt.

TherapeutIn: Dazu gehört viel Verantwortungsgefühl Ihren Kindern gegenüber und ein Verstand, der einem sagt, wie man es anstellen muß. Wie haben Sie das gemacht?

Klientin: Ich wollte eine andere Mutter sein. Ich habe mir geschworen, daß sich mein Kind nie unterlegen fühlen sollte. Ich sage ihm nie, daß er ein Stück Dreck ist.

TherapeutIn: Das klingt so, als ob Sie sich selbst beigebracht haben, eine gute Mutter zu sein. Sie müssen Ihren Sohn wirklich sehr lieben.

Diskussion:

Wenn die KlientIn in der Lage war, sich nur ein kleines Stück vom Familienmythos zu befreien und sich zum Beispiel in Richtung ihrer

Vorstellung von einer guten Mutter zu bewegen, dann muß diese Abkehr von den familiären Überzeugungen unterstützt und ermutigt werden. Die KlientIn kann dadurch erfahren, daß es positiv ist, wenn sie sich ihre Geschichte in einer Weise gestaltet, die damit übereinstimmt, wie sie sein möchte.

2. Aktuelle Bündnisse und Ressourcen

Bündnisse innerhalb der Familie können durch eine Reihe von Fragen geklärt werden:

- Wer besucht wen wie oft?

- Wer hält mit den anderen Familienmitgliedern durch Anrufe oder Briefe Kontakt?

- Wo trifft sich die Familie?

- Wer verbreitet Informationen und Neuigkeiten?

- Wen spricht die KlientIn an, wenn sie Hilfe braucht?

Mit diesen Informationen kann man einschätzen, wer möglicherweise die einflußreichste Person ist, die man mit einbeziehen kann.

Es ist nützlich zu wissen, wen die KlientIn in ihrer Familie am hilfreichsten erlebt hat und wodurch. Man erfährt auf diese Weise, was die KlientIn tut und tun muß, um solch unterstützenden Beziehungen am Leben zu erhalten. Wie können einzelne Familienmitglieder wieder dazu gewonnen werden, die wertvolle Hilfe zu gewähren, die die KlientIn aufgegeben hat? Was muß sie tun, um Unterstützung zu bekommen? Lohnt sich der emotionale Preis, den sie dafür zahlt?

Fallbeispiel:

TherapeutIn: Sie haben erzählt, daß Sie in der Vergangenheit von Ihrer Großmutter unterstützt wurden. Was, glauben Sie, müßten Sie tun, damit sie wieder hilft?

Klientin: Ich glaube, sie würde wollen, daß ich mich dauerhaft von James trenne.

TherapeutIn: Das klingt nach einer schwierigen Entscheidung. Wie können Sie wissen, was Ihnen wichtiger ist, die Beziehung zu James oder die Bindung zu Ihrer Großmutter?

Klientin: Es ist sehr schwer, das zu entscheiden. Ich möchte, daß meine Großmutter stolz auf mich ist und die Kinder sieht.

Die brauchen das. Über James bin ich mir unsicher. Er ist nicht gut für die Kinder. Sie haben Angst vor ihm und das muß nicht sein. Ich weiß nicht, was für mich das Richtige ist. Es ist schwer zu entscheiden. Ich glaube, ich möchte beides, aber ich kann nicht beides haben.

TherapeutIn: Es ist wirklich schwer, eine Entscheidung zu treffen. Gibt es eine Möglichkeit, daß Sie beides bekommen?

Klientin: Weiß ich nicht. Darüber habe ich noch nie nachgedacht.

3. Wie denkt die Familie über ihre Beziehungen zu Männern?

Dieses Thema stellt einen der häufigsten Konfliktbereiche in den Familien dar, die unseren Dienst in Anspruch nehmen. Der Hauptgrund für emotionale Brüche und Spannungen zwischen einer jungen Frau und ihrer Familie liegt in der Partnerwahl. In diesem Zusammenhang sind wichtige Fragen:

– Stimmt die Familie ihrer Partnerwahl zu?

– Glaubt die Familie, daß sie über all die Jahre mit Männern zurechtgekommen ist?

– Was sollte sie nach Meinung ihrer Familie tun?

– Worin sehen sie den Grund, daß sie sich von Männern, die sie schlecht behandeln, angezogen fühlt?

Wenn die Familie über ihre Partnerwahl verärgert ist, dann liegt es offensichtlich daran, daß sie sich sehr um sie sorgen.

Fallbeispiel

TherapeutIn: Was, glauben Sie, erwartet Ihre Mutter von Ihnen im Hinblick auf Ihren Freund?

Klientin: Sie ist überzeugt, daß mich alle Männer ausnutzen, daß ich meinen Verstand nicht benutze, und das predigt sie mir fortwährend. Es nervt mich, daß sie glaubt, ich sei so verrückt. Nur weil ich mit siebzehn einen Fehler gemacht habe, kann ich meine Freunde nicht ohne ihre Einmischung aussuchen.

TherapeutIn: Was, glauben Sie, würde sie überzeugen, daß sie sich heute keine Sorgen mehr um Sie zu machen braucht?

Klientin: Nichts. An jedem meiner Freunde hat sie etwas auszusetzen. Sie ist nie zufrieden. Sie hat ja selbst Pech gehabt und einen Trinker geheiratet. Ich glaube, daß ihr Leben so langweilig verläuft, daß sie durch mich lebt. Ich sage ihr immer wieder, daß ich nicht für sie leben werde und dann fangen die Streitereien an. Und sie wendet sich dann an den Sozialen Dienst.

TherapeutIn: Was wären kleine Dinge, die Sie machen müßten, daß Ihre Mutter glauben könnte, daß Sie für sich allein sorgen können?

Klientin: Wenn ich sie nicht um Geld bitte. Wenn ich mit meinem Geld über die Runden komme. Sie glaubt, daß ich meinem Freund Geld gebe, damit er sich Alkohol kaufen kann.

TherapeutIn: Wie würde sie auf Sie reagieren, wenn Sie sie nicht um Geld bitten würden?

Klientin: Sie würde vielleicht etwas weniger nörgeln.

TherapeutIn: Was würde das für Sie bedeuten, wenn Ihre Mutter weniger nörgeln würde?

KlientIn: Dann hätte ich Spaß daran, mit ihr zu reden. Ich möchte die Fäden nicht total durchschneiden. Ich möchte einfach auch für mich sein können.

TherapeutIn: Woran werden Sie merken, daß Sie eine eigenständige Person geworden sind?

Diskussion:

Selbst wenn ein tiefer Konflikt vorliegt, der bis in die Zeit des Jugendalters zurückreicht, kann die TherapeutIn der KlientIn dabei helfen, herauszufinden, was sie tun muß, um ihr Ziel auf konstruktive Weise zu erreichen und nicht länger blind gegen alles rebellieren muß, was ihre Mutter vertritt.

4. Wie groß ist das Gefühl von Autonomie auf seiten der KlientIn?

Findet die KlientIn, daß sie sich als Elternteil, Tochter, in ihrem Beruf oder als Person bewährt hat? Glaubt sie beispielsweise, daß sie, was die Kindererziehung anbelangt, es besser oder schlechter als ihre Mutter gemacht hat? Wie möchte sie als Mutter sein? Worin unterscheidet sie sich von ihrer Mutter, worin ist sie ihr ähnlich? Mit den Antworten auf diese Fragen kann man einen Eindruck von Autonomie und Abgrenzung zwischen den Generationen gewinnen. Die TherapeutIn sollte die kleinsten Hinweise auf Unabhängigkeit und Autonomie aufgreifen und verstärken.

Fallbeispiel

TherapeutIn: Sie haben erwähnt, daß es wichtig für Sie ist, daß Sie als Mutter anders sein möchten als Ihre eigene Mutter. Wie sind Sie zu dieser Vorstellung gelangt?

Klientin: Als Kind habe ich mir immer vorgestellt, daß ich nie so werden möchte wie sie. Ich habe mir vorgenommen, mein Kind nie zu schlagen, ihm zuzuhören, zu loben, seine Wünsche zu respektieren und Zeit mit ihm zu verbringen, damit es das Gefühl bekommt, daß es mir wichtig ist.

TherapeutIn: Wie erfolgreich sind Sie Ihrer Meinung nach damit gewesen?

Klientin: Ich lerne noch und habe noch einen weiten Weg vor mir.

TherapeutIn: Wie urteilt wohl Ihre Mutter über Ihre Erziehung?

Klientin: Sie würde sagen, daß ich es wirklich gut mache.

TherapeutIn: Wie erklären Sie sich das?

Klientin: Ich habe sehr hart gearbeitet. Ich besuche Seminare, ich lese viel, ich beobachte andere, von denen ich denke, daß sie gute Eltern sind und höre ihnen zu. In der Hauptsache orientiere ich mich an Vorbildern.

Diskussion:

Bei dieser Klientin ist wirklich eine Menge Lob und Anerkennung für ihre kluge und nachdenkliche Art, die zu ihrem Erfolg geführt hat, angebracht. Immer, wenn eine KlientIn aus dem familiären Muster ausschert, selbst wenn es nur in einem geringen Maß geschieht, indem sie sich bewußt um eine Änderung des eigenen Verhaltens bemüht und ihre Unabhängigkeit vergrößert, dann verdienen solche Bemühungen Unterstützung und Anerkennung für die harte Arbeit, die dahinter steht.

Wie hat sie es geschafft, es mit ihren Kindern besser zu machen, als ihre Mutter mit ihr? Hat sie sich das selbst beigebracht oder bei jemanden abgeschaut? Von wem hat sie gelernt? Jede Antwort beinhaltet eine Gelegenheit zu loben:

– daß sich die Klientin über dieses Thema soviele Gedanken gemacht hat, was ein Zeichen dafür ist, daß sie sich um ihre Kinder sorgt,

– daß sie in kluger Weise herauszufinden versuchte, was sie lernen mußte, um eine gute Mutter zu sein. Bei Veränderungen in ihrem Leben, die durch einen Schicksalsschlag oder andere Einflüsse eingeleitet wurden, zum Beispiel eine Krankheit, einen Unfall, eine Konfrontation, ein Buch oder ein Seminar, sollte man detailliert nachfragen, wie sie solche Vorfälle zu ihrem Vorteil nutzen konnte.

Aus all den Informationen auf die obigen Fragen ergibt sich ein umfassendes Bild über die Probleme der gesamten Familie und über die möglichen Ressourcen, auf die die KlientIn zurückgreifen kann. Es entstehen auch Ideen, welches die allgemeine Richtung ist, in die man gehen sollte und ob Familienmitglieder mit in die Sitzungen kommen sollten oder nicht. In Fällen, wo die familiären Beziehungen negativ getönt sind, schiebt man ein Treffen mit der Familie besser auf, bis die KlientIn dazu bereit ist. In Kapitel 6 greifen wir dieses Thema noch einmal auf.

4

Kooperation fördern

A. Joining

Die meisten therapeutischen Modelle und Behandlungsansätze betonen die Bedeutung der TherapeutIn-KlientIn-Beziehung und sehen darin die wesentliche Variable einer professionellen Therapiebeziehung. Wenn die Beziehung gut ist, erscheinen die Dinge in einem positiven Licht und die Chance wächst, daß das gemeinsame Unternehmen von TherapeutIn und KlientIn zum Erfolg führt.

Dennoch besteht diese Beziehung nicht um ihrer selbst willen, sondern ist vielmehr auf die Verwirklichung eines Zieles gerichtet. Wenngleich eine positive Arbeitsbeziehung die Motivation, Kooperation und Offenheit auf seiten der KlientInnen erhöhen kann, so reicht eine positive Beziehung allein nicht aus, Verhalten zu verändern. Dazu ist auf seiten der KlientIn eine Veränderung von Wahrnehmung und Kognition erforderlich und sie muß etwas tun, das sich im Verhalten von dem, was sie schon macht, unterscheidet.

Was versteht man unter „Joining"

Der Begriff „Joining" stammt aus der Familientherapie und soll hier das therapeutische Vorgehen in der Anfangsphase beschreiben, wo das Ziel im Aufbau einer positiven Arbeitsbeziehung besteht. Es ist vorrangig die Aufgabe der TherapeutIn, KlientInnen entgegenzugehen und für ein positives und vertrauensvolles Klima zu sorgen. Dies wird durch eine Reihe verbaler wie nonverbaler und mehr oder weniger subtiler Aktivitäten erreicht.

„Joining" zielt letztlich darauf ab, die Arbeit zu erleichtern. Wenn KlientInnen spüren, daß man an ihnen interessiert ist und mit ihnen arbeiten will, wächst ihre Bereitschaft zu Kooperation und Veränderung; und sie sind es letztlich, die davon am meisten profitieren.

„Joining" der TherapeutIn

1. Vor dem ersten Zusammentreffen sollten Sie sich in die KlientIn versetzen und sich vorzustellen versuchen, was Sie an ihrer Stelle von der TherapeutIn erwarten würden. Denken Sie auch daran, persönliche Gefühle hinten an zu stellen und eine gewissermaßen distanzierte, aber dennoch interessierte Haltung einzunehmen.

2. Vermeiden Sie Fachausdrücke. Benutzen Sie die Alltagssprache. Vermeiden Sie amtliche Begriffe und Reizwörter wie zum Beispiel „individuell", „Wohnsitz", „Bildungsniveau" ,"Status", „Wahrnehmen", „Mißhandeln", "Bericht", „Untersuchung", „Anklage", „Beweislage", „Täter" und so weiter. Heben Sie sich diese Begriffe für Gespräche mit FachkollegInnen auf.

3. Das erste Treffen setzt Maßstäbe für die weitere positive Arbeit. Sie sollten freundliche und positive Worte finden. Sie sollten sich auch darüber Gedanken machen, in welchen Bereichen sich die KlientIn leicht angegriffen fühlen könnte; gehen Sie achtsam damit um. Zum Beispiel könnten Sie folgendes sagen: „Meine Aufgabe ist es, für Frieden in Familien zu sorgen. Sie machen mit Ihrer Familie eine harte Zeit durch und ich frage mich, wie ich Ihnen helfen kann."

4. Suchen Sie nach Schlüsselworten oder Eigenheiten, wie die KlientIn ihre Worte gebrauchte, z.B. „sich genervt" und „gestört fühlen", „Diskussion und Streitereien" und versuchen Sie, sie nachzuahmen. Wenn eine KlientIn beispielsweise darauf hinweist, daß es sie am meisten stört, wenn ihre Kinder sie „nerven", können Sie ihre Worte aufgreifen und sie fragen „ Wenn die Kinder Sie nerven, was haben Sie probiert, was Abhilfe schuf?".

5. Auch wenn es Ihnen unlogisch oder unrealistisch vorkommen mag, wie Ihre KlientInnen die Sache sehen, erklären oder damit umgehen, verhalten Sie sich akzeptierend.

6. Konfrontieren Sie sie auf *keinen Fall* oder greifen Sie sie auf irgendeine Weise an. Steigen Sie nicht auf Debatten oder Auseinandersetzungen ein. Es ist hilfreicher, wenn Sie eine „unterlegene" Position einnehmen und ausdrücken, daß Sie sich „verwirrt" fühlen oder etwas „nicht ganz verstehen" und weitere Aufklärung brauchen. Die meisten Menschen – und KlientInnen machen da keine Ausnahme – sind hilfsbereit und zeigen gerne, wie gut sie über etwas Bescheid wissen.

7. Behandeln Sie die KlientIn als ExpertIn bezüglich ihrer Probleme und Angelegenheiten. Versuchen Sie nicht, ihr zu erklären, worin das „Problem" besteht. Sollte die KlientIn nämlich nicht Ihrer Meinung sein, so geraten Sie – und nicht die KlientIn – in eine Beweispflicht. In diese Lage sollte die TherapeutIn nicht kommen, denn dann kann es leicht passieren, daß die TherapeutIn und nicht die KlientIn zur „KundIn" wird und schließlich härter als die KlientIn daran arbeitet, das Problem zu lösen.

8. Erwarten Sie nicht, daß sich die KlientIn Ihrer Sicht- und Denkweise anschließt, sondern passen Sie sich ihrer Sichtweise an. Es macht die ganze Angelegenheit leichter und auf lange Sicht weniger arbeitsaufwendig.

9. Finden Sie gerade in der Anfangsphase oft anerkennende Worte für das, was die KlientIn tut.

10. Stellen Sie sich bei der Behandlung einer Familie nicht auf die Seite des Kindes, sondern unterstützen Sie das, worum sich die Eltern bei der Erziehung bemühen.

11. Wählen Sie eine Sprache, zu der sich die KlientIn in Beziehung setzen kann. Wenn Sie mit jemandem arbeiten, die sehr konkret ist und weniger gut abstrahieren kann, dann sollten Sie sie auf konkrete Weise ansprechen. Bei jemandem, die visuell orientiert ist, gebrauchen Sie visuelle Begriffe: „Was müßte in Ihrem Leben anders gehen, damit Sie sehen können, daß es wieder besser läuft?" Bei KlientInnen, die auditiv orientiert sind, könnte man folgendes sagen: „Welche Veränderungen würden Sie aufhorchen lassen und Ihnen sagen, daß es besser geht?" Bei jemandem, die kinästhetisch orientiert ist, sollten Sie viele Worte benutzen, die sich auf Gefühle und Handlungen beziehen: „Wenn Sie mit sich selbst zufriedener sind, was werden Sie dann tun, was sich von heute unterscheidet?"

12. Geben Sie sich auf folgende Fragen selbst eine Antwort, während Sie Informationen zusammentragen:

a) Was ist dieser KlientIn wichtig?

b) Was erscheint ihr sinnvoll?

c) Welche Problemlöse-Strategien verwendet sie?

d) Welche Erfolge und Mißerfolge hat sie in Hinblick auf das Problem gehabt?

e) Wie sieht sie das Problem? Wie erklärt sie sich, daß sie dieses Problem hat?

f) Was ist sie bereit zu tun und was würde sie nicht tun?

g) Auf welche Ressourcen kann sie zurückgreifen – ihre erweiterte Familie, NachbarInnen, Kirche, spezielle FreundInnen?

Die Antworten auf diese Fragen liefern Ihnen einige Ideen, auf welche Weise Sie sich auf die KlientIn einstellen können. Wenn die KlientIn das Gefühl hat, daß Sie ihre Gedanken respektieren und würdigen, wird sie in gleichem Sinne auf Ihre Eingaben reagieren.

Ihre Aufgabe endet natürlich nicht mit dem „Joining". Wenn die KlientIn Ihnen Vertrauen schenkt, dann besteht Ihre weitere Aufgabe darin, sie auf eine Weise zu beeinflussen, das zu tun, was gut für sie ist.

Fallbeispiel 1

Die Adoptiveltern eines achtjährigen Jungen waren sehr verärgert über das Vorgehen der Schule. Dort hatte ein Lehrer der Geschichte ihres Jungen Glauben geschenkt. Er hatte erzählt, daß er zu Hause geschlagen und ans Bett gebunden würde und nichts zu essen bekäme. Die Schule hatte sofort den Kinderschutz verständigt. Die Eltern wurden unter die Lupe genommen und wegen ihres „Familienproblems" zur Beratung geschickt.

Die Eltern waren sehr ungehalten über die Vorgehensweise der Schule und des Kinderschutzes. Indem man sie einer Behandlung zuwies, implizierte man, daß sie etwas falsch machten. Sie hatten ein Kind mit vielen emotionalen Problemen adoptiert, das mit sieben Jahren bereits in acht verschiedenen Pflegefamilien gewesen war. Ihre erhabenen und wohlmeinenden Absichten endeten nun in einem Chaos und bescherten ihnen nicht das Glück im Familienleben, das sie sich erhofft hatten. Sie waren verärgert, daß sie nun hier sein mußten, wo doch das eigentliche Problem für sie darin bestand, daß die Schule einseitig Partei für den Jungen ergriffen hatte.

In diesem Fall mußte man die Eltern würdigen, daß sie die Aufgabe der Erziehung eines so schwierigen Kindes auf sich genommen hatten. Und obwohl sie sich „unfair behandelt fühlten", kamen sie nun sogar noch zur Therapie, um das Problem ein für allemal aus der Welt zu schaffen. Als die TherapeutIn für ihre Situation Verständnis zeigte, ließ ihre Anspannung sichtlich nach und sie kamen aus ihrer Abwehr.

Fallbeispiel 2

Die Eltern eines fünfzehnjährigen Mädchens waren sich in Hinblick auf Fragen der Disziplin völlig uneins und drohten sich gegenseitig mit Scheidung. Es stellte sich heraus, daß die fünfzehnjährige Tochter jeden Tag einen 26 Jahre alten Mann „traf", bei ihm zu Abend aß und ständig mit ihm telefonierte. Die Eltern waren offenkundig geteilter Meinung darüber, ob diese Beziehung für ihre Tochter gut oder schlecht war. Ihre Mutter war ebenso wie die Tochter der Meinung, daß es so besser ist, als daß sie sich draußen irgendwo herumtriebe, während es dem Vater nicht paßte und er manchmal sagte, daß „er den Kerl umbringen könnte". Sie erhofften sich Klärung.

Das Bemühen der Eltern, Schritte zur Klärung zu unternehmen und herauszufinden, was für ihre Tochter das Beste wäre, wurde von der TherapeutIn anerkennend hervorgehoben. Sie gab ihnen zu verstehen, daß sie sah, daß die Eltern ihre Tochter sehr liebten und beide vernünftige Argumente hatten.

B. Vom Umgang mit Widerstand

Was verstehen wir unter Widerstand?

Vielen KlientInnen haftet der Ruf an, sie befänden sich im „Widerstand". Jugendliche, Drogen- und Alkoholabhängige, KlientInnen, die von Gerichten, Schulen oder Sozialen Diensten geschickt werden oder unter dem Druck ihrer Familie oder EhepartnerIn kommen, können hier als Beispiel gelten. Bei ihnen geht man davon aus, daß sie sich absichtlich gegen eine Zusammenarbeit stellen, sich den verschiedenen HelferInnen gegenüber abwehrend und ausweichend oder gar feindlich-agressiv verhalten. „Augenschein" und viele Erfahrungen bestärken diese Meinung. Natürlich gibt es KlientInnen, die unfreundlich sind und keinen Einblick in ihre Situation gestatten und sich manchmal unverschämt, feindlich und drohend verhalten. Was kann man in solchen Fällen tun?

Der systemische Standpunkt, der unserer Arbeit zugrundeliegt, soll nun auch auf solche Situationen angewendet werden. Von einem umfassenderen systemischen Blickwinkel kann man „Widerstand" nutzbringender als das Aufeinanderprallen verschiedener kultureller Ansprüche und Erwartungen sehen, denn als ein Gegeneinander einer „widerspenstigen KlientIn" und einer „unparteiischen, objektiven SozialarbeiterIn." Die Situation wird dadurch noch verschärft, daß das umfassendere System (in Form einer gesetzlichen, medizinischen oder sozialen Behörde, die das Gemeinwesen repräsentiert) ungebeten „eindringt" und das Leben des kleineren Systems durch die Forderung, Sichtweisen und Werte zu verändern, bedroht.

Überzeugungen, Werte und Schwerpunkte der Behörden (Einrichtungen des Gesundheitswesens, psychiatrische Einrichtungen, Krankenhäuser, Schulen usw.) unterscheiden sich sehr von denen des KlientInnensystems. Zwischen beiden klafft ein tiefer Spalt. Es ist, als begegneten sich zwei unterschiedliche Welten, und dies ist öfter, als wir uns vorstellen, der Fall.

Wenn Kulturen, Werte und Ziele aufeinanderprallen, geht jede Seite davon aus, daß es zum einen keinen Grund gibt, das zu verändern, was sich bewährt hat, und zum zweiten, daß die anderen die eigenen Überzeugungen übernehmen sollten. Schließlich hat die Art und Weise, die Dinge zu machen, immer funktioniert. „Es hat bei mir funktioniert, warum sollte es also nicht auch bei dir funktionieren." Natürlich gehen KlientInnen davon aus, daß ihr Weg der bessere ist, solange sie nicht überzeugt sind, daß es sich für sie lohnt, sich zu ändern. Dies wird zum Beispiel im Verhältnis Schule-Eltern deutlich: Die Schule beschuldigt die Eltern, während die Eltern die Schule wegen des schlechten Benehmens des Kindes beschuldigen. Auch wenn wir diese Idee als TherapeutIn nicht unterstützen, so benutzt die Gemeinde die Behandlungseinrichtungen, um ihre Werte durchzusetzen, wie ein Mittel sozialer Kontrolle.

Dementsprechend ist der Widerstand von Familien oder KlientInnen am größten, wenn ihnen das umfassendere System vorhält, was sie falsch machen und Abänderung verlangt und die Familie zudem niemanden um Hilfe gebeten hat oder den Wert von Veränderungen nicht sieht.

Deshalb liegt diese nicht immer leichte Aufgabe, eine kooperative Beziehung aufzubauen, in den Händen der TherapeutIn, selbst wenn nur wenig Bereitschaft vorhanden ist und es wider alle Vernunft zu sein scheint.

Es leuchtet ein, warum dies eine schwierige Aufgabe darstellt. Sie stellt sich im Endeffekt aber als lohnenswert heraus. Leitfaden und Techniken, die auf den folgenden Seiten beschrieben werden, sollen Ihnen das noch deutlicher machen.

Kooperation aufbauen

1. Treten Sie der KlientIn mit einer offenen Haltung gegenüber. Nutzen Sie den Gedanken, daß die Dinge im „Zweifel für die KlientIn" sprechen.

2. Versetzen Sie sich in ihre Lage, und betrachten Sie alles von ihrem Standpunkt aus.

3. Finden Sie heraus, was ihr zur Zeit wichtig ist, und betrachten Sie ihre Sichtweise als brauchbaren Weg, der ihr in der Vergangenheit geholfen hat, selbst wenn sie dadurch von Zeit zu Zeit in Schwierigkeiten geriet. Denn wenn sie das erkennt, wird sie vielleicht eher bereit sein, sich zu ändern.

4. Debattieren oder kämpfen Sie nicht mit der KlientIn. Durch Vernunftargumente werden Sie ihre Ansichten wahrscheinlich nicht ändern. Wenn das ein geeigneter Weg wäre, hätte es schon längst funktioniert.

5. Überprüfen Sie immer wieder, wie realistisch Ihre Erwartungen in Hinblick auf die KlientIn bei den gegenwärtigen Beschränkungen und Umständen sind.

6. Suchen Sie nach Erfolgen der KlientIn, so klein, selbstverständlich und unbedeutend sie auch sein mögen. Fragen Sie danach, wie sie das geschafft hat. Allein diese Frage stellt schon ein kleines Kompliment dar.

7. Suchen Sie nach kleinen Erfolgen aus jüngerer Zeit und fragen Sie die KlientIn, wie sie die zustande bringt. Was müßte sie tun, um diese Erfolge zu wiederholen oder auf andere Bereiche ihres Lebens auszudehnen? Damit bringen Sie Ihr Vertrauen in die Möglichkeiten der KlientIn zum Ausdruck.

8. Suchen Sie nach einer positiven Motivation, die hinter dem Verhalten der KlientIn steht. Sprechen Sie es an. Sie wird anfangen, selbst daran zu glauben.

9. Wenn Sie sich zwischen der KlientIn und einem anderen Sozialen Dienst entscheiden müssen, stellen Sie sich solange auf die Seite der KlientIn, bis es sich als falsch herausstellen sollte.

10. Seien Sie bereit, sich bei der KlientIn für Fehler oder Mißverständnisse zu entschuldigen. Es ist ein Zeichen von Stärke, Selbstvertrauen und beruflicher Kompetenz, wenn man sich entschuldigen kann und es stärkt paradoxerweise Ihren Einfluß in der Beziehung.

11. Es ist nicht unbedingt ein Zeichen von Widerstand, wenn KlientInnen zu den vereinbarten Terminen nicht zu Hause anzutreffen sind. Pünktlichkeit ist für viele Familien ein recht unwichtiger Aspekt.

12. Sprechen Sie immer in einer freundlichen, ruhigen Stimmlage und verwenden Sie keine negativen, sondern positive Wörter. Vermeiden Sie bedrohliche Gesten.

13. Die meisten KlientInnen gehen auf Ihr Angebot leichter ein, wenn es sich um dringliche Probleme handelt, die sich auf Wohnung, Nahrungsmittel, Windeln, tägliche Pflege usw. beziehen.

Der Umgang mit ärgerlichen und feindseligen KlientInnen

In diesem Abschnitt möchten wir ein paar nützliche und erfolgreiche Strategien und Methoden vorstellen, die man im Umgang mit feindseligen und verärgerten KlientInnen verwenden kann. Etliche TherapeutInnen halten dies für den anstrengendsten und schwierigsten Teil ihrer Arbeit. Zum einen ist es ganz natürlich, wenn man auf Ärger und Feindseligkeit ängstlich reagiert, zum anderen warnt es einen vor einer potentiell gefährlichen Situation.

Die meisten KlientInnen werden vom Kinderschutz, Fürsorgeprogrammen, SozialarbeiterInnen, Gerichten „überwiesen" oder kommen auf dringende Empfehlung und nehmen eigentlich „freiwillig" am FBS-Programm teil. Dennoch enthält die „freiwillige Teilnahme" Elemente des Zwangs.

Deshalb können Sie auf KlientInnen treffen, die Ärger und Ablehnung ganz unverhehlt zum Ausdruck bringen, auch wenn sie anfangs einer Teilnahme zugestimmt haben. Meist ist es leichter, mit offener Feindseligkeit und Ärger umzugehen, als mit einer passiv-aggressiven Haltung, die schwer zu erkennen und aufzulösen ist.

Man kann Ärger und Ablehnung der KlientInnen den frustrierenden Umständen, biochemischen Einflüssen oder einer schweren Paranoia zuschreiben. Im Rahmen unseres Buches wollen wir uns ausschließlich mit den Situationen befassen, die therapeutischen Ansätzen zugänglich sind und keine Gewaltanwendung oder andere gesetzliche Mittel erfordern.

Wenn es bei bestimmten KlientInnen schon zu gewaltsamen Vorfällen gekommen ist, müssen Sie alles tun, die eigene Sicherheit zu gewährleisten. Wir gehen davon aus, daß Sie mit verschiedenen Techniken vertraut sind, Emotionen, Feindseligkeit und Gewalt zu entschärfen. Fragen Sie andere TherapeutInnen oder Ihre SupervisorIn, was ihnen geholfen hat, mit einer aggressiven KlientIn umzugehen und die Situation zu entschärfen. Versuchen Sie auch herauszufinden, was nicht funktioniert hat.

Suchen Sie immer nach Wegen, die es den KlientInnen erlauben, ein Gefühl von Eigenkontrolle zu bewahren und sich wohl zu fühlen, da Sie daran interessiert sind, eine schwierige Situation in eine für die KlientInnen hilfreiche zu verändern.

Was man tun kann

1. Normalisieren Sie Verärgerung und Feindseligkeit, die Ihnen gegenüber zum Ausdruck kommen. Gestatten Sie KlientInnen, ihrem Är-

ger ein paar Minuten Luft zu machen. Sie brauchen sich oder die Behörden nicht zu rechtfertigen. Hören Sie ruhig, ernst und mit Interesse zu, weil es wichtig ist, daß Sie die Klagen Ihrer KlientInnen kennenlernen.

Akzeptieren Sie den Ärger als etwas völlig Normales und Angebrachtes. Geben Sie zu verstehen, daß Sie deswegen nicht böse sind. Tatsächlich könnten Sie überrascht sein, daß sie nicht noch wütender über all die Leute ist, die in ihr Leben eindringen.

2. Wenn sich die Aufregung etwas gelegt hat, sprechen Sie mit ruhiger und leiser, fast murmelnder Stimme; drücken Sie Ihre Anerkennung gegenüber dem Stolz und dem Wunsch der KlientIn aus, ihr Privatleben zu schützen. Beides zeigt, daß sie ihr eigenes Leben leben möchte. Sie sollten ihr darin zustimmen, daß sie nicht gesagt bekommen möchte, was sie tun soll. Beiläufig können Sie fragen, ob sie schon immer so unabhängig war oder ob dies einen neuen Zug an ihr darstellt. Und ganz nebenbei interessieren Sie sich dafür, wo sie es gelernt hat, so selbständig und eigenständig zu werden. Was Sie sagen, darf natürlich nicht sarkastisch klingen; Sie müssen von dem, was Sie sagen, überzeugt sein. Wir nennen dieses Vorgehen „reframing", ein Ausdruck, der aus der Familientherapie stammt (vgl. hierzu weiter unten). Lehnen Sie sich zurück und bemerken Sie, wie sich die KlientIn beruhigt und mit Ihnen zu kooperieren beginnt.

3. Fragen Sie als nächstes, wie Sie oder das FBS-Programm ihr dabei helfen können, Eigenständigkeit und Privatheit zu bewahren, weil genau dies Ihre Absicht ist. Zum Beispiel können Sie folgendes sagen: „Wie können Sie es schaffen, Ihr Privatleben vor Einmischung zu schützen?" oder „Ich bin ganz Ihrer Meinung. Was also müßten Sie tun, so daß Sie in Zukunft unbehelligt bleiben?" Lassen Sie sich nicht von den vorgebrachten Klagen überwältigen, sondern gehen Sie nach einer kurzen Verschnaufpause weiter voran.

4. Grenzen Sie sich vom Zielobjekt ihres Ärgers ab. Auch wenn Sie der KlientIn zustimmen, worin sie die Ursache ihrer Verärgerung sieht, so identifizieren Sie sich nicht mit denen, über die sie schimpft. Wenn sich der Ärger der KlientIn beispielsweise gegen das Kinderkrankenhaus richtet, das sie verdächtigt, ihrem Kind Schaden zugefügt zu haben, so identifizieren Sie sich nicht mit dem Krankenhaus oder der ÄrztIn. Distanzieren Sie sich, indem Sie von „ihnen" oder „der ÄrztIn im Krankenhaus" sprechen. Das bewahrt Ihnen einen größeren Handlungsspielraum.

5. Lassen Sie es zu, daß die KlientIn sich bewegen kann und zum Beispiel das Zimmer oder die Wohnung verläßt; setzen Sie sich in einem größeren Zimmer zusammen.

6. Zwingen Sie sich selbst nicht dazu, in einer potentiell bedrohlichen Situation zu bleiben. Halten Sie sich immer schnelle Fluchtwege offen.

Wenn bei einer Familie gar nichts hilft

Auch wenn man gut gearbeitet hat, so gelingt es doch nicht bei allen KlientInnen, eine kooperative Haltung zu fördern. Dem Einfluß der TherapeutIn sind Grenzen gesetzt. In diesem Zusammenhang sollte man sich an das Sprichwort erinnern, „Man kann ein Pferd zur Tränke führen, aber trinken muß es selbst". Daß es gelegentlich mißlingt, die „KlientIn zu erreichen" und eine tragfähige Beziehung aufzubauen, erinnert uns daran, daß wir lernen müssen, unsere Grenzen zu akzeptieren. Man darf nie vergessen, daß die KlientIn das Recht zur Selbstbestimmung hat und die Konsequenzen ihres Verhaltens trägt.

C. KlientInnen stärken

Der berühmte Fall „Mary Ellen" löste im letzten Jahrhundert in den Vereinigten Staaten die Kinder- und Jugendwohlfahrtsbewegung aus, die von der Vorstellung ausging, das Kind vor denen „zu schützen", die es „mißhandelten und vernachlässigten". Dementsprechend herrscht in der Kinder- und Jugendwohlfahrt die Überzeugung vor, die Hauptverantwortung bestehe darin, „zum Schutz des Kindes" zu handeln. Viele Bemühungen in diesem Bereich sind darauf ausgerichtet und es besteht ein deutlicher Bedarf danach.

Was wir unter KlientInnen „stärken" verstehen

Es ist fast ein Schlagwort geworden, im Bereich der familienorientierten Beratungsarbeit davon zu sprechen, KlientInnen „zu stärken".

Die Vorstellung, KlientInnen zu stärken, basiert auf einer Annahme über menschliche Probleme und ihre Lösungen, die davon ausgeht, daß KlientInnen in der Lage sind, die Dinge zu wählen, die gut für sie sind. Es geht nicht darum, anti-soziale, illegale oder ungesunde Glaubensoder Verhaltensstile zu rechtfertigen. Auch ist damit nicht „rehabilitieren" gemeint, weil mit diesem Begriff im Zusammenhang mit Alkohol- und Drogenbehandlung negative Assoziationen verbunden sind.

Die Praxis, KlientInnen zu stärken, hat folgende Merkmale:

1. Grundsätzlich wird die TherapeutIn-KlientIn-Beziehung als ein kooperatives Unternehmen angesehen.

2. Wir gehen davon aus, daß die KlientIn zu entscheiden vermag, was gut für sie und ihre Familie ist.

3. Weiterhin glauben wir, daß die KlientIn in der Lage ist, Probleme zu lösen und dies in der Vergangenheit auch gemacht hat.

4. Die KlientIn bestimmt und verhandelt die Ziele der Zusammenarbeit.

5. Die KlientIn nimmt Einfluß auf das Vorgehen in der Therapie und die Auswahl der geeigneten Wege, da wir sie als ExpertIn hinsichtlich ihrer eigenen Angelegenheiten, ihres Lebens, ihres Körpers und ihrer Familie betrachten.

6. Die Technik des Komplimente-Machens ist ein Ausdruck dieser Sichtweise von KlientInnen.

7. Indem wir uns auf Ausnahmen des Problem(verhalten)s konzentrieren, nehmen wir an, daß die KlientIn Probleme selbst schon löst. Das Interview zielt darauf ab, solche Lösungen und Erfolge zutage zu fördern.

8. Die KlientIn trägt die Verantwortung für die Beendigung der Kontakte.

9. Unser Ansatz achtet die Autonomie sowie persönliche, familiale und kulturelle Grenzen und ist daher mit weniger Einmischung verbunden.

Wir halten es für außerordentlich bedeutsam, daß KlientInnen das Gefühl haben, daß sie über ihr Leben soweit wie möglich selbst entscheiden. Indem sie bei der Zielbestimmung und Erarbeitung der Lösungen mitwirken, können sie über den weiteren Verlauf ihres Lebens mitentscheiden. In dieser Haltung drückt sich Respekt für unsere KlientInnen aus, und wir arbeiten *mit* ihnen, statt *für* sie.

Je größer ihre Erfolge sind, um so zufriedener sind sie mit sich selbst.

Fallbeispiel

Eine alleinerziehende Mutter hatte in der Erziehung ihrer Kinder vielfältige Schwierigkeiten. Eines ihrer Kinder war vom Babysitter belästigt worden, und so war sie mit dem FBS in Berührung gekommen. Verschiedene HelferInnen hatten der Mutter vorgeworfen, daß sie in der Erziehung nicht konsequent genug für die Einhaltung der Regeln sorge, die sie gesetzt habe. Die Probleme der Kinder in der Schule, ihr Benehmen und die chaotische Situation zu Hause überrollten sie. Sie fühlte sich erschöpft und alles war ihr zuviel. Die Kinder mußten vor ihrem Ex-Ehemann geschützt werden, der sie und die Kinder mißhandelt hatte und im Verdacht stand, sich an einer der Töchter sexuell vergriffen zu haben. Sie aber fühlte sich völlig hilflos. Ihre Kinder waren außer Kontrolle, brauchten Struktur und eine konsequente Führung, um ihnen ein Gefühl von Sicherheit zu geben.

Durch Zufall erfuhr das FBS-Team, daß sie als Vorgesetzte in der hauswirtschaftlichen Abteilung einer großen Motelkette sehr erfolgreich arbeitete. Sie war häufig befördert worden, weil sie als Anleiterin erfolgreich arbeitete. Sie liebte ihren Beruf und war darin sehr erfolgreich. Auf der Grundlage der „Stärkungsphilosophie" entschied sich das Team, der Idee nachzugehen, ihre beruflichen Fähigkeiten auf die Situation zu Hause zu übertragen. Das Team wollte ihr dabei helfen, sich selbst als Anleiterin ihrer Kinder sehen zu können. Kinder zu erziehen, verlangt im Grunde ähnliche Fähigkeiten und Vorgehensweisen wie der Umgang mit Untergebenen. Das therapeutische Ergebnis war sehr befriedigend.

In diesem Fall bestand der erste Schritt darin, die Mutter als kompetent und effektiv zu sehen und ihre Stärken zu suchen. Die vorgestellte Lösung, auf die das Team für diese Familie kam, sah vor, daß die Mutter ihre Kinder mit klaren Regeln und Erwartungen „anleitete". Mit Lob und Strafe sowie konsequentem Grenzen-Setzen und beständigem Reflektieren sollte sie dies in die Tat umsetzen. Alle diese Vorgehensweisen beherrschte sie erfolgreich in ihrem Beruf. Das Team fand heraus, daß sie von „erziehen" und „anleiten" völlig unterschiedliche Vorstellungen hatte. Aus diesem Grund stellte das Team ihre erzieherische Aufgabe immer wieder in den Rahmen von „Anleitung und Management" ihrer Kinder. Es schien, als habe sie gegenüber dem Wort „erziehen" eine emotionale Barriere.

5

Ziele definieren und Verträge aushandeln

Unklare Ziele führen unweigerlich zu einer Langzeit-Beziehung. Außerdem tragen sie dazu bei, daß TherapeutIn und KlientIn leicht frustriert werden und sich dafür häufig gegenseitig die Schuld zuschieben. Bei den vielen Fällen, die ich beraten oder supervidiert habe, war der Grund für ein Gefühl von „Stagnation" bei TherapeutInnen, BeraterInnen, und SozialarbeiterInnen häufig mit unklaren Zielen verknüpft.

Das Aushandeln von Verträgen und die Bestimmung von Zielen für die Arbeit beginnt mit dem ersten Kontakt. Vor dem ersten Treffen mit einer Familie muß sich die MitarbeiterIn des Kinderschutzbunds darüber im Klaren sein, was der Zweck ihres Hausbesuches ist; kommt sie in therapeutischer Absicht oder um Nachforschungen anzustellen. Auch wenn es im ersten Moment klar zu sein scheint, worum es geht, kann leicht Verwirrung entstehen. Zum Beispiel gibt es nur etwa bei 30% der Familien, bei denen ein Anfangsverdacht besteht, Gründe, die weitere Nachforschungen rechtfertigen. 70% der Fälle stellen also potentielle Therapiefälle dar, bei denen sich die TherapeutIn über ihr Ziel klar sein und einen neuen Vertrag auf freiwilliger Basis mit den KlientInnen vereinbaren muß.

Von Anfang bis Ende des Kontakts mit einer Familie sollte die TherapeutIn die vereinbarten Ziele gut im Auge behalten. In diesem Kapitel möchten wir uns folgenden Themen widmen: Aushandeln von Verträgen, Leitlinien zur Zielbestimmung, Beibehalten von Zielvereinbarungen, Neuverhandeln von Zielen und die fortlaufende Beurteilung von Therapiezielen.

A. Aushandeln von Therapieverträgen

Nicht alle KlientInnen, die an einem FBS-Programm teilnehmen, sind „freiwillige" KlientInnen. Aber selbst bei „unfreiwilligen" KlientInnen bestehen freiwillige Aspekte bezüglich der Begegnung mit TherapeutInnen. Selbst KlientInnen, die einer gerichtlichen Auflage nachkommen, müßten dies nicht unbedingt tun. Ihnen bleibt die Wahl, die Konsequenzen einer Weigerung auf sich zu nehmen. Es ist wichtig, diese „Freiwilligkeit" einer „unfreiwilligen" KlientInnen zu beachten.

Es ist anfangs sehr schwierig, aber nicht unmöglich, Vereinbarungen für die gemeinsame Arbeit mit jenen KlientInnen zu treffen, die in Ruhe gelassen werden möchten. Wenn man es geschickt anstellt, können diese KlientInnen zu sehr engagiert arbeitenden KlientInnen werden und ihr Ziel verwirklichen, die FBS-BeraterIn aus ihrem Leben herauszuhalten.

Bevor Sie über Ziele verhandeln, sollten Sie noch einmal an die Möglichkeiten denken, wie sie mit „unfreiwilligen" KlientInnen, die sich als „BesucherInnen" verstehen, arbeiten können. Bedenken Sie, wo die KlientIn „steht". Ist es ihr Ziel, „nichts mit der RichterIn zu tun zu haben" oder „die SozialarbeiterIn loszuwerden" oder „mit den eigenen Eltern" fertig zu werden? Alles wäre ein vernünftiges Ziel. Um solche Ziele zu verwirklichen, muß sich die KlientIn auf bestimmte Weise ändern. Sie muß zum Beispiel morgens aufstehen, zur Schule oder Arbeit gehen, zeitig nach Hause kommen.

Folgende Beispielfragen können in dieser Phase der vertraglichen Vereinbarungen eingesetzt werden:

TherapeutIn: Ich weiß, daß das Herkommen nicht Ihren Vorstellungen entspricht, den Abend zu verbringen. Haben Sie irgendeine Idee, was Sie aus unserem Treffen herausziehen möchten, damit es sich für Sie lohnt?

Klientin: Es ist mir nicht leicht gefallen, Sie anzurufen. Auf dem Weg hierher habe ich überlegt, was ich Ihnen erzählen müßte. Ich glaube, ich brauche Hilfe. In meinem Leben ist alles durcheinander geraten.

TherapeutIn: Ja, ich kann mir vorstellen, daß es Ihnen nicht leichtgefallen ist, hierher zu kommen.

Klientin: Tja, ich weiß nicht. Ich möchte nicht, daß andere sich in meine Angelegenheiten mischen.

TherapeutIn: Wissen Sie, Anita, das ist genau das, was wir wollen. Wir möchten aus Ihrem Leben wieder so rasch wie möglich verschwinden. Was, glauben Sie, müßten Sie tun, damit wir aus Ihrem Leben verschwinden und Sie in Ruhe lassen? Was hat Ihnen Frau K. dazu gesagt? Wir fragen uns, wie wichtig es Ihnen ist, daß Ihre Kinder bei Ihnen bleiben.

Klientin: Das ist das Wichtigste. Ich bin schließlich ihre Mutter; und Kinder sollten bei ihrer Mutter sein.

TherapeutIn: Wir sind hundert Prozent Ihrer Meinung. Wir wissen, daß Sie Ihre Kinder mehr als jeden anderen lieben und wissen, was am besten für sie ist. Wie hoch ist Ihre Bereitschaft, etwas zu ändern, so daß Ihre Kinder bei Ihnen bleiben können?

Diskussion:

In diesem Gesprächsausschnitt bringt die TherapeutIn durch ihre positive Sprache ihre Überzeugung zum Ausdruck, daß die Klientin die Kinder bei sich behalten möchte und daß sie dasselbe Ziel im Auge hat. Damit stellt sie sich auf die Seite der Klientin und kann nun herausarbeiten, was die Klientin tun möchte, um dies zu erreichen.

Eine mitfühlende Haltung KlientInnen gegenüber bedeutet nicht, daß wir es entschuldigen, wenn sie ihre Kinder mißhandelt oder vernachlässigt haben; es geht einfach darum, daß die TherapeutIn offen bleibt und die KlientIn wirklich angehört wird. Dieses Vorgehen bringt die KlientIn weniger in eine Abwehrhaltung und erlaubt es ihr, offen und aufrichtig zu sein. Mit den vielen schlechten Geschichten über MitarbeiterInnen von Kinderschutzbehörden und SozialarbeiterInnen im Hinterkopf wird sie die Vertrauenswürdigkeit der TherapeutIn allerdings prüfen.

B. Leitlinien zur Bestimmung von Zielen

Die professionelle Beziehung von TherapeutIn und KlientIn ist zweckgerichtet, um bestimmte Ziele zu erreichen. Dabei hängt es weitgehend von den vereinbarten Zielen und den eingesetzten Methoden ab, ob daraus ein Erfolg oder ein Mißerfolg wird. Sind keine klaren Ziele formuliert, weiß niemand, wann sie etwas erreicht haben. Es wird schwierig, den Fortgang der gemeinsamen Arbeit zu bewerten.

Ziele haben zwei Komponenten: *Was* möchte man erreichen und *wie* und *wodurch*? Die folgenden Leitlinien sind für die Herausarbeitung erreichbarer Ziele von großer Bedeutung. Wenn man sie anzuwenden versteht, macht die Arbeit Freude.

1. Ziele müssen klein, einfach und realisticherweise erreichbar sein.

Manchmal gibt es für große Probleme kleine, einfache Lösungen. Häufig übersehen wir die offensichtlichen Lösungen und erschweren damit unnötigerweise die Suche nach Lösungen. Es leuchtet ein, daß die Ziele, die Sie mit der KlientIn verabreden, in ihrer Situation realistischerweise von ihr umzusetzen sind. Sie braucht Erfolge und keine Mißerfolge, um Selbstvertrauen zu entwickeln.

Fallbeispiel

Sharon war sofort damit einverstanden, Antabus zu nehmen, um ihre gelegentlichen Ausrutscher mit Alkohol, die ihre Kinder gefährdeten, in den Griff zu bekommen. Die TherapeutIn war sich darüber im klaren, daß Sharon einen weiteren Mißerfolg nicht verkraften würde, und klärte sie daher darüber auf, was es heißt, Antabus einzunehmen. Es würde von ihr verlangen, daß sie täglich mit drei kleinen Kindern im Bus zur Betreuung in die Klinik fährt, die zwölf Kilometer außerhalb der Stadt liegt. Da die Treffen am frühen Nachmittag stattfanden, wäre sie nicht zu Hause, wenn ihr siebenjähriger Sohn aus der Schule kommt. Die TherapeutIn und Sharon mußten daher einen anderen, realistischeren Plan ins Auge fassen.

2. Das Ziel muß eine positive Verhaltensalternative anbieten.

Das Ziel muß eine positive Verhaltensalternative auf konkrete, meßbare Weise bestimmen und nicht das Ausbleiben negativer, unerwünschter Verhaltensweisen beschreiben. Äußerungen von KlientInnen wie „Ich werde es nicht mehr tun", „Ich werde nicht mehr ausrasten", „Ich werde ihn nicht mehr hereinlassen" oder „Ich werde mein Kind nicht mehr allein lassen", reichen nicht aus. Es ist unrealistisch zu glauben, sie würde in einem Moment der Aufregung an alle diese Vorsätze denken. Sehr konkrete und detaillierte Möglichkeiten sind besser. Deshalb müssen Sie das Ziel mit der KlientIn genau definieren: „Was werden Sie tun, statt durchzudrehen (sich zu betrinken, die Kinder alleine zu lassen)?" Indem die KlientIn die Alternativen beschreibt, denkt sie laut darüber nach und Entscheidungen können auf einer realistischen Basis getroffen werden.

Fallbeispiel

TherapeutIn: Wenn Sie in Ihrer Erziehung auf Gewalt verzichten, was werden Sie dann anders machen?

Klientin: Ich werde ihn nicht verprügeln.

TherapeutIn: Ich verstehe, daß es Ihnen wichtig ist, ihn nicht zu schlagen. Was, glauben Sie, werden Sie, statt ihn zu schlagen, machen, wenn Sie verärgert sind?

Klientin: Nun, ich kann aus dem Zimmer gehen, bis zehn zählen, ihn in sein Zimmer schicken und später dann mit ihm reden.

73

Diskussion:

Die vage Vorstellung der Klientin, ihr Kind nicht zu schlagen, wird in eine konkrete Verhaltensalternative übersetzt. Es empfiehlt sich, solche vagen und allgemeinen Äußerungen wie „Ich werde ihn nicht mehr schlagen", „Ich werde es in Zukunft besser machen" oder „Ich werde nicht mehr trinken" nicht stehen zu lassen. Es ist leichter zu bemerken, wenn ein positives Ziel erreicht wird. Mit negativen Verhaltensweisen ist das schwieriger. Eine KlientIn registriert es nicht genau, wenn sie ihr Kind *nicht* geschlagen hat. „Ich werde bis zehn zählen" , „Ich werde ihn rausschicken", „Ich werde das Haus verlassen" sind demgegenüber Ziele, bei denen die KlientIn weiß, wenn sie sie erreicht hat.

3. Das Ziel muß für die KlientIn wichtig sein

Es ist unmöglich, jemanden zu einer Veränderung zu bringen, wenn er/ sie es selbst nicht will. Da es die KlientIn ist, die die notwendigen Veränderungen vollziehen muß, ist es besser, ihr in dem beizupflichten, was sie ändern möchte, statt ihr zu sagen, was sie ändern soll.

Die Ziele müssen für die KlientIn wichtig sein, und sie sollte sehen, daß ihre Erreichung nützliche und positive Ergebnisse nach sich zieht. So führt die Zusammenarbeit mit dem FBS-Team vielleicht dazu, daß sich ihr Kind besser benimmt, in der Schule leichter zurechtkommt, sich seine Chancen in der Schule und für seinen späteren Lebensweg verbessern, sie mit sich als Mutter zufriedener ist usw.

Vielleicht möchte die KlientIn am meisten, daß die TherapeutIn wieder von der Bildfläche verschwindet und sie nicht weiter belästigt. Dies ist in der Tat ein gutes Ziel. Ziel der TherapeutIn ist es, den Fall abzuschließen, ohne die Sicherheit der Kinder auf's Spiel zu setzen. KlientIn und TherapeutIn wollen somit das Gleiche: sich nicht allzu lange treffen zu müssen.

Fallbeispiel 1

TherapeutIn: Was kann ich tun, das Ihnen hilft?

KlientIn: Ich möchte, daß andere sich nicht in mein Leben mischen.

TherapeutIn: Das ist völlig in Ordnung. Wir wünschen Ihnen das Gleiche. Wir möchten uns so schnell wie möglich wieder zurückziehen. Was müssen Sie tun, so daß wir uns nicht mehr unter diesen Umständen treffen müssen?

KlientIn:	Ich vermute, daß Sie glauben müssen, daß ich meine Kinder schlecht behandle. Aber das mache ich nicht.
TherapeutIn:	Ich muß meinen Vorgesetzten berichten können, daß Sie Ihr Leben auf eine für Ihre Kinder ungefährliche Art und Weise führen. Wie wichtig ist es Ihnen, mich wieder loszuwerden? (An dieser Stelle ist eine Skalierungsfrage sehr nützlich. Zum Beispiel: „Auf einer Skala von eins bis zehn, wo zehn bedeutet, Sie würden alles tun, um mich loszuwerden und eins bedeutet, daß Sie so herumsitzen und darauf warten, daß irgendetwas passiert, wo würden Sie sich heute einstufen?")
Diskussion:	

Auch wenn das, wozu die KlientIn bereit ist, nicht aus einer Motivation kommt, die unseren Vorstellungen entspricht, so ist es doch immer noch besser, da anzufangen, „wo die KlientIn steht", als zu versuchen, ihre Haltung zu ändern. EinE TherapeutIn, die mit der KlientIn „kooperiert" , macht es der KlientIn leichter zu „kooperieren". Sobald sie feststellt, daß die TherapeutIn wirklich achtet, daß das, was sie fühlt, wichtig und gut für sie und ihre Kinder ist, kann sie davon abrücken, daß alles nach ihrem Konzept laufen muß. KlientInnen bekommen die subtilsten, nonverbalen Botschaften mit. Sorgen Sie deshalb dafür, daß Sie wirklich hinter dem stehen, was Sie sagen.

Fallbeispiel 2

Linda Turner, Mutter von vier Kindern im Alter von vier bis vierzehn Jahren, wirkte sehr verärgert und abwehrend, als ich sie das erste Mal traf. Nachdem ihre Älteste, Tish, in der Schule von Mißhandlungen erzählt hatte, waren ihr alle Kinder weggenommen worden. Sie lebten nun in drei verschiedenen Heimen, da es nicht möglich gewesen war, ein Pflegeheim zu finden, das alle Kinder aufnahm. Vom Gericht war angeordnet worden, daß sie sowohl für sich wie auch zusammen mit den Kindern eine Beratung beginnen sollte. Nach sechs Monaten war es dann Tish, die als erste nach Hause zurück wollte.

Um Informationen zu sammeln, fragten wir Linda nach ihren Kontakten mit verschiedenen professionellen HelferInnen. Sie erzählte, daß sie sich über die Familienberatung, die sie mit dem elfjährigen Marcus besuchte, sehr ärgerte, weil sie den Eindruck hatte, daß die BeraterIn nur Marcus zuhörte und ihrem Anliegen kein Gehör schenkte. Marcus arbeitete kaum für die Schule und bekam in der Schule dauernd Schwierigkeiten, seitdem er im Pflegeheim gewesen war. Sie beklagte sich auch über eine Reihe von Pflegeeltern, die sie behandelten, als sei sie „eine Kriminelle oder sonstwas". Sie mochte die SozialarbeiterIn nicht, die „mir immer sagt, was ich tun soll, als sei ich irgendwie dumm".

Linda ist eine große, stämmige Frau, die mit grober und dröhnender Stimme spricht „Ich sag's, wie's ist und red' nicht drum herum". Es war leicht, ihr zu glauben und sich trotzdem abgestoßen zu fühlen. Vermutlich hatte sie bei denen, die mit ihr gearbeitet hatten, ähnliche Reaktionen ausgelöst. Sie hatte sehr strenge Vorstellungen von „Disziplin" , die die Kinder überforderten. Ihre Haltung gegenüber der Welt lautete, daß man um alles und jedes kämpfen muß, um zu überleben: „laß niemanden auf dir herumtrampeln".

Als wir ihr unsere „Wunderfrage" (vgl. Kapitel 6) stellten, wurde sie merklich weicher und Tränen traten in ihre Augen. Sie sagte, daß sie ihre Kinder liebe und sie alle zurück haben möchte. Sie sah aber ein, daß das schrittchenweise geschehen müßte.

TherapeutIn: Was müßten Sie machen, um das zu erreichen?

Klientin: Ich muß weiter zur Beratung gehen, die Kinder weiter besuchen, Elternklassen besuchen und versuchen, mein Temperament zu kontrollieren, meinen Beruf zu behalten.

TherapeutIn: Was ist der erste Schritt, den Sie machen müssen?

Klientin: Ich möchte, daß Tish als erste zurückkommt, weil sie es selbst will.

Wir vereinbarten mit Linda, an dem für sie nächstliegenden Ziel, Tish zurückzubekommen, zu arbeiten. Ihr Plan, die Kinder nacheinander zurückzuholen, schien vernünftig und realistisch.

4. Ziele müssen als der Beginn neuer Verhaltensweisen definiert werden, nicht als das Beenden von Verhalten

KlientInnen beschreiben ihre Ziele oft in einer idealistischen und gewissermaßen naiven Weise. Es kann ein positives Zeichen sein, wenn eine KlientIn Möglichkeiten sieht, wie sich ihr Leben von dem unterscheiden könnte, wie es zur Zeit ist, aber es kommt vor, daß es ein ganzes Leben in Anspruch nimmt, um es zu erreichen. Deshalb ist es wichtig, ein Ziel herauszuarbeiten, das überschaubar, konkret und wichtig genug für die KlientIn ist, um sich dafür einzusetzen.

Fallbeispiel

Kehren wir noch einmal zu Linda und unseren Bemühungen zurück, mit ihr ein Ziel zu bestimmen. Linda fand es am besten, daß Tish als erste zurückkommt. Linda und die TherapeutIn versuchten herauszufinden, was als erstes Anzeichen gelten konnte, daß sie oder aber Tish bereit ist, sich wieder zusammenzuraufen.

TherapeutIn: Linda, was wäre für Sie das erste Zeichen dafür, daß Tish zurückkommen möchte?

Klientin: Sie hat es ja schon gesagt. Ich hätte nie geglaubt, daß Tish sich dazu äußern würde, aber sie hat tatsächlich gesagt, daß sie nach Hause möchte.

TherapeutIn: Lassen Sie uns ein bißchen in die Zukunft schauen. Angenommen, sie kommt als erste. Was wäre für Sie ein erster Hinweis, daß Sie und Tish miteinander auskommen und sie nicht wieder weg muß?

Klientin: Wir würden mehr miteinander sprechen. Sie würde mir davon erzählen, was in ihr vorgeht, sagen, was sie von mir haben will und nicht gleich zu meiner Mutter rennen. Ich würde ihr besser zuhören. Ich könnte mehr sehen, daß sie eine Jugendliche ist, die auch die entsprechende Kleidung trägt. Ich habe nie mit meiner Mutter geredet, weil sie mir nicht zugehört hat.

TherapeutIn: Was gibt es darüber hinaus, was Ihnen zeigen würde, daß Sie beide es dieses Mal schaffen?

Klientin: Ich würde auf eine nettere Art mit ihr sprechen und sie nicht anschreien, so als wären wir Feindinnen.

Diskussion:

In diesem Gesprächsausschnitt versucht die TherapeutIn, Linda vor Augen zu führen, woran sie erkennen würde, daß zwischen ihr und Tish ein neues Beziehungsmuster entstanden ist. Im Verlauf des Gesprächs arbeitet sie dann die Feinheiten der neuen Beziehung heraus.

5. Was tun, wenn Ihr Ziel und das der KlientIn voneinander abweichen?

Wenn Sie und die KlientIn eine unterschiedliche Auffassung haben, was dringend zu lösen ist, müssen Prioritäten gesetzt werden. Die Sicherheit eines Kindes steht natürlich an erster Stelle. Wenn der Kinderschutzbund eine akute Gefährdung sieht und Ihre Versuche, die unterschiedliche Zielsetzung neu zu verhandeln, ohne Erfolg bleiben, sind Maßnahmen einzuleiten, die die Sicherheit des Kindes garantieren. Ist eine Situation demgegenüber schon lange Zeit so verfahren und besteht keine unmittelbare Gefahr, kann es möglich sein, zuerst an den Zielen der KlientIn weiterzuarbeiten. Sobald sie die Erfahrung macht, daß die Zusammenarbeit erfolgreich verläuft, wächst ihre Bereitschaft, im Rahmen Ihrer Ziele zusammenzuarbeiten.

Häufig sind die unterschiedlichen Zielvorstellungen zwei Seiten der gleichen Medaille. So zum Beispiel, wenn sich die KlientIn nur widerwillig zu den Treffen einfindet, damit ihr die Kinder nicht weggenommen werden und Ihr Ziel darin besteht, daß die Kinder bei ihren leiblichen Eltern sicher aufgehoben und vernünftig umsorgt sind. Das Ziel der KlientIn ist es, „den Sozialen Dienst wieder los zu werden". Um das zu erreichen, muß sie aber Schritte unternehmen, die Sicherheit und Grundpflege für die Kinder gewährleisten.

C. Das Interview als interaktionaler Prozeß

Ein professionelles Interview ist ein interaktionaler Prozeß zwischen einer KlientIn, die Hilfe sucht und einer professionellen HelferIn, die über entsprechendes Wissen und Fähigkeiten verfügt. Das Interview stellt daher ihr Hauptinstrument dar, um einerseits Informationen zu sammeln und andererseits das Gespräch in Richtung zielorientierter Lösungen zu lenken.

Die KlientIn-TherapeutIn-Beziehung ist ein auf die Dauer der Kontakte befristetes System, in dem sie sich gegenseitig beeinflussen. Wenn sich also die TherapeutIn auf eine bestimmte Weise verhält, wird die KlientIn auf bestimmte Weise reagieren, und umgekehrt (vgl. Kapitel 1). Wir nennen das einen interaktionalen zirkulären Prozeß. Im Laufe der Zeit wird dieses interaktionale Muster ein regel-geleitetes, vorhersagbares und sich wiederholendes System. Der Prozeß des Interviews baut auf diesem Muster der Interaktion auf.

JedE TeilnehmerIn in diesem interaktionalen System hat beachtlichen Einfluß auf das bestehende Beziehungsmuster. Zugleich ist jedE aber genauso von ihrem Gegenüber abhängig, um das System am Laufen zu halten. Da es das Ziel der Beziehung ist, der KlientIn zu helfen, ist es die Aufgabe der TherapeutIn herauszufinden, wie sie die Beziehung nutzen kann, damit die KlientIn ihre Ziele erreicht. Wenn Sie die nächsten Abschnitte lesen, sollten Sie sich bewußt sein, daß Sie als ein fein abgestimmtes Instrument an der Veränderung einer KlientIn beteiligt sind.

Was man tun sollte – und was nicht

1. Viele TherapeutInnen sehen irrtümlicherweise in einer Art Katharsis der Gefühle das einzige therapeutische Werkzeug. In den Sitzungen geht es dann nur darum, „alles auszukotzen". Es hat allerdings nur begrenzten Nutzen, über Gefühle zu sprechen und sich in die Vergangenheit der KlientInnen zu vertiefen, weil das Verstehen von Gefühlen und der eigenen Geschichte nicht die Zukunft ändert. Das Leben verändert sich, wenn man etwas tut. Es kann notwendig sein, daß Sie der KlientIn gestatten, ihrem Ärger und ihrer Enttäuschung Luft zu machen, um ihr Ihr Interesse an ihren Gefühlen und ihrem schweren Lebensweg auszudrücken. Sie sollten es jedoch nicht zulassen, daß sie sich den Vorstellungen überläßt, wie schwer ihr Leben und wie schlimm ihre Kindheit war, und dies als Rechtfertigung einzusetzen, warum sie nichts ändern und keine gute Mutter sein kann.

2. Lenken Sie, wann immer möglich, das Gespräch auf zukunftsbezogene Handlungen „Was also müssen Sie tun, um sich zufriedener mit sich zu fühlen?"

3. Seien Sie sich über Ihre Ziele im Klaren und behalten Sie sie im Auge. Lassen Sie es nicht zu, daß die KlientIn nur schwatzt. Jedes Gespräch dient einem Zweck und sollte immer das Ziel verfolgen, Lösungen zu finden.

4. Stellen Sie Ihre Fragen so, daß sich Denken und Ziele der KlientIn darin kristallisieren. Versetzen Sie sich in die Lage der KlientIn und bedenken Sie die unterschiedlichen Antworten, die Sie geben würden, je nachdem wie die Frage gestellt ist.

TherapeutIn: Wissen Sie, was Sie tun müssen, um nicht mehr hierher kommen zu müssen?

Auf solch eine Frage kann die KlientIn mit „Ja", „Nein" oder „Mmhh" antworten und damit muß die TherapeutIn eine weitere Frage anschließen und nicht die KlientIn. Die KlientIn sollte die Verantwortung für Veränderungen tragen, nicht die TherapeutIn.

Es ist klar, welche Fragen es sind, die die KlientIn darauf hinweisen, was sie tun muß. Eine Erinnerungsstütze: Alle Fragen, die die KlientIn mit einem einfachen „Ja", oder „Nein" beantworten kann, deuten darauf hin, daß Sie bereits zu viel arbeiten, und die KlientIn nicht genug. Denken Sie daran: die KlientIn sollte tüchtig arbeiten, nicht Sie. Ändern Sie Ihre Vorgehensweise auf folgende Art:

„Was, glauben Sie, müssen Sie tun, daß sich niemand mehr in Ihr Leben mischt?" oder „Was müssen Sie tun, daß Ihre Eltern annehmen, daß Sie nicht mehr hierherkommen müssen?"

„Was, glauben Sie, müssen Sie anstellen, um Ihre NachbarInnen davon zu überzeugen, daß sie nicht weiter das Jugendamt anrufen müssen? (daß sie Sie in Ruhe lassen können?)"

„Was, glauben Sie, würde die LehrerIn davon überzeugen, daß Sie sich um Ihr Kind kümmern und sie sich nicht länger um Ihren Sohn sorgen muß?"

„Was würde Ihre Mutter (Schwester, Tante usw.) davon überzeugen, daß Sie Ihr Leben nun selbst in die Hand nehmen?"

Lassen Sie sich durch Schulterzucken und eine Antwort wie „Ich weiß nicht" nicht verschrecken oder entmutigen. Geben Sie ruhig vor, daß Sie etwas langsam oder schwerfällig sind und fragen Sie mit treuherziger Stimme nach. Formulieren Sie die Frage vielleicht um. Wenn die KlientIn mitbekommt, daß Sie nicht so leicht aus der Bahn zu werfen sind, haben Sie vielleicht Ihre erste Prüfung bestanden.

5. Denken Sie bei Ihren Fragen immer daran, auf welche Weise Sie die Antworten nutzen können, um die KlientIn zum Nachdenken über Lösungen anzuregen.

6. Wenn KlientInnen abschweifen, bringen Sie sie freundlich zum Thema zurück.

„Mir ist noch nicht ganz klar, Linda, was müssen Sie tun, damit die Leute Sie in Ruhe lassen?"

oder

„Ich möchte gern noch einmal darauf zurückkommen. Was müßte anders sein, damit die Leute Sie nicht weiter belästigen?"

7. Es kann nützlich sein, sich über widersprüchliche oder lückenhafte Informationen „verwirrt" zu geben. KlientInnen helfen eher einer „verwirrten" TherapeutIn als einer „netten BesserwisserIn" . Es ist nicht klug, KlientInnen zu provozieren oder zu verärgern.

8. Wenn Sie konfrontieren müssen, verzichten Sie auf eine anklagende Haltung und Worte. Ihre Stimme sollte weder ärgerlich noch vorwurfsvoll sein. Die KlientIn kommt dadurch nur in eine „aggres-

siv-passive" Haltung und sie weiß, wie sie Sie scheitern lassen kann. Benutzen Sie einfache und direkte Worte wie „Was müssen Sie also tun, um Ihren Freund daran zu hindern, Ihr Kind zu mißhandeln?"

9. Denken Sie immer daran, daß die KlientIn als Verbündete mehr wert ist als Feindin.

10. Benutzen Sie immer neutrale und positive Worte.

TherapeutIn: Eine Reihe von Leuten ist um Ihre Familie besorgt, so besorgt, daß sie uns gebeten haben, daß wir uns um Sie kümmern. Was können wir für Sie tun?

11. Manchmal ist es klug, mit der Annahme zu arbeiten, daß die KlientIn um Hilfe gebeten hat. Sie braucht dann auch nicht immer wieder um Hilfe zu bitten. Die KlientIn könnte sich schämen oder gedemütigt fühlen, daß sie Hilfe braucht. Schließlich bittet niemand gern um Hilfe.

„Ich verstehe Sie so, daß Sie Hilfe brauchen, um die Familie in Ordnung zu halten. Wobei brauchen Sie in erster Linie Hilfe?"

oder

„Man kann schon sehen, daß Sie Hilfe brauchen, um die Familie zusammen zu halten. Worin besteht der erste Schritt, den Sie gehen müssen, um das zu erreichen?"

Derartige Ansätze helfen KlientIn und TherapeutIn, direkt auf Ziele und weiterreichende Aspekte hinzuarbeiten. Manchen KlientInnen erlaubt es, ihr „Gesicht zu wahren". Manche Menschen sind zu stolz, um Hilfe zu erbitten oder möchten nicht, daß man sieht, daß sie die Sache mit ihren Kindern nicht gut machen. Für solche menschlichen Gefühle müssen wir eine Antenne haben.

6

Nützliche Fragen und andere Ideen zur Gesprächsführung

Dem Neuling erscheint es vielleicht willkürlich und zufällig, welche Fragen die TherapeutIn stellt und welche sie ausläßt. Jede professionelle Begegnung von KlientIn und TherapeutIn stellt jedoch eine zielbewußte Transaktion dar, bei der es einen entscheidenden Einfluß auf die Beziehung von KlientIn und TherapeutIn hat, *welche* Fragen *wann*, *wie* und *wem* gestellt werden oder nicht. Manchmal ist es von viel größerer Wirkung, bestimmte Fragen nicht zu stellen. Indem man sich für manche Aspekte im Leben der KlientIn interessiert und andere nicht beachtet, werden bestimmte Botschaften und Eindrücke übermittelt.

Wenn man zum Beispiel eine KlientIn detailliert nach den Kindheitseindrücken fragt, die im Zusammenhang mit körperlichen Mißhandlungen durch ihre Mutter standen, so wird damit ein bestimmter Eindruck vermittelt: ihre Geschichte ist die wichtige Verbindung dazu, daß sie jetzt ihre Kinder mißhandelt. Fragt demgegenüber dieselbe TherapeutIn diese KlientIn, wie sie es schaffe, so liebevoll mit ihrem Kind umzugehen, so liegt darin eine andere Botschaft. Die Entscheidung für oder gegen bestimmte Fragen muß immer in Beziehung zu den Zielen stehen.

Das Interview ist das wichtigste Werkzeug und so verdient das Fragen und Antworten ein besonderes Augenmerk. Wir müssen uns anschauen, *was* man *wen*, *wann* und *wie* und *zu welchem Zweck* fragt. In diesem Kapitel beschreiben und besprechen wir fünf besonders nützliche Fragen, die sich auf die Aspekte bisheriger Erfolg, Ausnahmen, Wunder, Skalierung und Bewältigung beziehen.

A. Fragen, die sich auf zurückliegende Erfolge und Änderungen vor der Sitzung beziehen

Zurückliegende Erfolge

Im Interview kann sich die TherapeutIn auf die Zeiten konzentrieren, als der KlientIn alles einigermaßen zufriedenstellend gelang und fremde Hilfe nicht nötig war. Es ermutigt die KlientIn, wenn sie feststellt, daß es in ihrem Leben Zeiten gab, wo sie erfolgreicher war als heute. Um solche erfolgreichen Zeiten wieder zu erinnern, braucht sie Hilfe. Man vergißt leicht, daß man in der Vergangenheit alles recht gut bewältigt hat, wenn man unter dem Druck steht, mit dem Jugendamt klar kommen zu müssen oder sich mit der Situation zurechtzufinden, die einen nun ins Blickfeld der Behörden gerückt hat. Sind solche in Vergessenheit geratenen und nicht genutzten Problembewältigungsmechanismen erst einmal aufgedeckt, ist die nächste Frage, wie sie sich auf die gegenwärtigen Schwierigkeiten anwenden lassen.

Wenn eine KlientIn solche kleinen, aber bedeutsamen Erfolge „entdeckt", hilft ihr das, sich neu zu bewerten. Dieser Abschnitt kommentiert und stellt eine Reihe Fragen zusammen, die solche hilfreichen Informationen herausarbeiten helfen, um vergangene und gegenwärtige Erfolge einer KlientIn zu nutzen.

Stellen Sie sich zum Beispiel die folgenden Fragen vor:

„Aus den Unterlagen geht hervor, daß Sie Ihr Kind vor zwei Jahren aus dem Pflegeheim zu sich zurückholen konnten. Was haben Sie zu dieser Zeit richtig gemacht?"

und

„Was, vermuten Sie, denkt die SozialarbeiterIn (oder das Gericht), wie Sie die Behörden überzeugen konnten, daß Sie in der Lage waren, Ihr Kind zurückzubekommen?"

Oder die folgenden Fragen:

„Aus den Unterlagen geht hervor, daß Ihr Kind in ein Pflegeheim kam. Wissen Sie noch, wie es dazu kam, daß man Ihnen Ihr Kind wegnahm?"

„Was, vermuten Sie, dachte die SozialarbeiterIn, was Sie in der Erziehung falsch machten?

Diskussion:

Es ist nicht schwer, den Unterschied zwischen beiden Fragenpaaren zu sehen. Die beiden ersten Fragen erkennen sowohl die Tatsache an, daß das Kind ins Heim kam als auch den Erfolg, es wieder zurückzubekommen. Diese Interaktion beinhaltet wenig Schuldzuschreibungen. Wenn die BetreuerIn den Erfolg hervorhebt, daß die KlientIn alle Schritte durchlaufen hat, um ihr Kind zurückzubekommen, dann gilt die Vergangenheit als abgehakt, und man schaut in die Zukunft.

Das zweite Paar von Fragen betont, daß ihr die Kinder weggenommen wurden sowie die Schuld, die mit diesem Ereignis verbunden ist. Fragen nach dem „warum" implizieren, daß es erklärbare Ursachen für das Problem gibt. Gewöhnlich bekommt dann die, die gefragt wird, die Schuld dafür. Die Frage ist also eine rhetorische Frage, bei der die KlientIn weiß, daß die Fragende die Antwort kennt. Dies alles sind kleine Unterschiede, denen aber im Zusammenhang mit FBS-KlientInnen große Bedeutung zukommt.

Wenn man KlientInnen nach ihren Erfolgen fragt und nach Zeiten, wo sie mit sich zufrieden waren, sind sie oft überrascht und für einen kurzen Augenblick ganz durcheinander. Eine solche Frage haben sie nicht erwartet und manche KlientInnen erzählen, daß sie sich zum ersten Mal normal vorgekommen seien. Zum ersten Mal hätten sie den Eindruck gehabt, in der Vergangenheit etwas richtig gemacht zu haben. Manche treibt es sogar Tränen in die Augen, sie werden ruhiger und kooperativer und oft verändert sich ihr Ausdruck und ihre Haltung. Eine KlientIn wird zuversichtlicher, wenn sie auf eine erfolgreiche Vergangenheit zurückblicken kann. Im folgenden sind einige Fragen zusammengestellt.

Fragen, die sich auf vergangene Erfolge beziehen:
- „Wie haben Sie es geschafft, aus der gewalttätigen Beziehung mit Tyler herauszukommen? Woher nahmen Sie die Kraft, ihn loszuwerden?"

- „Es ist nicht leicht, drei Kinder allein großzuziehen. Wie haben Sie das gemacht?"

- „Nachdem Sie alles das, was Sie durchgemacht haben, durchhalten,   wie haben Sie da Stärke gefunden, weiterzumachen?"

- „Wie kommt es, daß Ihre Lage nicht schlimmer ist? Wie schaffen Sie es, weiterzumachen, wenn es so scheint, als gäbe es keine Hoffnung?"

- „Was, glauben Sie, müssen Sie tun, um mit sich selbst zufrieden zu sein und ihr Leben im Griff zu haben?"

- Was würde es Sie kosten, das Vertrauen zurückzugewinnen, das Sie in Ihrer Studienzeit hatten?

- Was würde Ihre Mutter (Schwester/FreundIn) glauben, was Sie brauchen, um Ihr altes Selbstvertrauen zurückzubringen?

TherapeutIn: Wie schaffen Sie es, sich morgens aufzuraffen?

KlientIn:	Das geht nur, weil ich nicht möchte, daß meine Kinder in der Schule versagen, so wie ich.
TherapeutIn:	Sie möchten auf jeden Fall, daß Ihre Kinder in der Schule erfolgreicher sind, als Sie es waren. Sie müssen Ihre Kinder sehr lieben.
KlientIn:	Sie sind mein Ein und Alles. Ich möchte, daß sie die Schule abschließen, einen guten Beruf erlernen und sich all das leisten können, was ich nicht hatte.
TherapeutIn:	Was machen Sie, damit Sie weiter hoffen können und es immer noch einmal probieren? Was, glauben Sie, würde Ihre Mutter (oder eine andere wichtige Person im Leben der KlientIn) sagen, was Sie aufrecht hält?

Diskussion:

Solche Fragen helfen der KlientIn, Selbstvertrauen zurückzugewinnen und ihr deutlich zu machen, daß sie immer noch Fähigkeiten besitzt, ihr Leben so zu gestalten, wie sie es gerne möchte.

Die Fragen lassen sich so formulieren, daß die KlientIn sich so weit distanzieren kann, um sich selbst beobachten zu können und so rationale langfristige Entscheidungen treffen kann und nicht spontan auf die Situation reagieren muß.

Änderungen vor Sitzungsbeginn

Anlaß zum ersten Gespräch ist normalerweise irgendein Problem, so daß es allzu leicht passiert, daß sich alles nur darum dreht. Man übersieht dabei leicht, daß KlientInnen wahrscheinlich schon einiges versucht haben, die Probleme zu verringern. Eine Studie (WEINER-DAVIS, DE SHAZER, und GINGERICH, 1987) hat gezeigt, daß etwa 2/3 der KlientInnen über Ausnahmen und Veränderungen vor dem Erstgespräch berichten. Fragt man jedoch nicht nach solchen Veränderungen, werden sie auch nicht berichtet, weil die KlientInnen sie für unbedeutsam halten.

Fallbeispiel

Ein Neuanfang für Sharon

Die 21 Jahre alte Sharon, Mutter eines vier Jahre und eines vierzehn Monate alten Kindes, erwartete ihr drittes Baby. Die Beziehung zu Archie war im Verlauf der letzten drei Jahre ein ständiges Auf und Ab gewesen. Archie hatte keine feste Arbeit, trank, nahm Drogen und war in Schlägereien verwickelt. Er hatte Sharon häufig mißhandelt.

Mit ihren geschiedenen Eltern verband sie eine lange Geschichte schwieriger Beziehungen. Als Jugendliche hatte sie ständig Auseinandersetzungen mit ihnen gehabt. Immer hätten sie ihre Erziehung kritisiert und waren nie mit ihren Männerbeziehungen und mit vielen anderen Sachen einverstanden gewesen. Ihre Mutter würde kein gutes Haar an ihr lassen und ihr Vater gab ihr die Schuld, daß Archie sie mißhandelte, wenn er betrunken nach Hause kam. Sharon hatte ihnen viele Sorgen bereitet; mit dreizehn lief sie das erste Mal von zu Hause weg, schwänzte die Schule, machte ihre Erfahrungen mit Alkohol und Drogen. Mit fünfzehn wurde sie schwanger und verließ schließlich die Schule. Mit ihrem ersten Kind lebte sie in einem Pflegeheim, weil sich ihre Eltern geweigert hatten, sie aufzunehmen. Eine Weile lebte sie mit Archie, aber letzten Endes konnten sie nicht für die Miete aufkommen. Zur Zeit lebten Sharon und Archie bei ihren jeweiligen Eltern, aber sie verhielten sich so, als wären sie verheiratet.

Sharon kam mit dem FBS in Berührung, nachdem sich ihre vierjährige Tochter bei einer Streiterei mit Archie eine kleine Verletzung zugezogen hatte. Während all der Aktionen, die folgten (Behandlung im Krankenhaus, Treffen mit der für Kindesmißhandlungen zuständigen SozialarbeiterIn, Vorbereitungen für die bevorstehende Entbindung), gelangte sie zu der Überzeugung, daß sie und die Kinder etwas Besseres verdient hätten als das, was sie von Archie bekamen. Sie beendete die Beziehung.

Was war dieses Mal anders, daß sie überzeugt war, bei ihrer Entscheidung zu bleiben? Schließlich hatte sie dieses Hin und Her drei Jahre lang veranstaltet. Zudem erwartete sie ihr drittes Kind von Archie.

Sharon berichtete, daß sie am Tag vor unserem ersten Treffen einiges anders gemacht habe; lauter neue Sachen, die sie früher nie gewagt hatte. Sie schimpfte tüchtig mit Archies Mutter. Sie erzählte, daß sie ziemlich ängstlich und nervös gewesen sei, weil sie ihre Schwiegermutter für eine „starke Lady" hielt, die ihr vorwarf, „selbstsüchtig" zu sein. Die Schwiegermutter bestand auf ihrem Recht, die EnkelInnen zu sehen und wollte dies sogar mit rechtlichen Schritten durchsetzen.

Mit dem Krankenhaus, in dem sie ihr Kind zur Welt bringen wollte, vereinbarte sie, daß nur bestimmte BesucherInnen Zutritt bekommen konnten, um das Kind zu sehen. Archie teilte sie ruhig mit, daß ihre Beziehung zu Ende sei. Als er zu weinen anfing und darum bettelte, daß sie es noch einmal versuchen sollte, ließ sie ihn stehen. Mit FreundInnen vereinbarte sie telefonische Kontakte für den Fall, daß sie schwach würde und Archie zurückholen oder seinem Betteln nachgeben würde. Sie sagte uns, daß dies das erste Mal gewesen sei, wo sie wütend auf ihn war, weil er sich um die Verantwortung für sie und die Kinder drückte. Zum allerersten Mal. In der Vergangenheit hatte sie sich verletzt gefühlt und es still ertragen.

Die TherapeutIn entschied sich dafür, auf den Veränderungen aufzubauen, die sie vor der Sitzung vollzogen hatte. Mit anerkennenden Worten unterstützte sie ihre Entscheidung, einen Neuanfang zu machen. Sie fragte sich jedoch, was gestern anders gewesen war. Was hatte ihr die Stärke verliehen, diese Änderungen zu machen. Anfangs war sie sich selbst nicht im Klaren darüber, worin der Unterschied bestand. Später entwickelte sie die Vorstellung, daß das Baby, das unterwegs war, den Unterschied ausmachte. Sie fand, daß die drei Kinder mehr Geborgenheit und verantwortliche Eltern brauchten. Und wieviel sie auch immer mit Archie kämpfen würde, er würde nicht verantwortungsbewußt.

Da Sharon so überzeugt zu ihrer Entscheidung stand, stark zu bleiben, wurde ihr vorgeschlagen, genau darauf zu achten, was sie tat, wenn sie der Versuchung nachgeben wollte, ihn zu sich zurückzuholen oder seinem Betteln nachzugeben.

Beim nächsten Treffen strahlte Sharon übers ganze Gesicht. Sie berichtete von allen Treffen mit Archie und daß sie einige Male versucht war, in die gewohnten Bahnen einzuschwenken. Sie verhielt sich anders als sonst und das habe Archie verrückt gemacht. Viele Dinge waren neu für sie: sie ging mit Freundinnen aus und traf alte Bekannte. Sie traf ihre Entscheidungen unabhängig von Archie und erklärte ihm, daß er nicht einfach 'mal so auf einen Sprung' reinkommen könnte, wenn ihm danach wäre.

Sie erzählte uns ein anschauliches Beispiel, wie sie sich anders verhielt: Archie rief an und bat darum, die Kinder zu sehen. Mit fester Stimme verweigerte sie ihre Zustimmung, da er sich drei Wochen lang nicht habe blicken lassen; sie sei nicht willens, ihm zu gestatten, „dann und wann" im Leben der Kinder aufzutauchen; vielmehr müsse er ihr zeigen, daß er sich den Kindern gegenüber verpflichtet fühle, indem er sich an geregelte Besuchszeiten halte. Er stimmte ihr zu und holte die Kinder nun nur zu den vereinbarten Besuchszeiten. Dies gibt ihr die wohlverdienten Stunden, in denen sie abschalten kann.

B. Fragen nach Ausnahmen

„Ausnahmen" sind jene Augenblicke, in denen das Problem nicht auftritt. TherapeutIn und KlientIn gehen der Frage nach *wer was, wie,
wann* und *wo* machte, so daß das Problem nicht auftrat. Es geht darum, herauszufinden, wie das Muster, das das Problem umgibt, verändert wurde.

Fallbeispiel

Immer, wenn der sechsjährige Tyrone zu streiten anfängt, seine Schwester schlägt und unerträglich wird, nimmt ihn die Oma beiseite und
schimpft mit ihm. Daraufhin bekommt Tyrone einen Wutanfall, weint,
tritt um sich und läuft blau an. Eines Tages war die Großmutter es leid
einzuschreiten und überließ die Kinder sich selbst. Zu ihrer großen
Verwunderung begannen die beiden zu spielen, nachdem Michelle die
gewohnte Einladung zum Streit übergangen hatte.

Es treten hier mehrere Ausnahmen im Gegensatz zu den sonst übli-
chen Interaktionsmustern auf: die Großmutter, die sich nicht in den
Streit einmischt; die Schwester, die Tyrones Einladung ignoriert; und
Tyrone, der sich anders verhält als gewöhnlich. Wenn man die drei
dazu bringen könnte, dieses Muster einzeln oder gemeinsam zu wiederholen, so hätten sie wahrscheinlich friedlichere Beziehungen.

Probleme, die nur in bestimmten Situationen auftreten

Häufig treten problematische Verhaltensweisen nur in bestimmten phy-
sischen, relationalen oder an bestimmte Themen gebundenen Kontex-
ten auf. Zum Beispiel gerät Jamie nur zu Hause und nie an anderen
Orten (wie in der Schule, in der Kirche oder bei seiner Tante) aus der
Fassung. Jena wird nur bei ihrer Mutter unausstehlich, nicht bei ihrem
neuen Freund oder dem Babysitter. Joe wird nur dann aufbrausend und
gewalttätig, wenn er etwas getrunken hat oder mit seiner Frau über
Geldangelegenheiten spricht. Es ist wichtig, solche Momente, in denen
das Problem nicht auftritt, genau zu bestimmen. Die KlientIn kann dadurch lernen, die Fähigkeiten, die sie in der einen Situation mit Erfolg
anwendet, auf eine andere zu übertragen.

In einem Fall wurde die Polizei gerufen, um Beverly ins Krankenhaus
zu bringen. Sie war wieder einmal mit ihrem Mann in Streit geraten und
hatte die Wohnung auf den Kopf gestellt. Sie sah schnell ein, daß es
mit ihr durchgegangen war und daß sie so nicht mehr weitermachen
könne. Schon als Kind sei sie so hitzköpfig gewesen. Wir forschten mit
ihr nach Ausnahmen, wo sie nicht gleich explodiert war. Es stellte sich

heraus, daß sie ihren Beruf im Lager eines großen Lebensmittelmarktes seit drei Jahren ausübte und gerne dort arbeitete. Sie galt als gute Mitarbeiterin und war gegenüber dem Abteilungsleiter oder ihren KollegInnen niemals „ausgerastet", obwohl sie sich über sie als Frau lustig machten und es ziemlich rauh und machohaft zuging. Auf diese Weise konnten eine ganze Reihe von Möglichkeiten, die Fassung zu behalten, herausgearbeitet werden, selbst für solche Momente, wo es besonders schwer war, ruhig zu bleiben.

Michael, siebzehn Jahre alt, wurde als aggressiver und feindseliger junger Mann beschrieben, der sich nur schwer zügeln konnte. Er schwänzte die Schule und blieb in den meisten Klassen sitzen; zu Hause war er unbeeinflußbar und in der Gemeinde, in der er lebte, war er mit einer langen Liste von unerwünschtem und delinquentem Verhalten aufgefallen, wie Weglaufen, Schule schwänzen, Einbrüchen und Drogenverkauf. Viele Versuche, ihn durch verschiedene Behandlungen eines Besseren zu belehren, waren fehlgeschlagen. Schließlich landete er in einem Erziehungsheim, nachdem er eine alte Frau überfallen hatte. Im Heim tat er sich durch gutes Verhalten und schulische Leistungen hervor. Er entwickelte sich zu einem musterhaften Schüler, arbeitete in der Cafeteria, betätigte sich sportlich und schaffte es, nach vier Monaten einen Wochenendurlaub zu bekommen. Dies alles war nach seiner Vorgeschichte sehr überraschend.

Wenn man den erfolgreichen Zeiten im Leben einer KlientIn Beachtung schenkt und ihre Fähigkeit anerkennt, sich kompetent zu verhalten, selbst wenn es nur kleine Bereiche sind, dann hilft ihr das, sich in die richtige Richtung zu bewegen. Später geht es dann darum, sie dabei zu unterstützen, diese Bereiche kompetenten Verhaltens auszudehnen.

Wie man Fragen stellt

Die folgenden Beispielfragen zielen darauf ab, KlientInnen zu helfen, eigene Stärken und Fähigkeiten zu entdecken und Probleme selbst zu lösen. Selbst wenn die Erfolge in keinem Verhältnis zur Anzahl der Probleme stehen, so beginnen Lösungen mit kleinen Schritten.

Es ist immer besser, wenn die KlientIn mit eigenen Lösungen aufwartet, statt ihr zu sagen, was sie tun soll. Wenn es sich um ihre eigenen Ideen handelt, werden erfolgreiche Lösungen wahrscheinlicher. Lösungen, die sich mit dem Lebensstil der KlientIn in Einklang befinden und auf ihren Ressourcen aufbauen, verringern die Chance eines Rückfalles und es ist leichter, sie zu mehr dieses Verhaltens anzuregen.

Beispielfragen

TherapeutIn: Ich kann nachvollziehen, daß Sie wirklich allen Grund haben, sich depressiv zu fühlen. Wann, glauben Sie, werden Sie ein bißchen weniger depressiv sein?

Klientin: Ich weiß nicht. Ich bin eigentlich immer depressiv. Ich fühl' mich etwas besser, wenn ich Geld habe und den Kindern etwas kaufen kann. Ich komme mir dann als bessere Mutter vor.

TherapeutIn: Was würden Sie sagen, was ist dann anders, wenn Sie Ihren Kindern etwas kaufen können?

Klientin: Ich sehe mich dann als gute Mutter. Ich hasse es, arm zu sein, weil es mich an meine Fehler erinnert. Ich fühl' mich am Ende des Monats schlechter, wenn das Geld zu Ende geht.

TherapeutIn: Wie, würden Sie sagen, sind Sie, wenn Sie ein bißchen weniger depressiv sind?

Klientin: Na, ja, ich zwinge mich dann, am Morgen aufzustehen, auch wenn ich keine Lust dazu habe. Mache die Kinder für die Schule fertig, werde selbst vielleicht sogar ein bißchen heiterer, wenn ich mich dazu zwinge, gehe vielleicht mit den Kindern ein Stück zur Schule und verlasse das Haus. Dann kann ich vergessen, wie deprimierend mein Leben ist.

TherapeutIn: Wenn Sie sich nicht zwingen würden, was, glauben Sie, würden die Kinder anders an Ihnen erleben.

Klientin: Ich versuche, es ihnen nicht zu zeigen. Aber ich glaube, sie wissen es trotzdem. Manchmal, wenn ich morgens nicht hochkomme, dann streiten sie mehr.

TherapeutIn: Wie müßten Sie das anstellen, sich morgens häufiger zum Aufstehen zu zwingen?

Diskussion:

In diesem Gespräch übergeht die TherapeutIn die Äußerungen der Klientin, mit denen sie sagt, daß sie nichts daran ändern könne, daß sie kein Geld habe, Fehler mache; sie konzentriert sich stattdessen auf die gegenwärtigen kleinen, aber nützlichen Erfolge. Wenn sie sich zwingt, morgens aufzustehen, laufen die Dinge im allgemeinen etwas besser. Also muß die Klientin dieses Verhalten wiederholen.

Weitere Beispiele:

TherapeutIn: Sie haben erzählt, daß Sie in der letzten Woche an fünf Tagen nichts getrunken haben. Wie haben Sie das gemacht? Ich bin erstaunt, daß Sie an fünf Tagen Ihr Trinken kontrolliert haben. Wie haben Sie das gemacht?

Klientin: Sind schließlich nur fünf Tage. Ich hab's schon länger geschafft, als ich schwanger war.

TherapeutIn: Tatsächlich? Wie haben Sie das geschafft? War das nicht sehr schwierig? Sie meinen, Sie haben das ganz ohne Hilfe gemacht? Wie lang haben Sie damals nicht getrunken?

Klientin: Ich wollte meinem Baby nicht schaden, als ich schwanger war. War schon ganz schön schwer am Anfang. Ich hab' mir immer gesagt, du trinkst nicht. Und wenn ich ausging, trank ich eben Mineralwasser.

TherapeutIn: Das ist erstaunlich. Sie müssen eine starke Person sein. Und wie haben Sie es dieses Mal angestellt, fünf Tage lang nichts zu trinken?

Klientin: Ich hatte kein Geld mehr. Ich war pleite.

TherapeutIn: Na! Wenn Sie wirklich trinken wollten, dann würden Sie sicher irgendeinen Weg finden, um an Alkohol zu kommen. Wie haben Sie sich kontrolliert?

Im weiteren Verlauf der Sitzung können folgende Fragen gestellt werden:

– „Bitte erklären Sie mir, was ist anders für Sie, wenn Sie nicht trinken."

– „Wie erklären Sie sich selbst, daß das Problem genau dann nicht auftritt?"

– „Wie sind Sie auf die Idee gekommen, es gerade so zu machen?"

– „Was, glauben Sie, würde Ihre Mutter (FreundIn, Ehepartner) sagen, was Sie anders machen, wenn Sie nicht trinken?"

– „Was müßte Ihnen passieren, damit Sie es noch öfter machen?"

– „Was würden Sie noch sagen, was Sie anders machen, wenn das Problem nicht auftritt?"

- „Was machen Sie und Ihre FreundIn anders, wenn das Problem nicht auftritt?"

Auf die darauf folgenden Antworten kann man mit weiteren Fragen eingehen:

- „Was müßten Sie also tun, damit Sie zum Trinken weiterhin „Nein" sagen könnten? (oder was auch immer die KlientIn zu sich sagt, um Erfolg zu haben)"

- „Was, glauben Sie, werden Sie und Ihre Kinder (FreundIn usw.) anders machen, anstatt zu trinken (depressiv zu reagieren usw.)?"

- „Wenn Ihre FreundIn hier wäre und ich sie fragen würde, was, glauben Sie, würde sie sagen, was sie bei Ihnen anderes bemerkt, wenn Sie nicht trinken (depressiv werden, wütend werden)?"

- „Was würde sie sagen, müßte passieren, damit das öfter auftritt?"

- „Was, würden Sie sagen, wie lange das für Sie weitergehen müßte, damit Sie auf die Idee kommen, Ihr Problem wäre gelöst?"

- „Wenn das Problem gelöst ist, wie wird sich Ihrer Meinung nach die Beziehung zu Ihrer Mutter (Schwester, FreundIn usw.) ändern? Was werden Sie dann machen, was Sie jetzt nicht tun?"

Diskussion:

Die TherapeutIn arbeitet daran, der KlientIn sich ihren Erfolg selbst zuzuschreiben, indem sie darauf aufmerksam macht, daß sie etwas *getan* hat, statt zu warten, daß etwas geschieht.

Indem sie der TherapeutIn erklären muß, wird immer deutlicher, daß sie die Ausnahmen vom Problem selbst hervorgebracht hat und sie kann dafür die Lorbeeren einstreichen. Wenn ihre Erfolge auf ihr Konto gehen, wird sie mit ihren Mißerfolgen besser zurecht kommen. Weiterhin folgt daraus, daß sie das erfolgreiche Verhalten wiederholen kann.

Die nächste Aufgabe der TherapeutIn besteht darin, Wege zu finden, ihre Erfolge zu bestärken und auszubauen, indem sie ihr Selbstvertrauen und Selbstachtung vergrößert.

C. Wunder-Fragen

Die Vorstellung, daß ein Wunder geschehen ist und das Problem verschwindet, hat einen sehr großen Einfluß auf KlientInnen. Zum einen entsteht ein lebhaftes Bild oder eine Vision davon, wie das Leben ohne das Problem sein wird und zum anderen entsteht Hoffnung, daß das Leben auch noch anders sein kann, als es zur Zeit ist.

Die Frage lautet folgendermaßen: „Angenommen, es würde eines Nachts, während Sie schlafen, ein Wunder geschehen und das Problem, das Sie mit dem FBS in Kontakt gebracht hat, ist gelöst. Da Sie schlafen, merken Sie nicht, daß ein Wunder geschehen und Ihr Problem verschwunden ist. Was, glauben Sie, werden Sie am nächsten Morgen anders wahrnehmen, das Ihnen sagt, daß ein Wunder geschehen ist?"

Die Reaktionen darauf sind sehr unterschiedlich. Manche KlientInnen blicken auf, lächeln übers ganze Gesicht, die Augen leuchten, sie setzen sich aufrecht und beschreiben in allen Einzelheiten, wie sich ihr Leben verändern wird. Manche KlientInnen sind zutiefst überrascht, wenn sie selbst ihre hoffnungsvollen Worte vernehmen, einige hören aufmerksam anderen Familienmitgliedern zu, wie sie die Auswirkungen des Wunders auf sich und die anderen beschreiben. Andere KlientInnen sind nicht in der Lage, sich vorzustellen, wie sich ihr Leben verändern würde, auch wenn man ihnen mit Geduld zuredet und hilft.

Einige KlientInnen erzählen sofort von einem Lotteriegewinn oder anderen Wolkenschlössern, beruhigen sich dann und werden wieder realistischer. Sie beschreiben, wie sich ihr Leben in kleinen und spezifischen Schritten ändern wird. Dabei sollte die KlientIn unterstützt werden, die vorgestellten Veränderungen möglichst genau zu beschreiben. Die vorrangige Aufgabe der TherapeutIn besteht darin, Informationen so hervorzulocken, daß die KlientIn die Möglichkeit, daß ihr „Wunder" tatsächlich geschieht, sehen kann. Die nächste Aufgabe besteht darin, der KlientIn zu helfen herauszufinden, welches die ersten Schritte sein können, die sie gehen kann, um die Verhaltensweisen zu initiieren, die zum „Wunder" führen werden.

Beispiele:

Klientin: Ich werde eine Arbeit haben, eine schöne Wohnung und schöne Kleider; einen Mann, der sich um mich kümmert, der mich nicht nur ausnutzt, sondern richtig um mich kümmert. Meine Kinder werden zufrieden sein und gute Leistungen in der Schule zeigen. Vielleicht werde ich auch selbst noch mal die Schulbank drücken, um eine Ausbildung zu bekommen.

TherapeutIn: Das klingt nach einem großen Wunder. Was, glauben Sie, wäre das erste, was Ihnen am Morgen sagte: Heh, etwas hat sich in meinem Leben geändert?

Klientin: Nun, ja. Ich würde früher aufstehen und hätte ein bißchen mehr Zeit für mich. Ich würde die Kinder mit einem Lächeln wecken, mit ihnen am Frühstückstisch sitzen und ihnen beim Abschied einen guten Tag wünschen.

TherapeutIn: Wenn Sie so tun müßten, als ob das Wunder geschehen wäre, was würden Sie als erstes tun? (Diese Frage impliziert sehr deutlich, daß die KlientIn selbst etwas tun muß, um das Problem zu lösen.)

–   Was müßten Sie machen, um so zu tun, als sei das Wunder geschehen? Noch etwas anderes? Was sonst noch?

–   Wenn Sie das machen würden, was wäre die erste Veränderung, die Sie an sich feststellen würden?

–   Wer wäre die erste Person, der am nächsten Tag auffallen würde, daß sich nach dem Wunder etwas mit Ihnen gewandelt hat?

–   Welchen Unterschied würde Ihre Mutter (EhepartnerIn, FreundIn, Schwester usw.) an Ihnen bemerken, wenn Sie ihr nicht verraten hätten, daß ein Wunder geschehen ist? Sonst noch was?

–   Was würde Ihre Mutter (die anderen) dann anders machen?

–   Was, glauben Sie, wird zwischen Ihnen und Ihrer Mutter dann anders sein?

–   Wenn Sie diese Schritte machten, was würde Ihnen auffallen, was sich in Ihrer Umgebung geändert hat?

–   Wenn Sie das tun würden, was würden die Kinder als erstes in ihrer Umgebung verändert ansehen? (Diese Fragen implizieren wiederum, daß die KlientIn etwas tun kann.)

–   Was würden die Kinder anders machen? (Diese Frage schärft den Blick für etwas Neues und Positives, das sich im Verhalten der Kinder zeigt.) Was sonst noch?

–   Was in Ihrem Haushalt würde sich sonst noch ändern?

Diskussion:

In diesen Beispielen kommen die Worte „anders" und „ändern" ziemlich oft vor. Sie zielen ganz absichtlich darauf ab,

1. daß die KlientIn sieht, daß sie etwas „anders" *tun* muß, um Änderungen in ihrem Leben herbeizuführen,

2. daß *sie* diejenige ist, die die Änderungen hervorbringen muß, ihr eine aktive Rolle bei der Neugestaltung ihres Lebens zukommt und

3. daß sie die Verantwortung dafür trägt.

Zur gleichen Zeit zielen die Fragen darauf ab, ihre eigenen Ideen hinsichtlich der Lösung herauszuschälen. Indem sie sich den Wunderfragen stellt, wird ihr klarer, welche Schritte sie als nächste gehen muß, um Lösungen zu finden und wie sich ihr Leben verändern wird. Dies motiviert und gibt ihr Hoffnung, daß sich ihr Leben ändern kann.

Wunderfragen, die bei der Herausarbeitung von Zielen helfen

Je nachdem, wie man eine Frage formuliert, ergibt sich bei der Beantwortung der Wunderfragen schon die allgemeine Richtung, in der die KlientIn ihr Leben verändern möchte. (vgl. hierzu Kapitel 5: Ziele bestimmen)

D. Skalierungs-Fragen

Skalierungsfragen haben sich als sehr vielseitig herausgestellt. Sie sind einfach und sogar Kinder, die mit Zahlen vertraut sind (die z.B. wissen, daß 10 größer als 5 ist), können darauf antworten. Erwachsene mit einem konkreten, genauen und pragmatischen Denkstil, gehen sehr gut darauf ein, auch wenn man ihnen oft nachsagt, daß sie sich nicht für Psychotherapie eignen. Solche Fragen sind leicht zu verstehen und verlangen keine besondere intellektuelle Begabung. Da zumindest in unserer westlichen Denkweise 10 als mächtiger, besser und größer gilt als 1, haben wir auch so klar skaliert. Deshalb steht 10 für etwas, das sehr erwünscht ist, während die 1 das Gegenteil verkörpert.

Mit Skalierungsfragen kann man sehr viele Dinge erfassen, die oft für zu abstrakt gehalten werden, als daß man sie konkretisieren könnte: die Selbstachtung und das Selbstvertrauen einer KlientIn, ihre Motivation und Bereitschaft, sich nachdrücklich für Veränderungen einzusetzen, die Reihenfolge, in der Probleme gelöst werden sollen, Zuversicht, Beurteilung von Fortschritten und vieles mehr.

Solche Fragen zeigen auch, welche wichtigen Personen dazugehören und wie sie über die jeweilige Situation denken.

Dieser Fragetyp hat ein breites Anwendungsgebiet. Je mehr man damit experimentiert, desto geschickter wird man im Umgang damit. Nur die eigene Kreativität setzt dem Grenzen. Experimentieren und spielen Sie mit solchen Fragen. Ein Wort der Vorsicht: Man muß manchmal genaue

Zeitangaben in die Fragen einbauen, weil die KlientInnen sonst leicht durcheinander geraten. „Heute", „vergangene Woche", „während des letzten Monats" sind Beispiele dafür. Ohne derartige Begrenzungen werden KlientInnen verwirrt. Wenn die TherapeutIn den Fokus in dieser zeitlichen Form spezifiziert, empfinden die KlientInnen die Fragen viel nützlicher.

Vorausschau: Probleme lösen

TherapeutIn: Auf einer Skala von 10 bis 1 bedeutet die 10, daß Sie ganz viel Selbstvertrauen haben, daß dies Problem gelöst werden kann, während die 1 bedeutet, überhaupt kein Selbstvertrauen zu haben. Wo würden Sie sich da heute einordnen?

Klientin: Ich würde sagen bei 5, so in der Mitte.

TherapeutIn: Auf derselben Skala: Wie zuversichtlich sind Sie, daß das Problem gelöst werden kann?

Klientin: Ich würde sagen: 6.

TherapeutIn: Was wäre in Ihrem Leben anders, wenn Sie von 6 zur 7 gelangen würden?

TherapeutIn: Wenn Ihre FreundIn (Ihre Mutter usw.) hier wäre und ich würde sie fragen, wie hoch würde sie die Möglichkeit einschätzen, daß das Problem gelöst wird?

Klientin: Ich weiß nicht genau, aber ich würde sagen bei 3.

TherapeutIn: Was wäre notwendig, daß sie 4 sagt?

Klientin: Sie meint, daß ich mit dem Trinken aufhören soll.

TherapeutIn: Wie wichtig ist das für Sie?

Klientin: Ich muß unbedingt damit aufhören. Es macht mich total kaputt.

TherapeutIn: Was ist das Erste, was Sie tun müssen, Susan, um damit aufzuhören.

Klientin: Ich darf nicht mehr trinken, wenn ich mich aufrege.

TherapeutIn: Worin würde Ihr Freund den ersten Schritt sehen?

Diskussion:

In diesem Gesprächsausschnitt benutzt die TherapeutIn die Einstufungen, um herauszuarbeiten, wieviel Unterstützung die Klientin von den Personen in ihrer Umgebung erhält. Dies kann ihr dabei helfen, über die Wege zu sprechen, die sie beschreiten muß, um das Problem zu lösen.

Je mehr sie sich ermutigt fühlt, zu sagen, was sie tun muß oder tun wird, um so mehr sieht sie es als ihre eigene Idee, mit dem Trinken aufzuhören. Die Wiederholung derselben Frage in verschiedenen Versionen bestärkt die Entscheidungen der Klientin.

Motivation

1. „Auf derselben Skala – wie hoch würden Sie Ihre Bereitschaft einschätzen, daran zu arbeiten, das Problem zu lösen?"

2. „Wie hoch würde wohl Ihre Mutter Sie einstufen? Wo würde Sie auf derselben Skala Ihr Mann einstufen?"
   Werden auf der derselben Skala niedrige Einstufungen genannt, so kann man mit folgenden Fragen daran anschließen:

3. „Was, glauben Sie, denken die Personen in Ihrer Umgebung, was Sie tun müßten, um eine Stufe höher zu kommen?"

4. „Was, glauben Sie, würden die sagen, was Sie brauchen, um auf die Stufe 6 zu kommen?"

5. „Was müßten Sie tun, um von 5 nach 6 zu gelangen?" oder „Wenn Sie von 5 nach 6 gelangt sind, was werden Sie dann anders machen, was Sie jetzt nicht tun?"

6. „Wenn Sie von 5 nach 6 kommen (...oder von 6 nach 7), welchen Unterschied werden die anderen an Ihnen bemerken? Was, glauben Sie, wird Ihnen dann bei den anderen als verändert auffallen?"

7. „Wie hoch würde Ihr Mann sich einschätzen, Ihnen bei der Lösung des Problems zu helfen?"

8. „Wie erklären Sie sich, daß er mehr daran interessiert ist, daß Sie sich ändern als Sie selbst? Welchen Grund würde er dafür nennen, daß er so daran interessiert ist, Sie um eine Stufe auf der Skala voranzubringen?"

Diskussion:

Diese Fragen machen der KlientIn deutlicher, wo sie im Augenblick steht und was sie erreichen möchte, was ihr hilft, was sie tun muß und welche Unterschiede die Personen in ihrer Umgebung bemerken und wie sie auf ihre Veränderungen reagieren. Auf der Basis dieser Informationen kann sie dann Entscheidungen treffen, was sie tun möchte.

Selbstachtung

TherapeutIn: Stellen Sie sich vor, 100 bedeutet, daß Sie die ideale Person geworden sind, die Sie immer sein wollten; wie nahe befinden Sie sich heute an der 100 ?

Klientin: So etwa bei 35. Ich fühle mich heute nicht so besonders gut.

TherapeutIn: Wie nahe sind Sie jemals an die 100 herangekommen?

Klientin: Ich glaube 70. Das war vor zwei Jahren.

TherapeutIn: Wie verlief Ihr Leben damals?

Klientin: Ich hab' mir mehr zugetraut. Ich ging damals zur Schule, war zufrieden mit mir, hatte Hoffnung und wußte, daß ich es schaffen würde.

TherapeutIn: Was müßten Sie tun, um näher an die 70 heranzurücken?

Klientin: Ich weiß, was ich tun muß. Ich muß es einfach nur machen. Mensch, es kommt mir wie eine Ewigkeit vor und dabei ist es nur zwei Jahre her. Ich war eine gute Schülerin. Ich hatte Ehrgeiz. Ich wußte, wo's lang ging.

TherapeutIn: Also, was müßten Sie tun, um von 35 nach 40 zu kommen?

Klientin: Das ist einfach. Ich brauche bloß jeden Tag zur gleichen Zeit aufzustehen und mich nach einem Job umzusehen.

TherapeutIn: Wenn Sie also immer zur gleichen Zeit aufstehen und sich um eine Arbeit bemühen, was, glauben Sie, werden Sie dann an sich anders sehen?

Diskussion:

Das Gespräch zeigt, daß man als TherapeutIn auf Einzelheiten aus der Geschichte der KlientIn oder ihres Problems verzichten kann, um mit ihr herauszufinden, was sie tun muß. Die KlientIn weiß sehr genau, was sie tun muß, um dahin zu gelangen, wo sie hin möchte.

Die letzte Frage veranlaßt die KlientIn sich vorzustellen, wodurch sie sich unterscheiden würde, wenn sie tatsächlich macht, was sie tun sollte. Dies ist sehr motivierend, weil es ihr vor Augen führt, was nach den Mühen der notwendigen Veränderungen kommt.

Auch die folgenden Beispiele zum gleichen Thema dienen dem Motivationsaufbau:

TherapeutIn: Stellen Sie sich vor, 10 bedeutet, daß Sie mit sich selbst völlig zufrieden sind, und 1 das krasse Gegenteil. Wie nahe sind Sie je an der 10 gewesen?

KlientIn: Ich glaube bei 7.

TherapeutIn: Was haben Sie damals anders gemacht?

oder

Was lief in Ihrem Leben ab?

oder

Was, glauben Sie, würde Ihre Mutter sagen, was sie damals anders an Ihnen erlebt hat?

Diskussion:

Für die TherapeutIn gibt es normalerweise immer Möglichkeiten, die KlientIn zu ermutigen, sich in Richtung 7 auf der Skala zu bewegen, wie auch ihre Antworten ausfallen mögen. Selbst wenn sie augenblicklich keine Bereitschaft hat, kann sie wenigstens sehen, daß es erfolgreiche Zeiten in ihrem Leben gab und wie sie das bewerkstelligt hat. Da sie es schon einmal geschafft hat, ist das Potential, es wieder zu tun, auf jeden Fall da. Dieses Beispiel zeigt also, wie man die Erfolge der Vergangenheit nutzen kann.

— „Wie müßten Sie es anstellen, um das zu wiederholen?"

— „Wenn Sie sich um einen Punkt auf der Skala verbessern (z.B. von 3 auf 4), was würde dann in Ihrem Leben anders werden als jetzt?"

— „Was ist der erste Schritt, den Sie tun müßten, um das heute zu erreichen?"

— „Wenn Sie sich um einen Punkt auf der Skala verbessern, was würde Ihre Mutter (oder andere) dann als unterschiedlich an Ihnen bemerken?"

— „Auf welche Weise wird sie sich anders verhalten, wenn sie das bemerkt?"

— „Welches war der tiefste Punkt, an dem Sie sich befunden haben? Was haben Sie gemacht, um da wieder herauszukommen?"

Beurteilung von Fortschritten

Skalierungsfragen dienen auch dazu, um festzustellen, wie die Klientln die Fortschritte einschätzt, die sie im Rahmen des FBS-Programms macht. Die folgenden Beispiele demonstrieren verschiedene Anwendungsmöglichkeiten.

— „Angenommen, die 10 entspricht dem Zustand, den Sie sich für Ihr Leben wünschen und die 1 dem Zustand, als wir zu arbeiten anfingen. Wo würden Sie sich da heute auf der Skala einstufen?"

— „Wo, glauben Sie, würde Ihre Mutter Sie einstufen?"

— „Was muß in Ihrem Leben anders laufen, daß Sie sagen können, Sie sind um einen Punkt höher gerückt?"

— „Was müssen Sie tun, um einen Punkt höher zu kommen?"

— „Was, glauben Sie, würde Ihre Mutter sagen, was Sie tun müßten, um einen Punkt höher zu kommen?"

— „Wer würde eine solche Veränderung um einen Punkt als erster bemerken?"

— „Wenn Sie einen Punkt höher kommen, was würde er/sie an Ihnen als Veränderung feststellen können, was er/sie jetzt nicht sehen kann?"

— „Was glauben Sie, würde Ihre Mutter Ihnen gegenüber anders machen, wenn sie diese Veränderungen bei Ihnen bemerken würde?"

— „Wenn das geschieht, was würden Sie tun, um ihr klarzumachen, daß Sie sich darüber freuen, was sie tut?"

— „Was, glauben Sie, wird sie daraufhin tun?"

— „An welchem Punkt der Skala müssen Sie angelangt sein, daß Sie sagen können, wir brauchen uns nicht mehr zu treffen?"

— „Wenn Sie bei 7 oder 8 angekommen sind, was wird dann in Ihrem Leben anders sein, so daß Sie zu sich sagen können, Sie können nun ohne fremde Hilfe zurecht kommen?"

Fallbeispiel

Das folgende Beispiel berichtet von einer Therapie mit einer Familie, die wegen der Probleme des zwölfjährigen Timmy zu uns kam.

TherapeutIn: Was, glauben Sie, würden Sie wahrnehmen, wenn Timmy sich von 6 nach 7 bewegt?

KlientIn: Ich hätte genügend Vertrauen, ihn zum Einkaufen mitzunehmen, ohne zu befürchten, daß er etwas stiehlt.

TherapeutIn: Wenn Sie das tun können, was würden Sie noch an ihm bemerken, was Ihnen sagt, daß Sie ihn zum Einkaufen mitnehmen können?

KlientIn: Na, ja. Er würde pünktlich nach Hause kommen, nicht mit seinem Bruder streiten, sein Zimmer aufräumen, sich um den Hund kümmern und seine LehrerInnen würden nicht jeden Tag anrufen.

TherapeutIn: Das hört sich mehr nach 8 oder 9 an als nach 7.

KlientIn: Ich glaube, das stimmt. Ich habe ihm versprochen, mit ihm zum Fischen zu gehen, wenn er bei 8 oder 9 angelangt ist.

Diskussion:

Diese Fragen verdeutlichen, wie man die Einschätzung der KlientInnen über ihre eigenen Fortschritte oder die anderer erfassen kann. Das Fallbeispiel zeigt, wie man ihnen zu einer realistischeren Erwartung in Hinblick auf das Verhalten eines Kindes verhelfen kann, ohne ihnen eine Predigt zu halten.

Beurteilung der Beziehung

— „Auf der gleichen Skala — wie sehr würden Sie sagen, wünscht er sich diese Ehe (Beziehung usw.)? Wie stark würde er Ihren Wunsch einschätzen?"

— „Wie stark ist Ihr Engagement für die Ehe? Was glauben Sie, wie sehr möchte sich Ihr Mann dafür einsetzen?"

— „Wie erklären Sie sich, daß Sie mehr zu der Ehe stehen als Ihr Mann?"

— „Was wissen Sie über diese Ehe, was er nicht weiß, daß Sie sich stärker dafür engagieren?"

Die gleichen Fragen können sich auch auf die Einschätzungen einer PartnerIn beziehen, die nicht anwesend ist:

— „Was glauben Sie, denkt Ihr Mann über die Ehe, was ihn so realistisch (optimistisch/pessimistisch — je nach Situation) macht?"

— „Von seinem Standpunkt aus gesehen: was, glauben Sie, könnte ihn dazu bringen, die Ehe genauso stark zu wollen wie Sie? Was sonst noch?"

Diskussion:

Die Möglichkeiten solcher Skalierungsfragen sind praktisch unbegrenzt. Mit ihrer Hilfe kann man alle unklaren Ideen und Konzepte, die KlientInnen nicht erklären können, bearbeiten. Die Dinge konkretisieren sich und Veränderung und Fortschritt sind leichter zu erkennen und zu messen.

Skalierungs-Fragen bei Kindern

Unsere klinische Erfahrung zeigt, daß Kinder im Alter von sieben bis acht Jahren Skalierungsfragen bereits verstehen können. Man kann ihnen das Verständnis jedoch erleichtern, indem man die Abbildung einer Skala benutzt:

Ausgangspunkt ——————————————Zielpunkt

Man kann ihnen auch anbieten, die Spannweite der Arme als Maß zu benutzen, oder den Fußboden mit 1 und ihre Körpergröße mit nach oben ausgestreckten Armen mit 10 gleichzusetzen.

Fallbeispiel

Die achtjährige Melissa wurde uns vorgestellt, weil sie in einer Einkaufspassage belästigt worden war. Sie war ein aufgewecktes, entzückendes Kind. Nach einigen Stunden waren große Fortschritte erreicht. In der fünften Sitzung fragte die Therapeutin sie nach ihrer Einschätzung des Fortschritts, den sie in der Therapie gemacht hatte. Dazu zeichnete sie auf einer Schreibunterlage eine Linie von links nach rechts. Die 10 sollte bedeuten: Dein Leben verläuft wieder so wie vor dem Vorfall. Die 1 bedeutet: Es ist so wie zu Beginn der Therapie.

1 ——————————— X ——————————— 10

Sie stufte ihren Fortschritt bei 7 ein.

Therapeutin: „Was glaubst du, mußt du tun, um von der 7 zur 10 zu gelangen?

Melissa dachte lange nach und sagte schließlich:

Melissa: Ich weiß, was ich tun muß.

Therapeutin: Und was ist das?

---

*) Karen JICK war Melissas Therapeutin

| Melissa: | Ich werde die Kleider verbrennen, die ich anhatte, als es geschah. |
| *Therapeutin:* | Eine tolle Idee! Melissa, ich glaube, das ist genau das Richtige, was du tun mußt. |

Die Therapeutin schlug der Mutter vor, ein Familienritual für die Kleiderverbrennung zu entwerfen und danach in einem netten Restaurant zu feiern.

E. Bewältigungs-Fragen

Von Zeit zu Zeit begegnen wir KlientInnen, die Erfahrungen extremer Deprivation gemacht haben oder über persönliche Lebensumstände berichten, die voller Gefahren der Mißhandlung oder für die geistige Gesundheit stecken. Was die Zukunft der KlientIn angeht, kann man sich als TherapeutIn rasch völlig entmutigt fühlen. Eine häufige Reaktion, mit der auf solche deprimierten und hoffnungslosen Fälle eingegangen wird, besteht im Bemühen, sie aufzuheitern: „Es wird sich alles zum Guten wenden", „Machen Sie sich keine Sorgen, sehen Sie es von der positiven Seite" oder „Es gibt so viel, was für Sie arbeitet. Schauen Sie sich nur selbst an" usw. Das Frustrierende daran ist, daß es die KlientIn nicht sicherer macht; meist wird sie noch hoffnungsloser und erzählt noch verzweifeltere Sachen.

Bewältigungsfragen können bei richtiger Anwendung sehr ermutigend sein. Wie mit allen anderen Fragen in diesem Buch ist mit ihnen das Ziel verbunden, KlientInnen zu helfen, ihre eigenen Ressourcen und Stärken, die sie nicht mehr sehen, zu entdecken.

| *KlientIn:* | Hat alles keinen Sinn. Ich hab' mein Leben verpatzt und das wird auch so bleiben. Vielleicht tauge ich zu nichts und komme nie auf einen grünen Zweig, so wie es meine Mutter mir immer prophezeit hat. |

Hier hat die TherapeutIn einige Optionen:

a) versuchen, sie ein weiteres Mal zu ermutigen und abwarten, was passiert,

b) das Thema wechseln und ihre Aufmerksamkeit in eine andere Richtung lenken,

c) den starken Glauben an die Worte ihrer Mutter in einen neuen Rahmen stellen: als Ausdruck von Loyalität der Mutter gegenüber (vgl. hierzu auch Kapitel 9),

d) Bewältigungsfragen stellen, wie es im folgenden Beispiel demonstriert wird.

Fallbeispiel 1

TherapeutIn: Da Sie ein Mensch sind, der an das glaubt, was Ihre Mutter über Sie gesagt hat, kann ich nachempfinden, wie sehr Sie an sich zweifeln. Wie schaffen Sie es trotzdem, Tag für Tag weiterzumachen, wenn Sie doch eigentlich keine Hoffnung haben. Wie schaffen Sie es dann noch, am Morgen aufzustehen?

Klientin: Ich stehe nicht jeden Morgen auf, was ich eigentlich sollte.

TherapeutIn: Wie haben Sie es heute morgen fertiggebracht?

Klientin: Ich hab' mich gezwungen, weil das Baby hungrig war und weinte.

TherapeutIn: Ich kann mir vorstellen, daß Sie mit sich gerungen haben, liegen zu bleiben. Was haben Sie getan, um aufzustehen und das Baby zu füttern?

Klientin: Mir blieb nichts anderes übrig. Ich liebe mein Kind. Ich möchte nicht, daß es hungert.

TherapeutIn: Hält Sie das aufrecht, daß Sie Ihr Kind lieben?

Klientin: Das ist das Einzige, was mich in Gang hält. Ich möchte nicht, daß es mit meiner Mutter leben müßte, wenn ich nicht da wäre.

TherapeutIn: Sie müssen Ihr Kind sehr lieben. Sie sind eine ganz und gar liebevolle Mutter.

Klientin: Ja, das ist das Einzige, was mich aufrecht hält.

Diskussion:

In diesem Gesprächsausschnitt akzeptiert die TherapeutIn die Sichtweise ihrer Klientin, die den Worten ihrer Mutter glaubt. Von ihr hat sie übernommen, daß sie „nichts taugt und es nie zu etwas bringen wird". Sie geht jedoch noch weiter und fördert Helens eigene Begründung weiterzumachen zu Tage - die Liebe zu ihrem Kind. Bis zu diesem Moment hatte Helen über diesen Aspekt nie nachgedacht — sie liebte ihr Kind so stark, daß sie sich jeden Morgen von neuem zum Aufstehen zwang.

Der nächste Schritt bestand darin, diesen Gedanken zu erweitern und darauf aufzubauen.

TherapeutIn: Was müßten Sie tun, um das, was Sie machen, weiterzumachen?

Klientin: Ich muß mich halt einfach dazu zwingen. Ich muß mir immer sagen, daß mich mein Kind braucht.

TherapeutIn: Was müßten Sie tun, um sich davon zu überzeugen, daß Sie eine gute Mutter sind?

Klientin: Ich tue schon alles, was möglich ist. Ich höre nicht mehr auf das, was meine Mutter sagt. Ich habe ihr immer geglaubt, aber ich bin überzeugt, daß sie mich nicht richtig kennt. Ich möchte nicht, daß mein Kind so wird wie ich.

Diskussion:

Helen stellt heraus, was ihr Kind braucht und trifft einige notwendige Entscheidungen. Die TherapeutIn hilft ihr dabei, sich zu bestärken, indem sie sich mit Vorstellungen, die sich von denen ihrer Mutter unterscheiden, zurechtfindet. Es gibt verschiedene kleine Sachen, die ihr gut tun, zum Beispiel nicht mehr auf die Worte ihrer Mutter zu hören. Die TherapeutIn kann auf ihrem Gefühl der Stärke aufbauen, d.h. auf ihrem Wunsch, es mit dem Kind gut zu machen und sie damit motivieren. Wenn sie dieses Bild von einer guten Mutter annehmen kann, wird sie Entscheidungen treffen, die auf diesem Selbstbild von einer „guten Mutter" beruhen.

Ein anderes Beispiel, wie man aus einer hoffnungslosen und überwältigenden Situation etwas Fruchtbares machen kann, gibt der folgende Fall:

Fallbeispiel 2

Klientin: Ich bin während meiner Kindheit oft von meinem Vater geschlagen worden. Wenn er betrunken war, hat er mich nachts aus dem Bett gezerrt, mich angeschrien und mich ohne Grund verprügelt. Er beschimpfte mich. Meine Mutter war so eingeschüchtert, daß sie still zusah. Sie sagte, ich solle bloß machen, was er wollte und mich von ihm betatschen lassen. Heute traue ich keinem Mann mehr. Ich kann keine Liebe für sie empfinden und weiß nicht, wie ich einen aufrichtigen Mann finden soll. Ich bin wie meine Mutter. Ich lasse mich von Männern richtiggehend ausnutzen. Georg würde mich total zusammenschlagen, wenn ich ihm das Geld für die Drogen verweigern würde. Aber ich sorge dafür, daß er meine Tochter nicht anrührt.

TherapeutIn: Wie haben Sie das gelernt, mit solch einer schwierigen Situation ganz alleine fertig zu werden?

KlientIn: Ich mußte. Ich hatte keine andere Wahl.

TherapeutIn: Ich bin beeindruckt, daß Sie nicht nur mit einer so schwierigen Beziehung wie der mit Georg zurechtkommen, sondern darüber hinaus auch noch stark genug sind, um Ihre Tochter zu schützen, damit sie nicht wie Sie mißhandelt wird. Wie bringen Sie das fertig?

Diskussion:

Dies könnte der Klientin helfen, zu erkennen, daß sie über beachtliche Stärken und Ressourcen verfügt. Darauf aufbauend ist folgendes möglich (vgl. Fallbeispiel 1):

TherapeutIn: Wie haben Sie herausgefunden, daß Sie Ihr Kind anders behandeln wollten, als ihre Mutter Sie behandelt hat? Wie sind Sie darauf gekommen?

KlientIn: Ich beobachte andere Leute, lese Zeitschriften und sehe fern. Ich denke dauernd daran.

TherapeutIn: Sie sind ein sehr nachdenklicher Mensch. Waren Sie das schon immer, oder haben Sie das erst gelernt?

KlientIn: Das mußte ich mir selbst beibringen. Es gab niemanden, der mir das hätte beibringen können.

TherapeutIn: Toll. Ich bin sicher, eines Tages wird ihr Kind das von Ihnen lernen.

Diskussion:

Obwohl die Klientin wenig Hoffnung für sich hat, geht die TherapeutIn darauf ein, „wo sie gerade steht". Sie hilft ihr, ihre tiefe Liebe zu entdecken und ihren Wunsch, eine andere Mutter zu werden, als ihre eigene ist. Das stellt eine wichtige Entdeckung für die KlientIn dar. Weiteres über Bewältigungsfragen wird im Abschnitt Krisenmanagement dargestellt.

F. Wenn statt wenn *)

Ihnen wird aufgefallen sein, daß die TherapeutIn die Fragen oft so anfängt: „*Wenn* es wieder besser geht...", „*Wenn* Sie von 5 auf 6 vorrücken..." oder „*Wenn* Sie so tun, als ob ein Wunder geschehen ist". „*Wenn* Sie zufriedener mit sich sind, wer wird das als erster merken?" Die Verwendung von „wenn" ist überlegt und nicht zufällig.

Dieser Gebrauch des „wenn" hat eine subtile, aber doch entscheidende Implikation: Die Fragende geht davon aus, daß die Veränderung eintreten wird. Die Einstellung, die mitschwingt, ist: „natürlich wird es so passieren" oder „natürlich werden Sie diese Änderungen schaffen, es ist lediglich eine Frage der Zeit." Man sollte, wenn möglich, der KlientIn also immer ein Gefühl davon vermitteln, daß man darauf vertraut, daß sie die notwendigen Veränderungen vollbringt.

Im Gegensatz dazu ist das „wenn" im konditionalen Sinn [„falls"] nützlich, wenn man seine Skepsis gegenüber einer hypothetischen Situation, d.h. einem kleinen Rückfall zum Ausdruck bringen will. Dies ist besonders dann angeraten, wenn die KlientIn schon mehrere erfolgreiche Ansätze gemacht, diese aber nicht durchgehalten hat. Wenn eine KlientIn ihre Schwachstellen oder Verletzlichkeit kennt, ist sie vielleicht darauf gefaßt, nicht mehr in dieselbe Falle zu tappen. Dieses „wenn" macht die KlientIn auch auf normale Rückschläge und das Auf und Ab des Alltags aufmerksam. Wenn man auf die normalen Schwankungen des alltäglichen Lebens gefaßt ist, werden panische oder Überreaktionen weniger wahrscheinlich.

Häufig haben KlientInnen, die gerade mit Drogen oder Alkohol aufgehört haben, ein unrealistisch hohes Selbstvertrauen, daß sie weiterhin „clean" bleiben, indem sie sich einfach auf ihren „starken Willen" verlassen. Hier kann es angebracht sein, folgendes zu fragen: „Wenn Sie auf einen Rückfall zusteuern würden, was wäre dann ein erster kleiner Hinweis darauf?" oder „Wenn Sie auf einen Rückfall zusteuern würden und Ihre Depression wiederkäme, was müssen Sie tun, um sich aufzufangen, um nicht ganz abzurutschen?"

Wenn sich die KlientIn über die ersten Anzeichen eines kleinen Rückfalls nicht im Klaren ist und sich immer wieder auf die gleichen Muster bezieht, die sie in Schwierigkeiten gebracht haben, sollte man zwei

---

*) Anm.d.Übers.: „wenn" ist hier im zeitlichen Sinne gemeint („when") — auf das „falls" = „wenn" („if") wird ausdrücklich verzichtet.

Dinge besprechen: a) worin bestehen erste Anzeichen und b) wie wird die KlientIn damit umgehen, sofern sie eintreten. Weitere Ideen zum Umgang mit Rückfällen bringt Kapitel 10 zum Thema Drogen und Alkohol.

G. Wie man das Interview beendet

Dem Abschluß einer Sitzung kommt die gleiche Bedeutung wie dem Anfang zu. Es ist nicht nur wichtig, die Sitzung mit einer positiven Bemerkung und dem Eindruck, daß man etwas geschafft hat, zu beenden, sondern auch für die Zeit zwischen den Sitzungen konkrete Pläne aufzustellen. Welcher Schritt muß nun vollbracht werden, um ein Stück näher ans Ziel zu kommen?

Man erhöht die eigene Effektivität, wenn man folgende Ideen berücksichtigt:

a) die Dauer der Sitzung — welche Länge ist angemessen.

b) was war das Ziel der Sitzung — ist das erreicht, was TherapeutIn und KlientIn vereinbart haben?

c) worin besteht der nächste Schritt? Was streben wir als nächstes an? Was ist die Aufgabe der KlientIn? Was ist die Aufgabe der TherapeutIn?

d) wie nahe sind wir einem Abschluß?

1. Die Dauer eines Gesprächs

Entgegen der landläufigen Überzeugung, daß man einer KlientIn „mehr" geben sollte, je „bedürftiger" sie ist, vertreten wir die Auffassung, daß „mehr" nicht unbedingt „besser" heißt. Manchmal ist eine konzentrierte 30-minütige Sitzung viel wirkungsvoller als ein oder zwei Stunden, in denen man ohne klaren Schwerpunkt um verschiedene Themen kreist. Besonders bei KlientInnen, die sich schlecht konzentrieren können, empfiehlt es sich zu besprechen, worin die Aufgabe besteht, wie das Ergebnis ist, worin der nächste Schritt besteht und die Sitzung danach zu beenden. Ein solches Vorgehen ist im Hinblick auf die Zeit produktiver, professioneller und ökonomischer.

2. Die Sitzung zusammenfassen

Es kann nützlich sein, am Ende des Gesprächs zusammenzufassen, was besprochen wurde, an die Aufgaben zu erinnern und auf den nächsten Schritt hinzuweisen. Danach vereinbart man die nächste Aufgabe und das nächste Treffen.

Die Zusammenfassung sollte folgendes unbedingt enthalten:

a) die KlientIn an ihre Erfolge und erledigten Aufgaben erinnern; man sollte darauf hinweisen, wie tüchtig sie gearbeitet hat, wie sehr sie sich um die Kinder kümmert, alles, was sie geleistet hat und ihre Stärken aufzählen. Um es noch einmal zu wiederholen: Alle KlientInnen brauchen solche Erinnerungsstützen, weil sie ihre Erfolge selbst kaum sehen.

b) KlientInnen brauchen Anerkennung für jede Aufgabe, die sie allein oder auf Ihren Vorschlag hin erledigt haben. Man sollte immer auf die positive Motivation hinweisen, die in der Bereitschaft liegt, eine Aufgabe zu machen. Wenn eine KlientIn auf Vorschläge mit Modifikationen eingegangen ist, soll man ihren gesunden Menschenverstand, ihre Intelligenz oder Intuition loben, mit denen sie die Sachen auf ihre eigene Weise gestaltet hat. Man sollte immer ihr die Anerkennung geben, auch wenn man sie eigentlich selbst verdient hat. Kapitel 8 beschreibt Möglichkeiten, auf KlientInnen zu reagieren, die ihre Aufgaben nicht gemacht haben.

c) KlientInnen darauf hinweisen, worauf sie beide als nächstes hinarbeiten. Eine Skalierungsfrage, die eine Einschätzung des eigenen Erfolgs erlaubt, ist hier hilfreich.

Fallbeispiel

TherapeutIn: Angenommen, als wir mit der Arbeit begonnen haben, hätten Sie Ihr Problem mit Tommy bei 1 und die Lösung des Problems bei 10 eingestuft. Wo befinden Sie sich heute zwischen 10 und 1?

KlientIn: Ich glaube so bei 6. Er gehorcht mir immer noch nicht.

TherapeutIn: Kein Wunder, er ist ein Teenager. Was wird er anders machen, wenn Sie sich bei 7 einstufen würden?

Diskussion:

Auf unrealistische Erwartungen, die KlientInnen bezüglich ihrer selbst oder ihrer Kinder haben, kann man mit ein paar allgemeinen Erläuterungen zustimmend eingehen und das Verhalten, über das sie sich beklagen, „normalisieren". (vgl. Kapitel 9 zum Thema „Normalisieren")

3. Komplimente am Ende der Sitzung

Komplimente können ganz schlicht sein wie z.B. „Shirley, Sie haben einen weiten Weg auf sich genommen und es ist sehr gut, daß Sie darauf achten, daß die Kinder pünktlich zur Schule gehen. Es ist gut, daß Sie sich so engagieren. Ich finde das sehr beeindruckend. Machen Sie damit weiter. Sie machen das gut. Ich bin sicher, daß Ihre Kinder eines Tages verstehen werden, wieviel Sie für sie getan haben."

Manchmal bringen solche Bemerkungen die KlientInnen zum Weinen, machen sie betroffen und sie schätzen Sie deswegen. Solch seltene Anerkennung, eine Art „freundschaftliches auf-die-Schulter-klopfen" bekommen sie sonst von niemandem, und schon gar nicht von einer „SozialarbeiterIn vom Jugendamt".

4. Abschluß der Gespräche

Da jede Sitzung eine Gelegenheit zur Einschätzung und zur Darstellung des Fortschritts bietet, werden TherapeutIn wie KlientIn immer daran erinnert, wie nahe sie der Beendigung ihrer Arbeit gekommen sind. Der Abschluß sollte weder abrupt noch ganz unerwartet am Ende eines vereinbarten Zeitabschnitts erfolgen. Ein Abschluß bedeutet nicht, daß eine KlientIn nie wieder Probleme haben wird. Es bedeutet lediglich, daß sie kleine, aber doch wesentliche Probleme gelöst und dabei viel darüber gelernt hat, wie man Probleme löst.

7

Familiensitzungen leiten

A. Familiengespräche

In diesem Kapitel wird unter „Familie" die Einheit verstanden, in der eine oder mehrere Generationen vertreten sind, wobei jedE als miteingeschlossen gilt, die die KlientIn als zu ihrer „Familie" gehörig definiert. Dabei ist es gleich, ob dieser Einschätzung rechtliche, biologische oder soziologische Kriterien zu Grunde liegen. In einigen kulturellen Zusammenhängen bedeutet „Familie" eine Gruppe gefühlsmäßiger Zusammengehörigkeit, die sich aus Freundschaftsbeziehungen zusammensetzt. Wir beziehen uns immer auf die Definition der KlientIn. „Familie" kann somit bedeuten: die Einheit, die aus Eltern und Kind besteht, oder aus Großeltern, Eltern und Kind, wie auch Verwandten der KlientIn, Verwandten des Ehemannes, oder andere gelebte Beziehungen unterschiedlicher Dauer.

Es ist nicht ganz leicht, eine große Familie mit vielen Familienmitgliedern oder anderen interessierten Personen aus dem Umkreis der KlientIn zusammenzubringen. Dazu braucht es die Bereitschaft aller Betroffenen und Absprache der Termine. Es ist zu klären, wie die Fahrtwege organisiert, wo die Kinder untergebracht werden. Eine Sitzung kann stattfinden, wenn folgendes gewährleistet ist:

a) Eine KlientIn entscheidet sich dafür, Familienmitglieder einzubeziehen, weil sie entweder in irgendeiner Weise problematisch sind oder weil sie glaubt, sei seien bei der Lösung von Problemen von Nutzen.

b) Sie bitten die KlientIn, bestimmte Familienmitglieder zum Gespräch mitzubringen und implizieren damit, daß die jeweilige Person entweder eine Hilfe oder ein Hindernis beim Erreichen ihrer Ziele darstellt.

Einige FBS-Programme, die im stationären Umfeld, auf ambulanter Basis oder in Wohnvierteln arbeiten, machen die Teilnahme am Programm von der Einbeziehung der Familie abhängig.

Wie die Bedingungen auch immer sein mögen, ein Familiengespräch kann sehr effektiv sein, wenn es richtig geführt wird. Zu einem großen Teil hängt dies von Ihrer Fähigkeit ab, den kleinsten Ansatz von Bereitschaft unter den Familienmitgliedern zu nutzen. In diesem Abschnitt werden wir Methoden beschreiben, um Sitzungen so zu gestalten, daß sie am Ende ein positives Ergebnis hervorbringen.

Dauer einer Sitzung

Nehmen Sie sich für ein Gespräch eine bis anderthalb Stunden Zeit, um den Nutzen der Sitzung zu vergrößern. Kürzere Sitzungen reichen oft nicht, bei längeren ist es schwierig, die Aufmerksamkeit aller wach zu halten. In einer akuten Krisensituation braucht man möglicherweise noch mehr Zeit, um zu einer Klärung der Krise zu kommen.

Wie man ein Gespräch beginnt

Wenn Sie zu dem Gespräch eingeladen haben, so sollten Sie eine einführende Erklärung geben, die verdeutlicht, warum Sie das Treffen einberufen haben und was Sie sich davon versprechen. Sie können auch danach fragen, ob es bezüglich des Familienmitglieds mit „dem Problem" etwas anzumerken gibt. Da Sie auf alle Familienmitglieder eingehen wollen, müssen Sie ihnen Ihren Dank dafür aussprechen, daß sie gekommen sind und etwas dazu sagen, wie sehr sie sich um die KlientIn sorgen, so daß sie sogar bereit sind, noch mehr Hilfe zu leisten. Es ist auch gut, bei jedeR danach zu fragen, was er/sie sich von den Sitzungen erhofft.

Die neutrale Haltung der TherapeutIn

Es ist sehr wichtig, während der Sitzung einen neutralen Standpunkt zu bewahren, indem man den Wert der Sichtweise jedeR TeilnehmerIn anerkennt. In dem Moment, wo Sie sich auf eine Seite stellen – häufig auf die Seite eines Kindes (oder der Schule) gegen seine Eltern –, sind Sie in Gefahr, Ihren Einfluß zu verlieren. Das kann passieren, ohne daß Sie sich dessen bewußt werden. Zum Beispiel könnten Sie das dumpfe Gefühl haben, daß etwas schief läuft. Übergehen Sie diese wichtigen intuitiven Hinweise nicht.

Woran wird es deutlich, daß Sie Partei ergreifen? Ein erster Hinweis ist der, daß Sie anfangen, wie ein Familienmitglied zu denken: Sie erklären jemanden für schuldig, denken in „richtig-falsch"-Dimensionen oder regen sich über jemanden in der Familie auf. Ein anderer Hinweis ist es, wenn Sie anfangen, bei einem Familienmitglied Fehler zu entdekken, wenn Sie sich selbst oder anderen sagen, wie „gestört" jemand ist oder wie schwer das Problem ist oder lange Zeit damit verbringen, jemanden in der Familie zu analysieren.

Was können Sie machen, wenn Ihnen so etwas auffällt? Beraten Sie sich mit Team, SupervisorIn oder KonsultantIn zwischen den Sitzungen. Gehen Sie Ihre Eindrücke und Notizen noch einmal durch. Versuchen Sie, an einer Person, die Sie nicht leiden können, irgendetwas Positives zu entdecken, auch wenn es nur eine Kleinigkeit ist. Denken Sie darüber nach, wie Sie es in einen positiven Rahmen stellen können. Wenn Sie sich sehr stark auf eine Seite gestellt haben, sollten Sie darüber nachdenken, ob die Dinge in einem größeren Systemzusammenhang nicht irgendwie zusammenpassen. Experimentieren Sie, bis Sie sich damit wohlfühlen.

Nehmen Sie zu jedeR in der Familie Kontakt auf

Bauen Sie zu jedeR in der Familie einen persönlichen Kontakt auf, indem Sie nach Interessen fragen und was jedeR Spaß macht, was er/sie gut kann usw. Sie zeigen der Familie damit, daß Sie an jedeR einzelnen interessiert sind. Benutzen Sie die Alltagssprache in einer selbstverständlichen und entspannten Weise. Vermitteln Sie auf eine persönliche und freundliche Art den Eindruck von Autorität und Sachverstand.

Möglichkeiten, den Verlauf des Gesprächs zu steuern

In einem Familiengespräch ähnelt die TherapeutIn manchesmal einer VerkehrspolizistIn. Die Interaktion innerhalb der Familie gehorcht ganz eigenen Regeln. Egal, ob Sie da sind oder nicht, das Leben der Familie läuft weiter; das war so, bevor Sie da waren und das wird wieder so sein, wenn Sie die Familie verlassen. Ihr Ziel besteht darin, die Konflikte innerhalb der Familie zu verringern, positive Gefühle füreinander zu fördern, die Fähigkeit, selbständig Probleme zu lösen, zu verbessern. Die Familie soll lernen, besser zu funktionieren, indem sie unter Ihrer Anleitung miteinander ins Gespräch kommen.

Ob Sie kleine Kinder ins Gespräch mit einbeziehen, hängt von Ihren Themenschwerpunkten und Zielen für die Sitzung ab und davon, wie hilfreich oder störend die Kinder dabei sind. Wenn es Ihnen um ein Kind geht, werden Sie es sicher einbeziehen wollen, wenn es alt genug ist, für sich selbst zu sprechen. Manchmal ist es besser, kleine Kinder von der Sitzung auszuschließen.

Lautstarke oder sehr störende Interaktionen zwischen Familienmitgliedern sind auf ein Minimum zu verringern, damit eine Sitzung von Nutzen sein kann. Es gibt dafür allerdings keine festen und einfachen Regeln: Sie müssen auf der Basis Ihres gesunden Menschenverstands selbst beurteilen, was wichtig ist. Es ist für die Eltern günstiger, die eigenen Kinder selbst zu kontrollieren, vielleicht mit Hilfe der TherapeutIn, anstatt daß die TherapeutIn versucht, die Kinder zu bändigen. Aufgabe des FBS-Programms ist es, Eltern so zu stärken, daß sie ihr Leben und das ihrer Kinder selbst in die Hand nehmen können.

Schwerpunkt der Sitzung

Das Gespräch muß sich darauf konzentrieren, wer, was, wie und wann und in welcher Reihenfolge tun muß, um welches Ziel zu erreichen. Um das zu bewerkstelligen, muß man eine klare Vorstellung davon haben, wo die Stärken und die größte Hilfsbereitschaft in der Familie liegen, wie sich die Familie ein „Wunder" vorstellt und worin im Augenblick der erste Schritt besteht.

Es ist wichtig, die Familienhierarchie zu beachten. Innerhalb einer Familie haben die Eltern im allgemeinen mehr Macht als die Kinder. Wenn dem nicht so ist, sollten sie mehr Macht und Einfluß bekommen und hoffentlich auch die Fähigkeit und die Bereitschaft, ihren Kindern zu helfen. Es ist wichtig, daß sie das Gefühl haben, daß die TherapeutIn die Schwierigkeiten ihrer Lage verstehen kann und sie dabei unterstützen möchte, erfolgreicher zu erziehen.

Sprechen Sie daher zuerst die Eltern an oder beraten Sie sie, was für ihr Kind gut ist; erkennen Sie an, daß sie vieles getan haben, was gut für ihre Kinder war. Wenn man in Gegenwart der Kinder über die Eltern spricht, ist es respektvoller, von „Mutter" oder „Vater", „Mama" oder „Papa" zu sprechen, oder sie mit dem Nachnamen, statt mit Vornamen anzusprechen.

Umgang mit starken Gefühlen

Alle Familien haben eine lange und wechselvolle Geschichte hinter sich, bevor Sie auf der Bildfläche erschienen, und diese Geschichte wird sich fortsetzen, auch wenn Ihr Kontakt schon lange beendet ist. In allen Familien existieren positive und negative Gefühle füreinander, und gemeinsam erlebte Schmerzen, Niederlagen und Siege können Sorge und Akzeptanz füreinander beflügeln, andererseits können aber bestimmte Erfahrungen sehr starke Gefühle von Verärgerung, Wut und Enttäuschung hervorrufen.

Starke Gefühlsausbrüche während der Sitzung sind selten hilfreich, es sei denn, Sie beherrschen bestimmte Strategien und Fähigkeiten, Gefühlsausbrüche zu steuern und therapeutisch zu nutzen. Die TherapeutIn sollte in der Lage sein, jedeR zu helfen, „das Gesicht zu wahren", auch kleinen Kindern. Mit Wutausbrüchen konfrontiert zu sein, ohne ein klares Ziel zu haben, ist meist sehr schwierig.

Es steht in Ihrer Verantwortung, alte Wunden nicht aufzureißen und stark gefühlsbeladene Themen aufkommen zu lassen, wenn Sie nicht gleichzeitig in der Lage sind, sie wieder aufzulösen und in ein positives

Ergebnis zu verwandeln. Denken Sie daran, daß der größte Teil von Gewalt in Familien unmittelbar an starke Gefühlsreaktionen gebunden ist, die die Familienmitglieder beim anderen auslösen. Die Familiensitzung zielt darauf ab, positive Gefühle füreinander zu wecken und nicht, negative anzustacheln. Wenn man bewußt negative Gefühle hervorruft, sollte es ein Mittel sein, um etwas zu erreichen und nicht ein Ziel an sich.

Fallbeispiel: Eine Familiensitzung

Die sechzehn Jahre alte Michelle hatte die letzten drei Monate in einer Wohngruppe für jugendliche Straffällige verbracht. Es gab eine Menge Probleme: Versagen in der Schule, Schulschwänzen, Weglaufen, Drogenhandel und Alkoholmißbrauch, eine Abtreibung, als sie fünfzehn war. Sie stand wegen verschiedener Vergehen unter Bewährung. Über drei Jahre hatte sie versucht, mit ihren Problemen fertig zu werden. Sie war in Einzel- und Familienberatung gewesen, hatte an Gruppentherapie teilgenommen, dreimal in einer psychiatrischen Abteilung gesessen, und dreimal die Schule gewechselt. Ihre Mutter weigerte sich nun, sie zu sich zu nehmen und hatte sich um ihre Aufnahme in ein Programm „Kind in Not" bemüht. Ihre Mutter war überzeugt, daß sie und ihr zweiter Mann überfordert waren, sich weiter um Michelle zu kümmern und daß es nun ihre Aufgabe war, den Rest der Familie vor dem Zerfall „zu schützen".

Der Fall wurde dem FBS mit der Frage vorgestellt, ob eine Rückführung nach Hause und begleitende Therapie möglich sei, weil Michelle den Wunsch äußerte, nach Hause zurückzukehren. Ihre Mutter begann, sich mit dem Gedanken anzufreunden, daß es klappen könnte, nachdem einige Wochenendbesuche gut verlaufen waren. Ein anderer Faktor, Michelles Rückkehr in Betracht zu ziehen, war, daß sich die Mutter offenbar erfolgreich vom Alkohol losgesagt hatte.

Die Familiensitzung fand in der Wohngruppe Michelles statt und sie, die Mutter und ihr Stiefvater nahmen daran teil. Ihre beiden Geschwister waren in der Schule. Ihr leiblicher Vater hatte seit Jahren keinen Kontakt mehr zu den Kindern.

TherapeutIn: (zur Mutter) Was haben Sie bei Michelle als Veränderung bemerkt, was Ihnen die Hoffnung gibt, daß es dieses Mal klappen könnte, wenn Michelle zurückkommt?

Mutter: Sie scheint sich beruhigt zu haben. Sie ist nicht mehr so versessen darauf, an den Wochenenden loszuziehen und sie ist zu den anderen in der Familie viel freundlicher. Ihre Freunde rufen nicht jeden Morgen an. Ich glaube, sie ist insgesamt gefestigter und benimmt sich, als möchte sie ein Teil der Familie sein.

Therapeutin: (zu Michelle) Trifft das zu? Wie stellst du es an?

Michelle: Das ist gar nicht so schwer. Ich möchte gern nach Hause. Es ist richtig langweilig hier. Ich sitze viel in meinem Zimmer. Ich fühle mich hier nicht zu Hause, ich sollte zu Hause sein.

Therapeutin: Ich würde gerne wissen, was dich dazu gebracht hat, daß du nun nach Hause möchtest.

Michelle: Ich bin es leid, herumzuirren und in Schwierigkeiten zu kommen. Ich habe mich entschlossen, mein Leben zu ändern.

Therapeutin: (zur Mutter) Kommt Ihnen das neu vor, daß Michelle das äußert?

Mutter: Es ist tatsächlich etwas ganz Neues, daß Michelle das sagt. Aber ich traue dem Frieden nicht so ganz, daß es so bleiben wird.

Therapeutin: Na, klar. Das kann ich Ihnen nicht verdenken. Was müßten Sie in Michelles Verhalten bemerken, das Ihnen sagt, daß es dieses Mal wirklich anders ist und klappen wird?

Mutter: Natürlich ist sie ein Teenager und sie braucht nicht perfekt zu sein, aber sie muß mit den Drogen aufhören und weiter zur Schule gehen.

Michelle: Aber ich habe seit zwei Monaten nichts mehr mit Drogen am Hut und kriege gute Noten in der Schule.

Therapeutin: Wie hast du das gemacht? Du hast das ganz alleine hingekriegt? Toll, das ist wirklich ein Erfolg. Zwei Monate ohne Drogen ist eine lange Zeit. Wie hast du das gemacht?

Michelle: Ich nehm' einfach nichts. Ich treff' mich nicht mit Leuten, die Drogen nehmen und bleibe in meinem Zimmer.

Therapeutin: Es ist doch bestimmt nicht schwer, hier an Drogen zu kommen. Wenn du hier bist, ist es doch sicher viel

	schwerer „Nein" zu Drogen zu sagen. Wie machst du das?
Michelle:	Wenn ich mich ganz dafür entschieden habe, ist es nicht mehr schwer. Letztes Jahr habe ich sechs Monate keine Drogen genommen.
TherapeutIn:	Wie hast du das gemacht?
Mutter:	Das war die Zeit, als sie schwanger war.
Michelle:	Als ich wußte, daß ich schwanger war, wollte ich keine Drogen mehr nehmen. Also hab' ich damit aufgehört.
TherapeutIn:	Das ist kaum zu glauben. Du mußt verdammt stark sein.
Stiefvater:	Sie kann es, wenn sie will.
TherapeutIn:	Wie ist sie, wenn sie stark ist?
Stiefvater:	Sie ist dann sehr lustig und bringt alle zum Lachen. Sie ist dann richtig ausgeglichen.
TherapeutIn:	Was bemerken Sie an Michelle, wenn sie ausgeglichen und lustig ist?
Stiefvater:	Sie hilft jedem. Sie ist dann sehr einfühlsam und manches stört sie dann rascher als die anderen Kinder. Sie verhält sich dann wirklich wie eine Erwachsene.

Nach der Beschreibung der Veränderungen, die Michelle gemacht hatte, ging es darum zu verstehen, auf welche Weise die anderen daran teilhatten: es geht um den „Wellen-Effekt", der besagt, wie die anderen Veränderungen jedE beeinflussen. Die Kriterien der Mutter verlangten von Michelle, daß sie a) keine Drogen mehr nahm und b) weiter zur Schule ging. Beides stellten gute Ziele dar, sie waren leicht zu beurteilen und zu beobachten und würden natürlich gut für Michelle sein.

TherapeutIn:	Sag' mir, Michelle, was findest du anders zu Hause, wenn du hilfst, leichter zurechtkommst und Spaß hast?
Michelle:	Mutter schreit mich dann nicht mehr an, sie kommt mit Tom besser zurecht und es ist schön, zu Hause zu sein. Ich hab' nicht das Gefühl, vor etwas weglaufen zu müssen.
TherapeutIn:	Würdest du sagen, daß du diese Sachen bemerkt hast, seit deine Mutter nicht mehr trinkt oder gab es so etwas auch schon davor?

Mutter:	Ich muß zugeben, daß ich in einem schlechten Zustand war. Wir haben viel gestritten, was den Kindern nicht geholfen hat. Ich bin mit den Problemen nicht fertig geworden. Es war schon schlimm genug, daß wir soviel stritten, aber Michelles Problem hat es nicht geholfen. Manchmal streite ich mit beiden.

Diskussion:

An diesem Punkt wäre es ein leichtes gewesen, auf Probleme einzugehen, weil die Familie diesen Punkt anzusprechen scheint. Wenn man auf Probleme fokussiert, so impliziert dies normalerweise die Vorstellung, daß es eine direkte Ursache gibt; jemand ist für das Problem verantwortlich und macht etwas falsch.

TherapeutIn:	Was also muß für euch alle drei anders sein, damit ihr sagen könntet, „dieses Mal wird es klappen", d.h. daß Michelle die Finger von den Drogen läßt, die Schule besucht und für sie beide, daß sie die Dinge auf vernünftige Weise kontrollieren können?
Michelle:	Ich spreche mit meinem Bewährungshelfer über eine andere Schule, ich kenne dort einige SchulkameradInnen, mit denen ich früher zusammen war.
Mutter:	Ich muß weiter zu den AA-Treffen. Tom und ich brauchen Hilfe, uns nicht vor den Kindern auseinanderzusetzen.

Diskussion:

In diesem Gesprächsabschnitt tauchen klare Vorstellungen darüber auf, was anders sein und jeder tun muß, damit die Veränderungen bestehen bleiben. Michelle macht bereits Pläne für eine andere Schule und überlegt, wie sie ohne Drogen auskommen kann. Ihre Mutter erkennt, daß sie auch dazu beitragen muß, indem sie den Alkohol sein läßt und daß es in der Ehe einige Themen zu bearbeiten gibt. Die nächste Aufgabe für die Familie würde darin bestehen, Schritte zu finden, auf dem richtigen Weg zu bleiben, ihre Erfolge zu steigern und wieder zurückzufinden, sollten sie einmal vom Weg abkommen. Die Aufgabe der TherapeutIn besteht darin, ihre Fortschritte sichtbar zu machen, sie zu ermutigen und verschiedene Möglichkeiten anzubieten, am Ball zu bleiben.

Fallbeispiel: Helen und Peter

Helen war eine 31jährige alleinerziehende Mutter von drei Kindern im Alter von zwölf, zehn und fünf Jahren. Sie war der Kinderschutzbehörde zum dritten Mal aufgefallen, weil sie häufig für zwei oder drei Tage von zu Hause verschwand und auf Kneipentour ging. Beim letzten Mal hatte Helens Mutter ihr Verschwinden angezeigt.

Helens Beziehung mit Peter war ein auf und ab. Er war wegen Drogenbesitz und -handel, zahlreichen Verkehrsverstößen unter Rauschmitteleinfluß, Diebstahl und anderen, mit Alkohol in Zusammenhang stehenden Problemen mit dem Gesetz in Konflikt geraten. Er war der Vater von Helens Kindern und bisher noch nicht zu Unterhaltszahlungen verpflichtet, da Helen behauptete, sie könne nicht sagen, wer der Vater sei, weil sie zu betrunken gewesen sei. Sie machte das, um Peter davor zu bewahren, Unterhalt zu zahlen.

Helen lernte Peter mit sechzehn Jahren kennen und verliebte sich Hals über Kopf in ihn. Peter hatte Helen in psychischer Hinsicht mißhandelt und ihr oft damit gedroht, sie zu verlassen. Zeitweise hatte er für die Kinder keinen Pfennig bezahlt. Er hatte andere Freundinnen „so nebenher".

Die TherapeutIn stellte Helen Fragen, mit denen sie ihre Auffassung der Beziehung erfassen konnte.

TherapeutIn: Wenn Peter hier wäre, und ich ihn fragen würde, ob Sie ihn oder er Sie mehr liebt, was, glauben Sie, würde er antworten?

Helen: Er würde sagen, daß ich ihn mehr liebe als er mich.

TherapeutIn: Wer, glauben Sie, braucht den anderen mehr? Brauchen Sie ihn mehr, oder braucht er Sie mehr?

Helen: Ich weiß, er würde sagen, daß ich ihn mehr brauche als er mich.

TherapeutIn: Auf einer Skala von eins bis zehn, wo 10 hoch und 1 wenig bedeutet, wo würde Peter seine Bereitschaft, sich zu ändern, einstufen?

Helen: Oh, ich glaube, er würde 2 sagen.

TherapeutIn: Wie groß ist Ihre Zuversicht, daß er sich ändern wird?

Helen: Vielleicht bei 1 oder 2, höchstens.

Fragen dieser Art, Skalierungsfragen, halfen Helen zu erkennen, daß sie sich zuerst selbst ändern mußte, statt darauf zu warten, daß Peter sich „bessert", was vielleicht nie geschehen würde.

Dieser Fall wurde eine Woche nach den Ermittlungen der MitarbeiterIn des Kinderschutzbundes, die ergeben hatten, daß Helens Trinktouren sich in den letzten Jahren vermehrt hatten, an den FBS überwiesen. Das Team entschied sich dafür, Helen sofort Hilfe anzubieten und ihre Reue zu nutzen. Als ihr klar wurde, wie drohend der Verlust der Kinder war, nahm sie das Angebot an und wollte an ihrem Problem arbeiten.

Da Helen eine sehr enge Beziehung zu ihrer Mutter hatte (beide trafen sich bestimmt 5-10 mal pro Tag), wollte das Team diese Beziehung besser verstehen und herausfinden, ob die Mutter Helens Alkoholmiß- brauch „förderte" bzw. ob die Familie eine Hilfe bei Helens Gesundung darstellen konnte.

An der Familiensitzung nahmen neben Helen ihre Mutter Jackie und die acht Jahre jüngere Schwester Kelly sowie deren kleine Kinder teil. Das Gespräch fand im Haus der Mutter statt. Es stellte sich heraus, daß Jackie Peter „leidenschaftlich" haßte und alle in der Familie hatten He- len wiederholt geraten, Peter zu verlassen. Sie waren der Meinung, daß er sie „ausnutzte", „unstetig" war, sich nie auf die Beziehung einlas- sen würde und es für Helen viel besser wäre, wenn sie ihn verließe. Das Gespräch verdeutlichte sehr eindrucksvoll die Nähe und Besorgt- heit, zeigte den Humor in der Familie und ihre Fähigkeit, über die guten alten Zeiten zu reden und zu lachen. Alle weinten, daß Helens Bruder an Krebs sterben wird, und Jackie versicherte noch einmal, daß sie „da sein" würde, wann immer Helen sie brauche.

Helen erkannte, daß Peter nicht zu ihr paßte, aber bevor sie etwas tun konnte, mußte sie „sich zusammenreißen" und das hieß zunächst ein- mal, daß sie ihre Sauftouren unter Kontrolle bringen mußte. Auf keinen Fall wollte sie die „Bindungen zu ihrer Familie verlieren", die sie für sehr stark hielt.

Wie dieser Fall zeigt, kann man nicht immer erwarten, daß alle Familien jederzeit an Familiensitzungen teilnehmen. Natürlich aber kann eine gut geführte Familiensitzung auf die KlientIn und die Familie eine große Wirkung ausüben.

B. Paarsitzungen

Manche finden die Arbeit mit Paaren schwierig, während andere den Dreh 'raushaben und diese Arbeit sehr schätzen. Es ist im großen und ganzen eine Frage von persönlichen Vorlieben und hängt weitgehend davon ab, womit man sich wohl fühlt. Alle FBS-Fälle beinhalten auch die Arbeit mit Paaren, ganz gleich, ob der Mann am Gespräch teilnimmt oder ob eine Klientin sich eingesteht, daß ein Mann in ihrem Leben eine große Rolle spielt. Man hat für diese Männer den Begriff „die unsichtbaren Männer" geprägt (FRANKLIN-BOYD, 1990), weil sich die Mehrzahl der Frauen wegen verschiedener Sozialleistungen so verhält, als existiere kein Mann. Auch die MitarbeiterInnen der Kinder- und Jugendbehörden verhalten sich so. Unsere klinischen Erfahrungen haben uns aber gelehrt, daß die Beziehung einer KlientIn zu ihrem „Mann" einen gewichtigen Einfluß auf ihr Erziehungsverhalten hat. Im Rahmen der FBS-Arbeit begegnet man einer weitaus größeren Zahl sehr komplexer Paarbeziehungen als in anderen klinischen Bereichen. Es ist daher sehr wichtig, über Fertigkeiten zu verfügen, Paargespräche zu führen.

Da viele Frauen ihre Beziehung als Geheimnis hüten, kann es sein, daß Sie bei einem Hausbesuch auf einen Mann treffen, von dem Sie nicht wußten, daß er dort lebt. Es ist gut, wenn man darauf vorbereitet ist, eine solche Gelegenheit unmittelbar zu nutzen und ganz spontan ein Paargespräch zu führen.

Warum aber sollten Sie etwas machen, was sich als so komplex und schwierig darstellt? Einfach, weil es viele Vorteile hat. Der Nutzen einer gut geführten Paarsitzung für die KlientIn wie für Ihre Arbeit läßt sich nicht sofort messen, wird sich aber als Langzeiteffekt auf das Wohlergehen des Kindes auswirken. Wenn sich eine KlientIn in Hinblick auf wichtige Beziehungen in ihrem Leben ernstgenommen fühlt, erhöht sich die Chance, daß sie eine gute ErzieherIn ist. Der Rückgriff auf vorhandene Ressourcen zahlt sich stärker aus, und Ihre Arbeit wird leichter.

Wann ist eine Paarsitzung angebracht?

Wie bei Familiensitzungen kann man um ein Paargespräch bitten, auch wenn beide nicht zusammenleben. Es gibt einige Anzeichen, die ein solches Gespräch als hilfreich erscheinen lassen, z.B.:

1. wenn deutlich wird, daß die Beziehung der Klientin zu ihrem Partner ihr viele Probleme verschafft, die ihr Erziehungsverhalten beeinflussen,

2. wenn sich die Eltern-Kind-Problematik durch die Anwesenheit einer dritten Person, den Freund der Mutter oder den Stiefvater, zu verschlimmern scheint,

3. wenn eine Klientin sich besonders schützend und geheimnisbewahrend vor ihre Beziehung zu einem Mann stellt,

4. wenn die Beziehung zu einem Mann mit Mißhandlungen, Drogen- oder Alkoholmißbrauch einherzugehen scheint,

5. wenn sich der/die Jugendliche vor die Mutter stellt, um sie vor Übergriffen des Freundes zu schützen und damit Konflikte und gewaltsame Auseinandersetzungen mit oft schlimmen Folgen heraufbeschwört,

6. wenn die Herkunftsfamilie der Klientin ihren „Freund" ablehnt. Dies führt zu einer Entfremdung von ihrer Familie und bringt sie in eine sehr gefährdete Position. Das Risiko von Mißhandlungen durch ihren Freund, deren Zeuge notgedrungen die Kinder sind, steigt.

Diese Aspekte treffen bestimmt auch auf die meisten Ihrer Fälle zu.

Möglichkeiten, die PartnerIn in die Sitzung miteinzubeziehen

Viele KlientInnen sehen die MitarbeiterInnen der Sozialen Dienste als eine Art „Hans Dampf in allen Gassen" oder „Kinderdieb" und versuchen, ihnen aus dem Weg zu gehen. Die meisten Männer, die noch nicht „mit dem System in Berührung" gekommen sind, vermeiden lieber den Kontakt mit „SozialarbeiterInnen", den FBS-Dienst eingeschlossen. Sie können nicht einschätzen, auf welche Weise sich die einzelnen Dienste voneinander unterscheiden.

Deshalb ist es anfangs recht schwierig, Männer mit ins Gespräch zu bekommen, und es verlangt ein behutsames Vorgehen. Wir schlagen im folgenden ein paar hilfreiche Techniken vor.

1. Fragen Sie die Klientin, wer sie am meisten unterstützt, wer ihr am meisten hilft. Sprechen Sie davon, daß Hilfe in der Erziehung eine ganz natürliche Sache ist, daß alle Mütter 'mal Ruhe vor den Kindern brauchen, daß ihr Wunsch nach einer Beziehung zu einem Erwachsenen normal ist.

2. Sprechen Sie mit der Haltung, „die Beziehung zu einem Mann ist ganz natürlich". Interessieren Sie sich für ihre sozialen Beziehungen. Fragen Sie, wie sie mit dem Alleinsein fertig wird, wer ihr in finanzieller Hinsicht und mit den Kindern hilft.

3. Wenn die Klientin darauf hinweist, daß es Probleme mit ihrem „Mann" gibt, fragen Sie danach, wie er die Situation wahrnimmt, indem Sie Beziehungsfragen stellen: „Angenommen, er wäre hier, und ich würde ihn fragen, wie Sie beide besser miteinander zurechtkommen können, was, glauben Sie, würde er antworten?"

4. Weitere Fragen dieser Art („Was, glauben Sie, denkt er, was Sie denken?") vermitteln der Klientin auf eindrückliche Weise, daß Sie die Meinungen des Mannes ernstnehmen, obwohl er abwesend ist und auch, daß seine Sichtweise bei der Erarbeitung von Lösungen eine wichtige Rolle spielt.

5. Wenn Sie der Klientin zeigen, daß Sie im Gegensatz zu ihrer Familie, die für ihn kein Verständnis hat, seine Meinung respektieren, vergrößert sich die Chance, daß die Klientin ihrem „Freund" erlaubt, an der Behandlung teilzunehmen.

6. Wenn Sie bei einem Besuch unerwarteterweise auf den „Freund" treffen, dann greifen Sie seine Beiträge mit Achtung und Wertschätzung auf. Indem Sie sich darauf konzentrieren, „Lösungen" für die unterschiedlichen Standpunkte, die ihre Schwierigkeiten bedingen, zu finden, umgehen sie Fragen nach Schuld. Es wird damit möglich, daß sie sich auf konstruktivere Aufgaben einlassen.

Neutralität

Bei der Durchführung einer Familiensitzung ist in allen Fällen die Bewahrung einer neutralen Haltung entscheidend für den erfolgreichen Ausgang. Bei Paarsitzungen ist es viel schwieriger, neutral zu bleiben (d.h. sich nicht mit einer Seite der Zweierbeziehung zu verbünden), weil sie Aspekte Ihrer eigenen Beziehungen reflektieren.

Wenn Sie sich dabei ertappen, daß Sie sich auf eine Seite stellen oder sogar denken, daß die eine oder andere Partei „richtiger" liegt, dann denken Sie bitte immer an die Kehrseite der Medaille, die andere Seite der eigenen Sichtweise. Nichts passiert in einem Vakuum und persönliche Beziehungen sind systemischer Natur, d.h. es gibt keine klare Trennung gibt zwischen Ursache und Wirkung. Worin also auch immer das Problem bestehen mag, beide Seiten sind sowohl „VerursacherIn" als auch „Opfer" ihrer Wahrnehmungen, was dazu führt, daß sie nach einem Muster „mehr desselben" handeln. Vermeiden Sie, das zu tun, womit alle bereits gescheitert sind.

Die Arbeit mit nur einer PartnerIn

Beziehungen bestehen aus vorhersagbaren, sich wiederholenden Aktion-Reaktion-Mustern. Sie können daher eine ganze Menge tun, selbst wenn nur einer der Partner bereit ist, an Beziehungsthemen zu arbeiten. Greifen Sie immer wieder auf die Darstellung in diesem Buch zurück, die das Herausarbeiten von Lösungen in den Mittelpunkt der Fallarbeit stellt. Wenn sich einer der Partner ändert, muß der andere darauf reagieren, was die dysfunktionalen Muster der Interaktion unterbricht.

Zielkonflikte

Man trifft auf Paare, die in ihren Beziehungen gegensätzliche Ziele verfolgen: Sie möchte, daß die Beziehung funktioniert, während er aus der Beziehung heraus will.

Der erste, entscheidende Schritt, die Paarbeziehung zu verstehen, besteht darin, herauszufinden, wieviel „guter Wille", Achtung und Zuneigung zwischen den beiden vorhanden ist. Wenn Sie den Eindruck gewinnen, daß sich die beiden wirklich mögen und eine allgemeine Achtung füreinander existiert, kann jede Uneinigkeit zwischen ihnen als zwei verschiedene Wege zum selben Ziel umgedeutet werden.

Beispiel:

Seine Frau „hat ihn an die Luft gesetzt, weil er sich weigerte, sein Leben zu gestalten, einem Beruf nachzugehen, seinen Teil der Verantwortung zu tragen". Dies kann umgedeutet werden als ihr Weg, ihm deutlich zu machen, daß sie die Beziehung so hoch einschätzt, daß sie darauf besteht, daß er sich zu einem Mann entwickelt, den sie achten kann.

Fallbeispiel: Leroy und Lucinda

Leroy (26 Jahre) und Lucinda (27 Jahre) hatten seit drei Jahren eine Beziehung und waren seit etwa einem Jahr verheiratet; Lucinda hatte ein siebenjähriges Kind aus ihrer früheren Beziehung mitgebracht. Sie berichteten, daß sie sich gegenseitig körperlich mißhandelten, es aber irgendwie in den Griff bekommen hätten. Jetzt schrien sie sich an und stritten so laut, daß sie schon einmal die Wohnung verloren hatten und dies wieder zu befürchten war. Leroy hatte nun endlich eine feste Anstellung bekommen, die er auf keinen Fall wieder verlieren wollte. Zwischen beiden ging es darum, daß Leroy Lucinda im Verdacht hatte, „herumzuflirten", wenn sie mit ihren Freundinnen ausging. Lucinda stritt dies ab.

Sie betonten beide, daß sie sich liebten und ihre Ehe funktionieren sollte. Vieles sprach dafür, daß sie einander liebten und unter den Streitereien sehr litten. Als sie danach gefragt wurden, wer bereit wäre, einen ersten Schritt zu tun (den die TherapeutIn ihnen vorschlagen würde, um ihre Lage zu verbessern), war es Leroy, der darauf einging. Lucinda war bereit, nachzuziehen. Die TherapeutIn entschied sich, ihren kompetitiven Beziehungsstil positiv einzusetzen.

Sie gab folgenden Kommentar und Vorschlag ab:

„Es ist uns deutlich geworden, daß Lucinda eine sehr willensstarke Frau ist. Der Mann, der eine so starke Frau liebt, muß selbst stark sein. Wir glauben, daß Sie beide gut zueinanderpassen und Ihre Ehe ins Laufen bringen können, auch wenn es eine Menge harter Arbeit bedeutet. Uns ist klar geworden, daß Leroy für Lucinda eminent wichtig ist, da alles, was er sagt, alles, was er tut oder unterläßt, großen Einfluß auf sie hat. Umgekehrt gilt das gleiche für Leroy. Was Lucinda sagt oder macht oder nicht macht, hat auf Leroy starken Einfluß (beide nicken). Sie haben füreinander ein feines Gespür, wollen vom anderen in gleicher Weise geliebt und umsorgt werden.

Übrigens haben wir es sehr geschätzt, wie Leroy die Führungsrolle übernahm, indem er sich bereit erklärte, den ersten Schritt zu tun, um die Dinge zu verbessern. Selbstverständlich wissen wir, daß Sie beide dazu in der Lage sind. Wir schlagen vor, daß, wer auch immer von Ihnen vorangehen will, folgendes tut: Jedesmal, wenn Sie spüren, daß der andere verärgert, niedergeschlagen oder mißtrauisch ist, möchten wir, daß Sie seine oder ihre Hand kurz nehmen, ihn oder sie streicheln oder einen Klaps auf die Schulter geben, alles ohne Worte. Aufgabe des oder der anderen ist es, den zweiten Schritt zu machen, indem er oder sie auf eine ähnliche Weise reagiert. Bei unserem nächsten Treffen erzählen Sie uns dann, was das für einen Unterschied macht.“

Diskussion:

Die TherapeutIn hat in diesem Gespräch verschiedene Techniken benutzt:

1. Umdeuten

Für das Team stand fest, daß es mit Lucinda kein „Kinderspiel“ war, denn sie war eine starke, differenzierte und ausdrucksstarke Frau, die die meisten Männer leicht einschüchtern konnte. Leroy war demgegenüber zwar ein stiller und reservierter Mann, der aber nicht leicht einen Rückzieher machte. Das Team entschied sich dafür, ihr Verhalten nicht als Problem aufzufassen, sondern als Stärke umzudeuten. Ihrer beider Tendenz, wegen jeder Kleinigkeit zu kämpfen, sich zu korrigieren und allem die eigene Sichtweise entgegenzustellen, wurde umgedeutet als ein Zeichen für gegenseitige Achtung und Wichtignehmen der Meinung des anderen.

2. Vorhandene Stärken nutzen

Wenngleich Leroy sich als „Vorkämpfer" anbot, griff das Team ihre Neigung zum Wettbewerb auf und erklärte ihnen, daß jedE den Anfang machen könne. Auf diese Weise wurde ihr Verlangen nach einer positiven Änderung verstärkt.

3. „Mach' etwas anderes"

Da beide durch ihre sprachlichen Auseinandersetzungen in Schwierigkeiten kamen, gab ihnen das Team die Aufgabe, die positiven Gefühle füreinander auf nicht-sprachlichem Wege auszudrücken.

4. Beobachtungsaufgabe

Ihre letzte Aufgabe bestand darin, über die beobachteten Unterschiede zu berichten. Ihr Bewußtsein wurde darauf gerichtet, nach etwas „anderem" Ausschau zu halten, wodurch die Chance wuchs, daß sie etwas entdecken würden.

Zusammenfassung

In diesem Kapitel wurde ausführlich beschrieben, wie man Familien- und Paarsitzungen durchführt. Es wurden ausgefeilte Techniken vorgestellt, die Stärken von KlientInnen herauszuarbeiten und sie zu ermutigen, sich selbst als Menschen, die Erfolg und Ressourcen haben, wahrzunehmen. Um eine Familien- oder Paarsitzung effektiv zu gestalten, bedarf es einiger Erfahrung und einer klaren Richtung; dann aber können sich solche Sitzungen für eine Familie als sehr produktiv erweisen.

8

Mittlerer Teil und Abschluß der Gespräche

A. Verlaufsbeurteilung – Prozeßdiagnose

Wenn man Veränderungen in Gang gesetzt hat, besteht die nächste Aufgabe darin, den Prozeß zu beurteilen und gegebenenfalls zu revidieren. Jede neue Information, die bei der allerersten Fallbeurteilung noch nicht zur Verfügung stand, wirft möglicherweise ein anderes Licht auf den Fall. Da Therapie ein sich kontinuierlich verändernder, fließender, sich entwickelnder Prozeß ist, muß die TherapeutIn in der Lage sein, Ziele neu zu bestimmen und Fortschritte zu beurteilen. Neue Informationen können die Beurteilung des Falles verfeinern und die TherapeutIn für Richtungsänderungen offen halten.

Die Einschätzung des Therapieverlaufs findet nicht nur zum Abschluß einer Behandlung statt, sondern ist ein begleitender und fortwährender Prozeß, der Hinweise darauf liefert, ob Ziele und Strategien während der Arbeit modifiziert und geändert werden sollen. Eine verläßliche und begleitende Verlaufsbeurteilung sollte dazu führen, daß es bei der Beendigung nicht irgendwelche Überraschungen gibt.

Folgende Kriterien sind in der mittleren Gesprächsphase im Hinterkopf zu halten.

1. Jede Sitzung ist dazu gedacht, den Verlauf zu beurteilen. Achten Sie darauf, ob hinzukommende Informationen das bestätigen, was Sie tun oder Ihnen neue Ideen liefert, was Sie *tun* oder *lassen* sollten.

2. KlientInnen wissen nicht, nach welchen Informationen die TherapeutIn sucht oder welche ihr helfen. Sie sollten neue Informationen daher nicht als etwas auffassen, was man vor Ihnen verbergen wollte, sondern als Ergänzungen zu einem umfassenderen Bild.

3. Neue Informationen sind unterschiedlich brauchbar. Was man als nützlich bzw. weniger nützlich aussortiert, hängt von Ihrem Behandlungsziel ab. Ergeben die neuen Informationen bessere Ideen, wie man auf das Ziel der Familie hinarbeiten kann? Wird klarer, wer sich am meisten dafür engagiert, daß sich etwas am Problem ändert?

4. Seien Sie flexibel und bereit, unter dem Eindruck neuer Informationen Ihre Meinung zu ändern. Dies verlangt Selbstvertrauen ins eige-

ne Können. Man muß seiner Intuition und dem gesunden Menschenverstand vertrauen, um Fehler einzugestehen und die anfängliche Einschätzung der Ziele und Richtung der Intervention zu revidieren.

5. Behalten Sie folgende Fragen im Kopf:

   a) Ist das zu Beginn formulierte Ziel angemessen?

   b) Arbeite ich mit der richtigen Person?

   c) Wie nahe ist die KlientIn am Ziel?

   d) Worin würde der nächste Hinweis auf Fortschritt bestehen?

   e) *Wer* muß *was, wann* und *wie* tun, um sich dem Ziel einen Schritt zu nähern?

   f) Was muß revidiert werden? Was kann gleich bleiben?

6. Woran erkennt man, daß kein Fortschritt zustande kommt? Wenn bei Ihnen ein Gefühl von Frustration entsteht oder wenn Sie den Eindruck bekommen, härter zu arbeiten als die KlientIn, sind Sie möglicherweise in eine Sackgasse geraten. Kein Grund zur Panik. Es gibt einige wirksame Gegenmittel.

   a) Ärgern Sie sich nicht über die KlientIn, und machen Sie ihr keine Vorwürfe. Wahrscheinlich ist es weder Ihr Fehler, noch der der KlientIn. Vielleicht ist sie sogar genauso frustriert wie Sie selbst. Sie sitzen also im selben Boot.

   b) Sagen Sie Ihrer KlientIn, daß die Sache nicht gut läuft und daß Sie einen Fehler gemacht haben. Wenn Sie die KlientIn mit einbeziehen, die Dinge wieder ins Laufen zu bringen, wird auch ihre Motivation steigen, mit Ihnen zusammenzuarbeiten und es lastet nicht alles auf Ihren Schultern. KlientInnen sind wie die meisten Menschen dazu bereit, anderen, die Schwierigkeiten haben, zu helfen. Man braucht sie nur darum zu bitten. Es bestärkt die KlientIn, wenn sie eine Seite an sich entdecken kann, die mit helfendem, kooperativem und gebendem Verhalten zu tun hat.

   c) Denken Sie noch einmal über Ihre Ziele nach. War das Ziel zu groß? Beginnen Sie mit einem kleinen, einfachen Ziel. Werden Lösungen mit der richtigen Person gesucht? Was ist im Zusammenhang mit dem neuen Ziel ein Hinweis für Erfolg?

B. Vorschläge und Aufgaben

FBS-MitarbeiterInnen haben eine gute Ausgangsbasis, um Lösungen für die Probleme ihrer KlientInnen zu finden, nicht nur, weil sie gut ausgebildet sind, sondern einfach deshalb, weil sie sich zurücklehnen können und die Muster „mehr-desselben" beobachten, die KlientInnen meist wiederholen.

Um sich dies selbst zu verdeutlichen, stellen Sie sich vor, daß sich die KlientInnen im Mittelpunkt eines Bildes befinden, während sie versuchen, ihr Problem zu lösen. Wenn man allerdings Teil eines Bildes ist, ist es dieser Person schwierig, das ganze Bild zu sehen. Als Außenstehende kann aber die TherapeutIn das ganze Bild sehen.

TherapeutInnen geraten aus diesem Grund leicht in Versuchung, voreilig Ratschläge zu erteilen. Es kommt auf diese Weise ein Moment der Ungeduld gegenüber den KlientInnen mit ins Spiel. Man ist ihnen „um Längen voraus." Denken Sie daran, daß Sie bis zu einem bestimmten Punkt Einfluß auf Ihre KlientInnen haben. Die Kunstfertigkeit, sich auf die Bereitschaft der KlientInnen zur Veränderung einzustellen, entsteht im Laufe von Übung und Erfahrung.

Folgen Sie deshalb einigen Leitlinien, um den Einfluß auf KlientInnen zu maximieren. Auf diese Weise wächst deren Bereitschaft, auf Ihre Vorschläge einzugehen.

Aufgaben müssen der KlientIn sinnvoll erscheinen

Selbst der beste Vorschlag der TherapeutIn ist nutzlos, wenn die KlientIn nicht darauf eingeht. Oft sind Vorwürfe, Frustrationen und Ärger auf Seiten der TherapeutIn die Folge. Für ein paar Momente mag dies Erleichterung schaffen, aber die Aufgabe bleibt bestehen: der KlientIn zur Akzeptanz der Vorschläge und auf dem Weg, „etwas anders" zu machen, zu helfen. Wie also kann man eine KlientIn dazu veranlassen, „etwas anders" zu machen? Alle Menschen, KlientInnen eingeschlossen, machen die Dinge auf ihre Art und Weise, weil ihnen dies am vernünftigsten scheint.

Prüfen Sie Ihren Vorschlag noch einmal, bevor Sie ihn der KlientIn unterbreiten. Glauben Sie, daß sie ihn von ihrem Standpunkt aus als vernünftig betrachten kann? Wenn Sie dies für sich bestätigen können, gibt es gute Chancen, daß die KlientIn Ihren Vorschlag aufgreifen wird.

Beachten Sie folgendes

1. Haben Sie Geduld. Lassen Sie sich nicht dazu hinreißen, Ratschläge und Lösungsideen zu geben. Lassen Sie sich Zeit, die Situation

zu analysieren. Stellen Sie der KlientIn Fragen, auf die sie selbst nicht gekommen ist (vgl. Kap. 5 und 6). Hören Sie zunächst einmal genau hin.

2. Stellen Sie die Auffassung der KlientIn infrage. Führen Sie nach und nach Zweifel an ihrer Art, das Problem zu sehen, ein. Die Art, wie die KlientIn über das Problem denkt, hilft ihr nicht dabei, Lösungen zu finden.

Fallbeispiel 1

Klientin:	Wissen Sie, Tyrone ist so frech zu mir, weil er mich haßt. In seinen Augen und in dem, was er sagt, kann ich den Haß erkennen. Ich hab' ihm das nicht beigebracht. Ich hab' ihm gesagt, daß er seine Mutter respektieren muß. Ich bin seine Mutter und er hat kein Recht, so mit mir umzugehen.

Diskussion:

Die TherapeutIn hat in diesem Fall einige Optionen. Da die Mutter sich mehr über das Verhalten ihres Sohnes ärgert als umgekehrt, wird sie wahrscheinlich an Änderungen am stärksten interessiert sein. Sie ist die „Kundin". Solange sie sein Verhalten als „Haß" interpretiert, wird sie sich entsprechend verhalten. Wenn sie es als etwas anderes sehen kann, werden die Chancen zur Veränderung ihrer Interaktion steigen. Darauf kann die TherapeutIn eingehen, indem sie leichte Zweifel an der mütterlichen Sichtweise nährt.

TherapeutIn:	Sehen Sie es so? So, wie Sie Tyrone bislang beschrieben haben, scheint er sich doch von den meisten Jungen, die ihre Mütter hassen, zu unterscheiden. Für mich hört sich das irgendwie anders an. Wissen Sie, ich arbeite mit vielen Kindern dieser Altersgruppe. Ich habe ihn getroffen und ein bißchen mit ihm gesprochen. Er ist nicht wie die meisten Kinder.
Klientin:	Was denken Sie denn, was es ist?

Diskussion:

Wenn die KlientIn dem soweit gefolgt und neugierig geworden ist, Ihre Auffassung über ihren Sohn zu hören, wächst die Chance, daß sie sich auch Ihre Ideen über die Schwierigkeiten, die sie mit ihrem Sohn hat, anhört. Die meisten Eltern glauben gerne, daß ihre Kinder sich unterscheiden und wollen, daß sie es in ihrem Leben einmal besser machen als sie selbst.

TherapeutIn: Es scheint eher so, als wolle er nur seine Muskeln ein bißchen spielen lassen. Es ist klar, daß Sie ihn die richtigen Werte gelehrt haben. Ich glaube, er muß jetzt einfach austesten, was er gelernt hat.

Diskussion:

Klären Sie ab, ob die KlientIn bereit ist, Ihre Ideen anzuhören. Die Arbeit mit KlientInnen verlangt ein hohes Gespür für die „richtigen" Zeitpunkte. Ein Vorschlag, der zu einem Zeitpunkt geäußert wird, wo die KlientIn ihn noch nicht „hören" will, trifft auf „taube Ohren". Dies stellt übrigens eine der häufigsten Klagen von Eltern von Jugendlichen dar. Als TherapeutIn brauchen Sie dieses Muster elterlichen Verhaltens nicht zu wiederholen.

Sie werden merken, daß KlientInnen bereit sind, etwas anzunehmen, wenn Sie sie nach Ihrer Meinung bezüglich anderer Ideen und Lösungswege fragen (vgl. Kap.2 zur Beurteilung von „KundInnen").

Stellen Sie das, was die KlientIn tut, in einen positiven Rahmen und geben Sie ihr eine Menge positiver Rückmeldungen über ihre vergangenen und gegenwärtigen Erfolge. Sie können prinzipiell davon ausgehen, daß sich die KlientIn auf ihre Weise darum bemüht, „das Beste aus ihrem Leben" zu machen, „das Leben ihrer Kinder zu verbessern", überhaupt „die Dinge schöner zu machen". Die Motive einer KlientIn sind immer darauf gerichtet, ihr eigenes Leben und das ihrer Angehörigen zu verbessern.

Sagen Sie, daß Ihr Vorschlag den nächsten, folgerichtigen Schritt darstellt, der das vervollständigt, womit sie bereits begonnen hat, oder als ein Schritt, der ihre Bemühungen etwas erleichtern soll.

Fallbeispiel 2

Die Mutter beklagt sich bitterlich über ihre vierzehnjährige Tochter Cindy. Cindy hat in der Schule keinen Erfolg, trödelt am Morgen, schwänzt die Schule von Zeit zu Zeit und läuft weg, wenn die Mutter ihr eine Rüge erteilt. Die Mutter glaubt, daß sie in der Erziehung ihrer Tochter völlig versagt hat, weil sie nun die Kontrolle über sie verliert und Cindys „ungehöriges" Verhalten durch den Umgang mit den „falschen FreundInnen" verursacht wird.

In einer Sitzung mit der Tochter wird deutlich, daß sie sich ihrer Situation gegenüber hilflos fühlt, sich sehr ärgert, wenn die Mutter ihr „böse Worte" nachruft und sich „alleingelassen" fühlt. Sie fürchtet, daß sie „alles abbekommt" und daß sie versagt, während ihre jüngere Schwester alles besser macht. In der Öffentlichkeit verhält sie sich angemessen. Ab und zu benimmt sie sich kindischer als ihr Alter erwarten läßt und von den Erwachsenen möchte sie Sicherheit und Orientierungshilfe.

Bei genauerer Betrachtung der mütterlichen Erziehungsmethoden wurde deutlich, daß sie damit aufhören müßte, Cindy „anzuschnauzen und anzuschreien"; sie sollte auf eine positivere Weise mit ihr umgehen, um es Cindy zu ermöglichen, sich der Mutter anzunähern und zu erkennen, wie sehr die Mutter sie liebt und sich um ihr Wohlergehen sorgt. Auch Cindy müßte Änderungen vollziehen: sie hätte weiterhin zur Schule zu gehen, sich um Nachhilfe in ihren schwachen Fächern zu bemühen, die FreundInnen sorgfältig auszusuchen und Möglichkeiten zu finden, mit ihrer Familie klar zu kommen.

Diskussion:

Von Anfang an ist es wichtig, der KlientIn nicht zu sehr vorauszueilen, sondern leichten Zweifel an ihrer Sichtweise des Problems aufkommen zu lassen, so daß sie ein Gefühl von Kontrolle über die Situation zurückgewinnen kann. So ist es zum Beispiel keine besonders zuträgliche Sichtweise, das Problem in den „schlechten FreundInnen" zu sehen, weil die Mutter Cindys FreundInnen nicht auswählen kann. Eltern können für Kinder, die in Cindys Alter sind, die FreundInnen eben nicht mehr aussuchen. Wen Cindy sich auch immer aussucht, sie muß das Gefühl haben, daß es ihre eigene Wahl ist. Die Aufgabe der Mutter besteht darin, Cindy zu helfen, ihre eigene Urteilskraft zu entwickeln und gute Entscheidungen zu treffen. Wie kann das erreicht werden und wie können Sie das, was die Mutter tut, in einen positiven Rahmen stellen?

Fragen Sie sich in dem Moment, wo die KlientIn bereit ist, etwas anzunehmen, welche Aufgaben für Mutter und Tochter passend wären, um sie ihrem Ziel näher zu bringen.

Aufgaben der TherapeutIn

1. Fragen Sie nach den Zeiten, wo Cindy und ihre Mutter miteinander zurechtkommen. Können beide solche Momente erneut hervorbringen? Schlagen Sie es in diesem Fall als Aufgabe vor. Wenn es nicht möglich ist, können Sie die „Wunderfrage" stellen, um neue Ideen zu gewinnen.

2. Fragen Sie danach, wie es ist, wenn sich Cindy innerhalb eines akzeptablen Rahmens benimmt. Wie könnte sie es anstellen, sich wiederum so zu verhalten?

3. Hat Cindy zu irgendeiner Zeit in der Schule die Leistungen erbracht? Was würde es von ihr verlangen, es erneut zu tun?

4. Wer ist am meisten an einer Lösung interessiert? Arbeiten Sie mit der betreffenden Person eng zusammen. Wecken Sie bei anderen die Bereitschaft zur Hilfe.

5. Finden Sie heraus, was für diese Person wichtig ist und stellen Sie die Verbindung zwischen sich und ihr sicher.

6. Finden Sie Stärken und Ressourcen aller Beteiligten heraus. Nutzen Sie sie.

7. Finden Sie heraus, wer was unternommen hat und warum es nicht funktionierte. Schließen Sie dies aus.

8. Stellen Sie ein kleines, realistisches und leicht erfaßbares Ziel auf.

9. Listen Sie die Erfolge der Familie auf. Stellen Sie heraus, was sie erreicht hat.

10. Offerieren Sie die Aufgabe als nächsten Schritt ihrer Bemühungen, ihr Leben zu verbessern.

11. Sorgen Sie dafür, daß die Aufgabe den KlientInnen einen Sinn macht.

Was man tun kann, wenn die KlientInnen den Vorschlägen nicht nachkommen

Vor allem: geraten Sie nicht in Panik und werden Sie nicht ärgerlich auf die KlientIn. Wenn es KlientInnen nicht gelingt, Ihre Vorschläge in die Tat umzusetzen, dann gibt es normalerweise aus ihrer Sicht einen guten Grund dafür. Die folgenden Schritte können als Leitfaden dienen, die Situation zu analysieren.

1. Finden Sie heraus, was die KlientIn stattdessen gemacht hat. Finden Sie soviel wie möglich darüber heraus, was sie nützlich oder hilfreich anstelle der Aufgabe fand.

2. Wenn Ihre KlientIn gar nichts gemacht hat, fragen Sie nach, ob sich das Problem verringert hat. In diesem Fall ist es von Interesse zu wissen, was sie angestellt hat, daß es besser wurde. Die KlientIn kennt vielleicht eine wirksamere Lösung als Sie selbst. Bleiben Sie dafür offen.

3. Wenn die KlientIn die Aufgabe nicht ausgeführt hat und das Problem auch nicht besser geworden ist, kann es sein, daß Sie das

falsche Ziel mit ihr verfolgen oder mit der falschen Person arbeiten. Denken Sie noch einmal darüber nach, was das Ziel und wer die „KundIn" ist. Die KlientIn kann hinsichtlich ihres eigenen Ziels zur „KundIn" werden.

4. Wenn Sie mit der falschen „KundIn" oder dem falschen Ziel arbeiten, fangen Sie mit den entsprechenden Schritten von vorne an.

5. Sagen Sie der KlientIn, daß Sie es sehr schätzen, daß sie ihrem eigenen Urteil gefolgt ist, als sie Ihren Vorschlag nicht aufgegriffen hat.

6. Fragen Sie die KlientIn, was sie glaubt, was sie tun muß, um das Problem zu lösen.

7. Betonen Sie Schwere und Ernst des Problems.

8. Bewahren Sie sich die Überzeugung, daß die KlientIn am besten weiß, was für sie und ihre Familie das Beste ist.

C. Wenn sich kein Fortschritt einstellt

Wenn Sie feststellen, daß sich keine Fortschritte einstellen, ist es an der Zeit, sich zu fragen, woran das liegt. Sie werden immer frustrierter und haben das Gefühl, viel intensiver zu arbeiten als die KlientIn. Sie denken sich, „man führt mich an der Nase herum", „es ist, als ob man mit dem Kopf gegen die Wand rennt", „ich frag' mich, was ich hier mache". Hören Sie auf diesen innerlich nagenden Zweifel. Es sind wertvolle Hinweise, die Sie nicht übergehen sollten.

Alle BeraterInnen, FamilientherapeutInnen, MitarbeiterInnen des FBS oder des Kinderschutzbundes, überhaupt jedE, die an der Lösung menschlicher Probleme arbeitet, hat hin und wieder solche Zweifel. Das ist normal und bedeutet nicht, daß Sie einen Fehler gemacht haben oder etwas mit Ihnen nicht stimmt. Aber es ist wichtig, diese Hinweise zu beachten und sie in der Arbeit zu nutzen.

Aber was kann man tun? Lesen Sie noch einmal die Abschnitte, die auf Sackgassen und mangelnde Mitarbeitsbereitschaft der KlientInnen eingehen. Fangen Sie von vorne an und lassen Sie sich von Ihrem Team, Ihren KollegInnen, einer SupervisorIn oder KonsultantIn beraten.

D. Verstärken positiver Entwicklungen

Sobald Sie bemerken, daß die KlientIn positive Änderungen vollzieht, beginnt der leichteste und angenehmste Teil Ihrer Arbeit. Der nächste Schritt besteht darin, die Veränderungen zu verstärken und den Zugewinn, den die KlientIn erreicht hat, weiter auszubauen.

Wenn es dem Ende der Arbeit zugeht

Betrachten Sie sich an diesem Punkt der Arbeit als TrainerIn und BeraterIn. In diesen beiden Rollen geht es darum, zu lehren, zu nähren, zu ermutigen, zu heilen, aufzumuntern, zu überzeugen, so daß sich die Meinung der KlientIn über ihre eigene Kompetenzen und Fähigkeiten positiv umgestaltet. Bestehen Sie aber manchmal darauf, daß die Dinge auf eine bestimmte Art und Weise gemacht werden. Alle guten TrainerInnen wissen, daß eine Beeinflussung der Selbstwahrnehmung und eine Verbesserung des Selbstwertgefühls den größten Einfluß auf die Leistungen haben.

Im folgenden sind einige Schritte zusammengestellt, die Sie nach dem Anfangskontakt und den ersten positiven Veränderungen durchführen sollten.

1. Häufig übersehen KlientInnen ihre eigenen Erfolge. Suchen Sie selbst kleine Veränderungen, stellen Sie fest, ob etwas anders ist als sonst und kommentieren Sie es. Es können so kleine Veränderungen sein, wie das weggeräumte Geschirr, das Make-up, das gekämmte Haar. Oder daß sie in die Kirche gegangen ist, wieder Kontakt mit einer alten FreundIn aufgenommen hat, daß die Kinder lächeln und sich gut benehmen, daß der Schnee weggeräumt wurde, der Rasen geschnitten ist usf.

2. Halten Sie Ausschau nach etwas Neuem, das Sie während jeder Sitzung ansprechen und ermutigen können. KlientInnen bemerken diese kleinen Anzeichen für Erfolg oft nicht. Wenn man es immer wieder anspricht, lernen sie es vielleicht mit der Zeit, selbst darauf zu achten.

3. Finden Sie heraus, was *Sie* tun, was *funktioniert*. Merken Sie sich, was in Ihrer Arbeit mit einer bestimmten KlientIn oder Ihren FBS-KlientInnen im allgemeinen funktioniert, so unbedeutend, gewöhnlich oder einfach es Ihnen auch erscheinen mag. Lernen Sie Ihr Repertoire kennen, halten Sie fest, was Ihnen gelingt, was Sie in der Arbeit mit Ihren KlientInnen vollbringen. Greifen Sie auf diese Fertigkeiten zurück.

4. Eine gute TrainerIn gibt fortwährend Rückmeldungen. Ihre konstruktive Rückmeldung hilft der KlientIn zu erkennen, wo ihre Stärken liegen und was sich in ihrem Leben verändert. Dies sind dann die Dinge, die sie für sich selbst verwirklichen kann, wenn der Fall zum Abschluß kommt. Wenn die KlientIn die Veränderungen, die sie macht, nicht erlebt und so nicht feststellt, was sich dadurch in ihrem Leben ändert, wird sie es nicht auf andere Situationen übertragen können.

E. Bevor Sie ein weiteres Problem bearbeiten

Sobald sich das Problem, das anfangs ausgewählt wurde, mildert oder in den Hintergrund tritt, sind KlientIn und TherapeutIn oft bemüht, sofort die nächsten Probleme in Angriff zu nehmen.

Dies passiert leicht, ohne sich eine Atempause zu gönnen und den Erfolg ganz ins Bewußtsein dringen zu lassen. Sorgen Sie dafür, eine Pause einzulegen, um die positiven Veränderungen zu würdigen und zu genießen und natürlich um die KlientIn für die positiven Dinge, die sie erreicht hat, zu loben.

1. Arbeiten sie Stück für Stück heraus, was sich am ursprünglichen Problem verändert hat: Wer macht was, wann, wie, mit welchem Resultat. Das sind wichtige Informationen.

2. Lassen Sie die KlientIn nicht einfach zum nächsten Problem übergehen. Versichern Sie ihr, daß Sie auf ihr Anliegen zurückkommen werden, aber folgen Sie zunächst Ihren eigenen Vorstellungen. Machen Sie ihr deutlich, was sie anders macht und zum Erfolg geführt hat.

3. Finden Sie heraus, was die KlientIn aus ihren Erfolgen gelernt hat.

4. Finden Sie heraus, woran sich die KlientIn erinnert, was sie dann tun kann, wenn das Problem wieder auftauchen sollte.

F. Wenn KlientInnen berichten, daß es schlimmer geworden sei

Häufig beginnen KlientInnen die Stunde damit, daß sie darauf verweisen, daß „sich nichts geändert hat" oder „alles nur noch schlimmer" geworden sei.

1. Lassen Sie sich nicht entmutigen. Tun Sie so, als ob Sie es erwartet hätten, weil ein Auf und Ab im Leben völlig natürlich ist.

2. Fragen Sie, was genau schlechter geworden ist. Wecken Sie in der KlientIn Zweifel an ihrer Wahrnehmung, wieviel schlimmer das Problem geworden ist.

3. Wenn es sich um ein neues Problem handelt, so zögern Sie nicht, es hintenan zu stellen und zum ursprünglichen Problem zurückzukehren, auf dessen Bearbeitung Sie sich anfangs geeinigt haben.

4. Wenn es sich um das anfangs ausgewählte Problem handelt, dann arbeiten Sie jene Details heraus, die Auskunft geben, was, wie, wann, mit wem und auf welche Weise schlimmer geworden ist.

5. Zeigen Sie Unterschiede auf, die Ihnen auffallen und geben Sie der KlientIn das Verdienst an kleinen Veränderungen, die sie gemacht hat.

6. Fragen Sie, „Wie sind Sie darauf gekommen, es so zu machen?" oder „Wie sind Sie darauf bloß gekommen?", „Das ist toll. Wessen Idee war es, es so zu machen?"

7. Einige KlientInnen berichten, daß sich nichts in positiver Richtung verändert hat, auch wenn Sie die positiven Veränderungen sehen können: ihre Stimme klingt resoluter, sie ist aktiver, die Kinder benehmen sich besser. Prüfen Sie noch einmal, ob Sie eine „BesucherIn" oder eine „KlagendE" vor sich haben – es kann sein, daß Sie noch nicht mit einer „KundIn" zusammenarbeiten. Sorgen Sie dafür, daß Sie zu einer „KundIn" wird.

G. Abschluß

Zwei unterschiedliche Wege, zu einem Abschluß zu kommen

Der Abschluß eines Falles beginnt am Anfang eines Falles und endet, wenn der Fall endet. Zwischen Anfang und Ende der Fallarbeit liegt ein Prozeß der Evaluation, der kontinuierlich prüft, wie nahe man an die Verwirklichung der Ziele herangekommen ist.

Es gibt zwei Kriterien, von denen man die Beendigung der gemeinsamen Arbeit von TherapeutIn und KlientIn abhängig machen kann: Ablauf einer vereinbarten Zeitspanne oder Erreichen des Ziels.

Zeit als Abschlußkriterium

Verschiedene Ansätze orientieren sich an der Anzahl der Sitzungen, um zu entscheiden, wann die Therapie beendet wird. Zu nennen sind hier kurzzeitige psychodynamische Behandlungsformen, Gesundheitsfürsorgeprogramme, „employee assistance programms" (EAP) und Therapien, die von Krankenversicherungen getragen werden.

Die Verwendung dieses Kriteriums hat auf das Ergebnis einer Therapie sowohl positive als auch negative Auswirkungen.

MANN (1973) nennt eine Obergrenze von zwölf Sitzungen, während SIFNEOS von 8-14 Sitzungen spricht (SIFNEOS, 1985) und MALAN bis zu 40 Stunden einräumt. Allerdings verwenden alle bei der Auswahl ihrer PatientInnen sehr strenge Kriterien, wie sie zum Beispiel von SIFNEOS (1965) entwickelt und von MANN (1973) bestätigt wurden:

a) überdurchschnittliche Intelligenz

b) mindestens eine bedeutsame Beziehung zu einer anderen Person

c) emotionale Krise

d) Fähigkeit, Gefühle zu verbalisieren und mit der TherapeutIn zu interagieren

e) motiviert, in der Therapie hart zu arbeiten

f) eine spezifische Beschwerde

Dieser Ansatz hat natürlich seine Grenzen; die strengen Auswahlkriterien lassen sich im Bereich öffentlicher Hilfen wie dem FBS nur schwer durchsetzen. Selbst in privaten Einrichtungen, die auf der Basis freiwilliger Entscheidungen der KlientInnen arbeiten, wie zum Beispiel psychiatrische und soziale Einrichtungen der Gemeinde, die aus öffentlichen Mitteln finanziert werden, besteht die Verpflichtung, jedE zu behandeln, die die Leistungen in Anspruch nehmen will.

Wenn man Zeit als Entscheidungsgrundlage wählt, kommt es vor, daß KlientInnen durch passiv-aggressives Verhalten „Zeit schinden" und einfach darauf warten, bis die vereinbarte Zeit abgelaufen ist.

Viele FBS-Modelle gehen von einer bestimmten Anzahl von Tagen (30, 45 oder 90 Tage) aus, um festzulegen, wie lange ein Fall betreut wird. Üblicherweise wird der Fall am Ende dieses Zeitraums an andere Programme weitervermittelt oder beendet. Diese Vorgehensweise ist ganz nützlich, weil KlientInnen genau einschätzen können, wann die Behandlung zu Ende ist. Dies kann helfen, die Motivation bei TherapeutIn und KlientIn zu erhalten und die Entwicklung der Fortschritte zu beobachten, indem man im Auge behält, wieviel Tage noch übrig bleiben, um bestimmte Ziele zu erreichen. Darüber hinaus verpflichtet es TherapeutIn wie KlientIn dazu, genau zu arbeiten und die Behandlungsziele auf einem umsetzbaren Niveau zu halten. Es erweist sich als einfacher, den eben beschriebenen Ansatz durchzuführen, als die Vorgehensweise, die im folgenden dargestellt wird.

Wenn man die Entscheidung über den Abschluß der Behandlung anhand einer bestimmten Anzahl von Tagen trifft, so ist es zu empfehlen, KlientInnen häufig daran zu erinnern, was sie bereits erreicht haben und noch anstreben.

Zielumsetzung als Abschlußkriterium

Einige Behandlungsmodelle (zum Beispiel das Kurzzeit-Therapie-Modell des Mental Research Institute – MRI – WATZLAWICK, WEAKLAND und FISCH, 1974) machen die Beendigung eines Falles vom Erreichen bestimmter Ziele abhängig. Wenn das Ziel im Rahmen von zehn Sitzungen oder einer oberen Zeitgrenze von neunzig Tagen erreicht wird, kann der Fall abgeschlossen werden. Ziele, die verhaltensorientiert, konkret und bestimmbar definiert werden, machen eine Entscheidung über die Beendigung einfach. Je rascher die KlientIn ihre Ziele verwirklicht, um so schneller kann die Therapie abgeschlossen werden. Dies stellt häufig eine wirksame Antriebskraft für KlientInnen dar.

Die Schwierigkeit bei diesem Modell liegt darin, daß manche Ziele, die man erreicht hat, Zeit brauchen, um die Nagelprobe zu bestehen. Manche depressive Verstimmung, gelegentliche Streitereien und Gewalt in Beziehungen oder Zechtouren laufen nicht nach einem Muster ab, das häufig auftritt. Wenn ein bestimmtes Trinkverhalten, Wutanfälle, eskalierende Streitereien oder Selbstmorddrohungen unter extremen Streßbedingungen selten sind und nach einem vorhersagbaren Muster auftreten, so braucht es einen ausreichenden Zeitraum, um festzustellen, ob ein solides Lösungsmuster erarbeitet worden ist. Vor Abschluß der Behandlung werden solche Situationen durchgesprochen und geübt, können aber weiterhin Anlaß bieten, gerichtliche Schritte einzuleiten.

Unabhängig von den Kriterien, auf deren Basis Sie sich entscheiden, ist es wichtig zu wissen, wann die Sitzungen abgeschlossen werden sollten. In diesem Zusammenhang kann man noch einmal die Leitlinien bei der Herausarbeitung der Ziele durchgehen.

Überprüfung der anfänglichen und der revidierten Ziele

Im Behandlungsverlauf müssen Sie die eingangs zwischen Ihnen und der KlientIn vereinbarten Ziele im Kopf behalten. Es ist gut, wenn die TherapeutIn sie gemeinsam mit der KlientIn regelmäßig mit Hilfe von

Skalierungsfragen beurteilt. Sowohl für die KlientIn als auch die TherapeutIn ist es wichtig, sich diese Fragen vorzulegen, um zu entscheiden, wie nahe man an die Verwirklichung der Ziele herangekommen ist.

Beispiele für Skalierungsfragen:

TherapeutIn: Ich möchte Ihnen eine etwas andere Frage stellen. Blikken Sie einmal zurück in die Zeit, als wir mit der Arbeit begonnen haben. Angenommen, Ihre Lebenszufriedenheit lag bei 1. Demgegenüber würde die Zahl 10 dem Zustand entsprechen, den Sie erreichen möchten: Wo würden Sie sich heute zwischen 1 und 10 einstufen?

KlientIn: So bei 4 oder 5.

TherapeutIn: Was, glauben Sie, müßten Sie machen, um auf 5 oder 6 zu kommen?

oder

TherapeutIn: Wenn Sie 5 oder 6 erreichen, was, glauben Sie, wird dann bei Ihnen anders sein? (oder: Was werden Sie dann machen, das Sie zur Zeit nicht machen?)

TherapeutIn: Auf der gleichen Skala soll 10 bedeuten, daß Sie voller Vertrauen sind, daß Sie auch weiterhin Ihren Drogengebrauch kontrollieren können. 1 bedeutet, daß Sie keinerlei Zutrauen haben. Wo befinden Sie sich heute?

KlientIn: Ich glaube bei 4, weil ich immer 'mal wieder das Verlangen spüre und die Kinder mürrisch behandle.

TherapeutIn: Was würde es verlangen (wie lange würde es brauchen), um von 4 nach 5 zu kommen?

KlientIn: Ich muß weiter zu den Anonymen Alkoholikern gehen und viel arbeiten.

TherapeutIn: Angenommen, Ihre Mutter wäre hier. Was würde sie antworten, wenn ich sie danach fragen würde, was sie in Ihrem Verhalten anderes sehen müßte, um zu sagen, daß Sie bei 5 angelangt sind?

Beurteilung der Bereitschaft zum Abschluß
TherapeutIn: Sie haben eine ganze Menge Veränderungen erreicht seit wir zusammenarbeiten. Wo befinden Sie sich da heu-

te auf einer Skala von 1 bis 10, auf der die 10 bedeutet, daß Sie voller Vertrauen sind, daß Sie bei 5 bleiben werden und die 1, daß Sie kein Vertrauen haben.

KlientIn: Ich würde sagen, bei 7.

TherapeutIn: Ich glaube, Sie brauchen etwas Zeit, um sich auf die Veränderungen einzustellen, die Sie gemacht haben. Wie können Sie es schaffen, den nächsten Monat bei 7 zu bleiben oder zwei Monate lang?

KlientIn: Ich muß nur das weitermachen, was ich bis jetzt gemacht habe.

TherapeutIn: Was würde Ihre Mutter (oder eine andere Person) sagen, was Sie tun müssen, um bei 7 zu bleiben?

KlientIn: Wahrscheinlich würde sie sagen, daß ich weiter zu NA*) gehen muß und weiterhin arbeiten soll. Ich darf meine DrogenfreundInnen nicht sehen, den Kontakt zu James abbrechen, sie besuchen und so weiter.

Die Zuversicht, die die KlientIn hat, daß sie die Veränderungen aufrechterhalten kann, stellt einen bedeutenden Hinweis darauf dar, wie gut das neue Verhalten in ihr Leben integriert ist. Die Fragen geben ihr Gelegenheit, klar zu bestimmen, was sie tut und was sie tun muß, um die Veränderung zu bewahren. Je klarer ihr Verhalten beschrieben wird und je größer ihr Vertrauen in das Erreichte ist, desto mehr Zutrauen kann die TherapeutIn haben.

Rückschläge besprechen

TherapeutIn: Worin würde ein allererster Hinweis bestehen, daß Sie abrutschen?

oder

Was würde Ihre Familie an Ihnen bemerken, das ihr sagte, daß Sie vor einem Rückfall stehen?

KlientIn: Ich hätte Stimmungsschwankungen, würde niemanden mehr treffen, nicht mehr ausgehen, depressiv werden.

TherapeutIn: Das klingt so, als wären Sie bereits dabei, abzurutschen. Wissen Sie, was sich davor noch ereignet? Was müssen

---

*) *Anm. d. Übers.:* NA - narcotics anonymous

Sie machen, um sich selbst aufzufangen, bevor Sie rückfällig werden?

Sie können Variationen dieses Themas so oft wiederholen, wie Sie es für nötig halten. Diese Fragen sind sehr bestärkend, weil sie implizieren, daß die KlientIn selbst Verantwortung dafür hat, sich zu überwachen. Sie vermitteln der KlientIn, daß Sie ihr zutrauen, in ihrem eigenen Interesse auf sich zu achten und daß sie dafür auch die Verantwortung hat. Nachdem die Kontakte mit Ihnen zu Ende sind, muß sie auf diese Hilfsmittel zurückgreifen können.

Mit einem kleinen Rückschlag oder Rückfall muß man rechnen. Betrachten Sie ihn als eine Art „Gesellenprüfung" oder als eine Gelegenheit, Neues über die Fähigkeit der KlientIn, mit schweren Lebenssituationen umzugehen, zu lernen. Der Rückfall hat sich vielleicht ereignet, weil die KlientIn „vergessen hatte, was sie tun muß" oder er sie „daran erinnert, was sie tun muß."

Wenn sich gerade ein Rückfall ereignet hat, besprechen Sie den Vorfall und fragen Sie danach, was die KlientIn daraus gelernt hat. Auf der Basis ihrer Erfahrung kann geplant werden, wie sie mit einer vergleichbaren Situation umgehen kann, wenn sie wieder auftreten sollte. Wie zum Beispiel kann sie anders damit umgehen und es nicht an den Kindern auslassen, wenn ihre Mutter sie kritisiert?

Wie nahe sind die Ziele gerückt?

Während Sie die Fortschritte in Richtung Zielerreichung beurteilen, sollten Sie nicht vergessen, was die KlientIn bereits vollbracht hat. Da dies eine wechselseitige Aktivität darstellt, sollten KlientInnen erfassen, was sie erreicht haben und was sie noch tun müssen, um ans Ziel zu gelangen.

Um es noch einmal zu betonen: Es ist wichtig, daß der Erfolg der KlientIn ganz deutlich wird, so klein oder unbedeutend er auch scheinen mag. Vielleicht ist es das erste Mal, daß sie etwas, das sie sich vorgenommen hat, erreicht und mit einem stolzen Gefühl zu Ende geführt hat. Daher ist es für beide, TherapeutIn wie KlientIn, entscheidend, daß es gemeinsam gewürdigt wird, wie weit sie gekommen ist und wie sehr sie sich dafür eingesetzt hat. KlientInnen bekommen selten Lob oder einen „ermutigenden Klaps auf die Schulter", ganz gleich, ob es ArbeitskollegInnen, Verwandte, LehrerInnen oder andere HelferInnen sind oder sogar sie selbst. Positiv gesehen zu werden, stellt aber einen Teil der menschlichen Natur dar.

Wann und wie beenden

Eine begrenzte Anzahl von Sitzungen hilft bei der Entscheidung, wann man zum Ende kommen soll. Nützlicher ist es jedoch, die Ziele zu überprüfen und zu beachten, wie die Fortschritte sind.

1. Versteht die KlientIn, was sie unternommen hat, um Lösungen für ihr Problem zu finden? Hat sie ein klares Empfinden dafür, was sie getan hat, um sich selbst zu helfen?

2. Handelt es sich dabei um ein Wissen, das sich auf andere Situationen übertragen läßt?

3. Hat sie eine klare Vorstellung davon, worin frühe Anzeichen für einen bevorstehenden Rückfall bestehen? Weiß sie, was sie in solchen Fällen tun kann?

Wenn Sie ziemlich sicher mit positiven Antworten auf diese Fragen rechnen können, sollten Sie diese Aspekte noch einmal mit der KlientIn durchgehen.

Das Hinarbeiten auf die Beendigung ist ein kontinuierlicher und die Behandlung begleitender Prozeß.

Was tun, wenn man in einem Fall keinen Erfolg erzielt

Wenn in einem Fall keine Bewegung zustande kommt, so stellt dies einen gültigen Grund für eine Beendigung dar. Anstatt „mehr desselben" von etwas zu tun, was nicht funktioniert, kann die TherapeutIn folgendes in Betracht ziehen:

1. Beim ersten Anzeichen, daß ein Fall nicht gut läuft, sollte man sich um Beratung durch das Team, die SupervisorIn oder eine externe KonsultantIn bemühen.

2. Wenn die TherapeutIn glaubt, alle Möglichkeiten ausgeschöpft zu haben und sich im Kreis dreht, ist es sinnvoll, den Fall an ein anderes Team oder eine andere TherapeutIn weiterzuleiten.

Es ist nicht immer die Schuld der KlientIn oder der TherapeutIn, wenn man in eine Sackgasse gerät. Es bedeutet auch nicht, daß das Problem zu schwierig ist oder die Ressourcen zu begrenzt sind oder daß es keine Hoffnung gibt. Manchmal eröffnet der Gedanke, den Fall abzugeben oder sich Rat zu holen, ganz neue Perspektiven, so daß neue Ideen entstehen können. Beachten Sie diese Möglichkeit.

3. Jederzeit und innerhalb jedes Programms kann es vorkommen, daß KlientIn und TherapeutIn nicht zueinander passen. Im Bereich der Psychotherapie ist das ganz alltäglich. Es wäre unehrlich, so zu tun, als gäbe es solche „einander abstoßenden Kräfte" nicht.

Erfolgreicher Abschluß

Das Leben steckt voller Probleme, die gelöst werden müssen. Unsere KlientInnen unterscheiden sich in dieser Hinsicht nicht von anderen. Wenn Sie darauf warten wollten, bis alle Probleme der KlientIn gelöst sind, würden Sie endlos warten. Viele der „unerledigten" Fälle sind die, bei denen die TherapeutIn befürchtet, daß es einen „Zusammenbruch" geben wird. Diese Fälle werden häufig länger betreut als notwendig.

Man sollte unbedingt in Erinnerung behalten, daß man die KlientInnen mit dem Rüstzeug zur bestmöglichen Bewältigung zukünftiger Probleme ausstattet, wenn man sie bestärkt und aufbaut. Wenn sie nicht alleine damit fertig werden, müssen sie wissen, wann sie um Hilfe bitten und wohin sie sich wenden können. Der Abschluß kann erfolgen, wenn Sie das Zutrauen haben, daß die KlientIn weiß, wann und wo sie sich Hilfe holen kann und *nicht*, wenn Sie überzeugt sind, daß sie keine Probleme mehr haben wird. Ein problemfreies Dasein gibt es nicht. Denken Sie daran: „Leben ist eine verdammte Angelegenheit nach der anderen."

Behandlungen mit einem vorläufigen Ende

Wenn aus therapeutischer Sicht ausreichende Veränderungen erreicht wurden, eine gerichtliche Auflage aber vorsieht, daß die Familie für eine längere Zeitspanne mit dem Dienst in Kontakt bleibt, kann ein vorläufiger Abschluß vollzogen werden. Solche Fälle können in eine Dauerbetreuung weitervermittelt und in regelmäßigen Abständen überprüft werden. Es kann auch vereinbart werden, sich monatlich oder „bei Bedarf" zu treffen.

9

Etwas ander(e)s machen

Die meisten FBS-TherapeutInnen werden von den Methoden, die in diesem Buch dargestellt werden, profitieren, wenn sie sie in Schritten nachvollziehen. Die Methoden basieren auf den ersten beiden Regeln der lösungsorientierten Therapie:

Regel Nr. 1:
Wenn es nicht kaputt ist, dann repariere es auch nicht!

Regel Nr. 2:
Wenn du weißt, was funktioniert, mach' mehr davon! (Vgl. Kap.1)

Wir können nun die *Regel Nr. 3* vorstellen:
Wenn etwas nicht funktioniert, dann hör' auf damit; mach' etwas ander(e)s!

Darum soll es in diesem Kapitel gehen.

Woran erkennt man, daß etwas ander(e)s gemacht werden muß?

1. Es gibt Fälle, wo es der TherapeutIn deutlich ist, daß es nicht ausreicht, „mehr desselben" zu tun. Neues Verhalten und neue Interaktionsmuster sind dringend nötig.

2. Obwohl es deutliche „Ausnahmen" vom Problem gibt, ist die KlientIn nicht bereit, sie als solche anzuerkennen.

3. So sehr Sie sich auch darum bemühen, Ausnahmen zu entdecken, es scheint keine zu geben.

4. Die Lösung, die man sich für das Problem vorstellt (Wunderbild), verlangt auf Seiten der KlientIn nach neuen Verhaltensmustern.

5. Die KlientIn kommt tatsächlich als „KundIn" und möchte ihr Problem lösen, aber nur, wenn die TherapeutIn mit ein paar kreativen und innovativen Ideen aufwarten kann.

Im folgenden stellen wir fünfzehn leicht durchzuführende Interventionen und Vorschläge vor, die alle in die Kategorie „etwas ander(e)s machen" gehören. Dabei besteht die Aufgabe der TherapeutIn darin, diese Interventionen auf jede einzelne KlientIn mit ihren persönlichen Lebensumständen, Problemen und Stärken maßzuschneidern, denn sie passen nicht generell auf jede KlientIn oder jeden Fall. Es bedarf großer Erfahrung, die Aufgaben mit der jeweiligen Situation in Einklang zu bringen. Man kann die hier beschriebenen grundlegenden Prinzipien verschiedener Interventionen benutzen, um sie auf die ganz individuelle Situation jeder Familie anzuwenden.

Die Auswahl der Aufgaben und Interventionen beruht auf der Überzeugung, daß TherapeutInnen zunächst einmal den einfachsten, leichtesten und traditionellen Ansatz probieren sollten, bevor sie zu ausgefeilteren Methoden überwechseln.

Die folgenden Interventionen sind nach dem Anwendungsbereich, in dem sie sich am besten bewährt haben, geordnet: es geht um KlientInnen, die als „BesucherIn", „Klagende" oder „KundIn" kommen. Wenn man mit diesen Interventionen umgehen kann, so erweisen sie sich in den meisten Fällen als nützlich.

Vier Interventionen finden sowohl bei „BesucherInnen", „Klagenden" als auch „KundInnen" Anwendung.

1. Komplimente

Komplimentieren ist eine überaus wirksame Technik, die als allererstes probiert werden kann. Komplimente selbst können eine wirkungsvolle Intervention sein, wenn Sie es mit einer „BesucherIn" zu tun haben oder Sie sich in der Anfangsphase mit FBS-KlientInnen befinden. Unterschätzen Sie nicht die Nützlichkeit dieser Interventionsform. Dementsprechend sagte uns einmal ein Arbeiter, Ende der vierzig, der sich gewalttätig und unberechenbar verhielt: „Honig schmeckt süßer als Essig". (Natürlich komplimentierte die TherapeutIn ihn für diese „Lebensweisheit".)

Was möchten Sie bei Ihren KlientInnen lobend hervorheben? Es muß nicht unbedingt mit den Dingen in Zusammenhang stehen, die sie in Kontakt mit FBS gebracht haben. Alles, was Sie an einer KlientIn bemerken, alles, was auf irgendeine Weise ihren Selbstwert und ihr Gefühl von Kompetenz stärken kann, ist von Nutzen, gleichgültig, ob es sich dabei um ihr Äußeres handelt, wie sie ihr Kind erzieht, die Wohnung in Ordnung hält oder wichtige soziale Beziehungen pflegt. Ein Kollege*) beschrieb dieses Aufstöbern von Aspekten, die ein Kompli-

*) Scott MILLER, Ph.D., Brief Family Therapy Center

ment verdienen, so, „als ob man diese Dinge mit Lupe und Pinzette herauspickt." Wenn es der KlientIn besser geht, kann sie schließlich für sich selbst und die Kinder andere positive Dinge herbeiführen. KlientInnen sind sich nicht bewußt, was sie gewohnheitsmäßig tun; sie brauchen Rückmeldungen über ihre Erfolge, besonders von Fachleuten.

Sollte Ihnen einmal überhaupt nichts mehr einfallen, was Sie der KlientIn vorschlagen können, so denken Sie daran, ihr Komplimente zu machen – besonders dann, wenn Sie spüren, daß die KlientIn bislang überwiegend schlechte Erfahrungen mit professionellen HelferInnen gesammelt hat.

KlientInnen können es lernen, diese Vorgehensweise auf ihre Kinder und deren LehrerInnen, auf Verwandte und andere wichtige Personen zu übertragen. Die TherapeutIn ihrerseits kann der KlientIn Hilfestellung geben, wenn sie in Bezug auf die Menschen, die in ihrem Leben Einfluß haben, Anerkennendes zum Ausdruck bringt; helfen Sie ihr dabei, auf positive Dinge, die andere tun, zu achten, und sie auch anzusprechen. KlientInnen erfassen die Wirkungen meist unmittelbar.

2. Konsultation während einer Sitzung

Vor einigen Jahren habe ich die Gelegenheit gehabt, in einem ländlichen Teil Frankreichs ein Therapieteam zu erleben, das ein Videosystem mit sich führte, wenn es Familien in abgelegenen Berggegenden zu Hause besuchte. In Iowa wird ähnliches gemacht. Das Team baut die Videoanlage im Wohnzimmer auf und beginnt die Sitzung. Gegen Ende der Sitzung beraten sich die Teammitglieder und bitten die Familie, die Küche als Beratungszimmer nutzen zu dürfen.

Worin liegt der Nutzen eines solchen Vorgehens? Wer noch keine Erfahrung mit Konsultation während einer Sitzung gemacht hat, sollte diese Form der Teamberatung oder auch Eigenberatung unbedingt ausprobieren. Sie erhöht die eigene Effektivität, indem sie die therapeutische Objektivität und Wirkung der Sitzung verstärkt.

Wie kommt das? Während der direkten Interaktion mit den KlientInnen ist es keine ganz leichte Aufgabe für die TherapeutIn, alles, was geschieht, im Auge zu behalten, ganz besonders, wenn mehrere Familienmitglieder anwesend sind. Demgegenüber ist es einiges leichter, einen klareren Blick für die Interaktionen zu bewahren, wenn man physische Distanz zwischen sich und eine Familie legt. Durch die Unterbrechung der fortlaufenden Interaktion entsteht die Möglichkeit, Prozesse und Ereignisse der Sitzung zu reflektieren und zu beurteilen. Mit anderen Worten, es erlaubt der TherapeutIn, die eigenen Gedanken zu sammeln und ihre Eindrücke zu verdichten.

Dieses Vorgehen scheint außerdem Erwartung und Neugier der KlientInnen über die Rückmeldung der TherapeutIn zu steigern. JedE, und KlientInnen sind hier keine Ausnahme, mag etwas über sich hören und dies drückt sich darin aus, daß KlientInnen ihre Körperhaltung ändern, sich aufrecht hinsetzen, die Ohren spitzen und sich darauf konzentrieren, was die TherapeutIn ihnen sagt. Auf diese Weise gewinnt die Sitzung noch an Gewicht.

Wie kann man im einzelnen vorgehen? Die TherapeutIn, gleichgültig, ob sie alleine oder mit einem Team arbeitet, kann ihre Vorgehensweise während der ersten Kontakte etwa auf folgende Weise erläutern:

„Ich möchte Ihnen erklären, was Sie in etwa erwartet. Ich möchte ungefähr eine dreiviertel Stunde mit Ihnen darüber sprechen, wie wir Ihnen helfen können. Am Ende der Sitzung werde ich etwa zehn Minuten nach nebenan gehen und das, was wir besprochen haben, durchdenken. Anschließend werde ich zurückkommen und Ihnen erzählen, was Ihnen nach meiner Meinung helfen kann."

Ein dritter Grund, diese Technik einzusetzen, ist der, daß sie es der Therapeutin ermöglicht, herauszufinden, wie sehr sie sich auf ihre KlientInnen „eingestellt hat". Auf ihre Rückmeldung wird es eine unmittelbare Reaktion der Zustimmung oder Ablehnung durch die KlientInnen geben. Gelungenes „joining" wird das hervorrufen, was Milton ERICKSON eine „Ja-Haltung" nennt, Nicken oder andere Anzeichen, daß die KlientIn der TherapeutIn zustimmt. Das ist eine gute Möglichkeit, mit dem Tempo der KlientIn mitzugehen.

3. Normalisieren

Viele TherapeutInnen machen von dieser Technik häufig Gebrauch, ohne sie zu benennen. Manchmal wird es auch „universalisieren" genannt. Man versichert den KlientInnen, daß das, was sie tun, unter Berücksichtigung der schwierigen Umstände, in denen sie sich befinden, im Rahmen normalen menschlichen Verhaltens liegt. Es zielt darauf ab, KlientInnen ein Gefühl der Sicherheit zu geben, daß weder ihre Gefühle und Gedanken noch ihr Verhalten „krank", „verrückt" oder „ausgeklinkt" sind.

Fallbeispiel

Eine junge Frau kam mit dem FBS in Kontakt, weil sie sich von ihrem vierjährigen Sohn völlig „entnervt" fühlte. Ihr Verlobter war drei Monate zuvor an Morbus Hodgkin gestorben, nachdem beide vier Jahre lang zusammengelebt hatten. Die beiden letzten Jahre hatten allen sehr viel Kraft gekostet, weil die Krankheit des Mannes immer weiter voranschritt und er ein großes Maß an Pflege brauchte. Aus dieser Beziehung war ein jetzt acht Monate altes Kind hervorgegangen. Ihr vierjähriger Sohn, der aus einer früheren Beziehung stammte, wurde immer quengeliger und fordernder. Er fiel in frühkindliche Verhaltensweisen zurück, „entnervte" sie und sie interpretierte sein Verhalten als Zeichen einer hypermotorischen Störung mit Konzentrationsschwierigkeiten.

Die junge Mutter fragte sich, was sie falsch machte und wodurch sie ihren Sohn dazu brachte, sich in den letzten Monaten so schlecht aufzuführen. Sie beklagte sich über ihre Energielosigkeit und glaubte, daß sie nichts geschafft bekäme. Sie fand, daß ihre ganze Kraft in die Auseinandersetzung mit ihrem Jungen fließe. Sie hatte ihn stark geschlagen, was ihr Sorge machte, da ein solches Verhalten für sie unakzeptabel war. Immer schon war er ein aktives, neugieriges und schwer zu kontrollierendes Kind gewesen. Aber gerade in den letzten Monaten fühlte sie sich ihm gegenüber besonders hilflos.

Die TherapeutIn stellte ihre Depression und ihr Gefühl, überwältigt zu sein, in den Rahmen der Normalität. Es hatte sich viel in ihrem Leben ereignet, und sie brauchte eine Gelegenheit, einen geliebten Menschen zu betrauern und zu beklagen; sie mußte sich darauf einstellen, ihre zwei kleinen Kinder alleine zu erziehen; sie mußte mit einem vierjährigen Jungen fertig werden, der ein besonderes Maß an Aufmerksamkeit und Struktur verlangte; sie mußte den Druck und die Beschwerden ihres Babysitters verdauen, die damit drohte, sie im Stich zu lassen, weil der Kleine auf keinerlei Vorschriften einging.

Die TherapeutIn ging noch einen Schritt weiter. Sie hatte das Ganze in den Rahmen der Normalität gestellt und war nun verwundert, warum es inmitten so vieler Veränderungen und schwieriger Umstände nicht noch schlimmer geworden war. Sie mußte es sich selbst gestatten, zu trauern und sich Zeit einzuräumen, um über den Verlust hinwegzukommen und um allmählich ihre frühere Kompetenz zurückzuerlangen.

Eine andere Möglichkeit, die Sorgen von KlientInnen zu normalisieren, besteht darin, die Probleme als „Streß" oder Reaktion auf eine „traumatische Erfahrung" zu erklären. KlientInnen können mit einer solchen Erklärung hoffnungsvollere, positivere und weniger destruktive Perspektiven von sich selbst entwickeln. JedE kann mit Streß fertig werden und es gibt Dinge, die die KlientIn bewerkstelligen kann, um damit fertig zu werden. Die Vorstellung von einem Trauma externalisiert das Problem und gibt ihr die Zuversicht, es zu bewältigen.

Ein anderes einfaches, aber wirksames Beispiel von Normalisieren besteht darin, wenn eine Mutter ihrem kleinen Kind sagt, daß es „müde" und nicht, daß es „ungezogen" ist. „Müde" impliziert, daß es vorübergeht, sobald das Kind ausreichend geschlafen hat. Viele Mütter berichten, daß sie damit Erfolg gehabt haben.

Fallbeispiel: Drei sind eine ganze Menge

Herr und Frau P., unterschiedlicher ethnischer Herkunft, kamen mit dem FBS in Kontakt, nachdem die dreizehnjährige Tochter, die aus der früheren Ehe von Frau P. stammte, sich mit ihrem Stiefvater einen Faustkampf geliefert hatte.

Die nun seit zwei Jahren bestehende Ehe war sehr konfliktgeladen. Es ging darum, wie die beiden Kinder von Frau P. diszipliniert werden sollten, ob Herr P. „Herr im Haus" sein sollte, wer aufräumt und spült, wieviel Zeit Frau P. für sich selbst in Anspruch nehmen dürfe, welche Lebensmittel man kaufen, welches Essen man kochen sollte.

Sie stritten sich häufig und warfen sich vor, daß keiner sich um den anderen kümmere und ihn nicht respektiere. Oft fragten sie sich, ob sie es schaffen würden, als Paar und Familie miteinander klar zu kommen. An der Entscheidung, geheiratet zu haben, kamen Zweifel auf. Dennoch fühlten sich beide verantwortlich, die Ehe zum Funktionieren zu bringen, weil sie „tief drinnen" aneinander interessiert waren.

Das Team entschied sich dafür, das Problem unter einer Entwicklungsperspektive zu betrachten. Sie komplimentierten dieses Paar dafür, daß beide es „ausgehalten" hatten und sich um das Funktionieren bemühten. Das Team sagte folgendes: „Wir sehen, wie überwältigt und mutlos Sie sich von Zeit zu Zeit vorkommen müssen. Und das ist kein Wunder. Die meisten Paare haben die Zeit, sich „zusammenzuraufen", um genau herauszufinden, wie zwei Menschen miteinander leben können. Ein Paar zu werden, ist an und für sich schon harte Arbeit. Sie haben Ihre Ehe damit begonnen, zu lernen, wie Sie gemeinsam erziehen können und sich zur gleichen Zeit als Paar miteinander zu arrangieren. Es ist also nicht überraschend, daß Sie sich müde und überfordert und zeitweise ganz durcheinander fühlen. Das ginge jedem so, der in Ihrer Situation wäre." Tatsächlich war das Team verwundert, daß die Lage nicht noch schlimmer war.

4. Illusion der Alternativen

JedE möchte gern wählen können oder doch zumindest glauben, daß sie wählen kann. Wenn man mit FBS-KlientInnen arbeitet, kann man eine Zustimmung dadurch erreichen, daß man eine Illusion der Alternativen anbietet. Indem sie eine Wahl treffen können, können sie einer Option zustimmen, die sie wenig schmackhaft und anderenfalls unakzeptabel gefunden hätten.

Beispiele:

TherapeutIn: Wäre es leichter für Sie, um acht Uhr oder um elf Uhr zum Gespräch zu kommen (oder Dienstag oder Donnerstag)?

Möchten Sie zuerst daran arbeiten, trocken zu bleiben oder lieber daran, nicht in eine depressive Stimmung zu geraten?

Sollten Sie morgens erst einmal aufstehen und sich dann später positiv auf den Tag einstellen oder sollten Sie sich zuerst positiv auf den Tag einstellen und dann aufstehen?

Wie diese Beispiele verdeutlichen, geht es bei diesem Ansatz nicht um die Optionen selbst, sondern darum, der KlientIn den Eindruck zu geben, daß sie wählen kann. Wenn man kleine Entscheidungen treffen kann, werden dadurch im Alltag eine Reihe von Dingen erleichtert; z.B. ein Bad zu nehmen, Gemüse zu essen, Hausarbeit zu machen, eine Terminvereinbarung mit der TherapeutIn einzuhalten und darüber hinaus sogar wichtige Veränderungen im eigenen Leben vorzunehmen.

Die folgenden vier Interventionen sind im Umgang mit KlientInnen vom Typ „KlagendE" oder „KundIn" hilfreich.

5. Umdeuten – Alter Wein in neuen Schläuchen

In der familientherapeutischen Arbeit wird die Technik des Umdeutens als effektiv und nützlich angesehen und ausgiebig eingesetzt. Auf sanfte und doch wirkungsvolle Weise wird der KlientIn ein anderes Bild ihrer mißlichen Lage vor Augen geführt und der Weg geebnet, das Problem auf andere Weise aufzufassen. Es wird dadurch die Möglichkeit, eine neue Lösung für ein altes Problem zu finden, erleichtert.

Umdeuten besteht in einer einfachen, alternativen und gewöhnlich positiven Interpretation lästigen Verhaltens. Auf diese Weise bekommt die Interaktion der KlientIn mit den Menschen in ihrer Umgebung positive

Bedeutung, was sie davon befreit, ihr Verhalten zu ändern. Neue und andere Verhaltensweisen kommen so ins Blickfeld und es wird möglich, Veränderungen zu wagen und das „Gesicht zu wahren." Die Folge davon ist, daß die KlientIn ihre Situation anders wahrnimmt und sogar Lösungen findet, die sie nicht für möglich gehalten hat.

An verschiedenen Stellen in diesem Buch sind Sie bereits auf Beispiele des Umdeutens gestoßen. Ärger kann beispielsweise in starke Betroffenheit, Auseinandersetzungen als Ausdruck von Unabhängigkeit oder tiefes Besorgtsein übersetzt werden.

Weitere Beispiele für Umdeutung:

faul	– unbesorgt sein, entspannen können, sich zurücklehnen, leicht nehmen
aufdringlich	– selbstsicher, geschäftig, handlungsorientiert
ungeduldig	– handlungsorientiert, hohe Erwartungen,
nachlässig	– distanziert, anderen Raum lassen
depressiv	– überfordert, still, nachdenklich
aggressiv	– kraftvoll, die eigene Stärke unterschätzen
nörgeln	– betroffen sein, das Beste zum Vorschein bringen wollen
zurückgezogen	– nachdenklicher Mensch, scheu, still

Stellen Sie sich vor, daß Sie von eineR anderen denken, sie sei „depressiv". Sie werden sich ihr gegenüber ganz anders verhalten, als jemandem gegenüber, von der Sie sagen, daß sie „überfordert und still ist oder ihr Tempo verlangsamt hat". Indem man einer KlientIn hilft ihr Verhalten „in einen anderen Rahmen" zu stellen, steigen die Chancen, daß sie anders über sich denkt, anders fühlt und handelt.

Die einzelnen Schritte beim Umdeuten

1. Auf welche Weise interpretieren Sie augenblicklich das unerwünschte Verhalten der KlientIn?

2. Üben Sie sich darin, dieses Verhalten mit einer Reihe alternativer Interpretationen zu versehen.

3. Wählen Sie eine dieser Interpretationen, die Ihnen am glaubwürdigsten erscheint und am besten zum Denk- und Verhaltensstil der KlientIn paßt.

4. Legen Sie sich in Gedanken eine Formulierung zurecht, die eine neue positive Interpretation darstellt.

5. Bieten Sie diese Formulierung der KlientIn an.

6. An der Reaktion der KlientIn können Sie erkennen, ob sie Ihre Umdeutung annimmt oder nicht. Eine stimmige Umdeutung bringt eine sichtbare Veränderung bei der KlientIn hervor. Es gibt unterschiedliche Reaktionen: viele sind überrascht, schockiert oder amüsiert, fangen an zu lachen oder haben ein „Aha-Erlebnis". Solche Reaktionen zeigen an, daß Sie es gut getroffen haben.

Fallbeispiel

Peggy ist 32 Jahre alt und hat zwei Töchter, die sie alleine erzieht. Lisa ist vierzehn, Melodie elf. Sie wurde an den FBS verwiesen, nachdem eine Untersuchung ergeben hatte, daß die vierzehnjährige Lisa physisch und psychisch mißhandelt worden war. Lisa berichtete, daß ihre Mutter sie getreten hätte, ihr drohte, sie umzubringen und sie als „Schlampe und Nutte" beschimpft hätte. Lisa war zuvor sechs Monate in Therapie gewesen. Die Mutter hatte sie aus der Behandlung genommen, da sie fand, daß Lisa dadurch immer „hochnäsiger" würde.

Die Großmutter findet, daß sich Peggy mit der ganzen Welt im Kriegszustand befindet, es sich mit jedeR in der Familie verscherzt habe und daß sogar sie sich manchmal vor ihr fürchte.

Es war leicht zu erfassen, warum Peggy von allen als aufbrausend, aggressiv und furchteinflößend gesehen wurde. Ihre Art hatte auch bei der SozialarbeiterIn gewirkt. Peggy war sehr enttäuscht darüber, daß Lisa Ladendiebstähle machte, die Schule schwänzte und sich für Jungen interessierte. Wenn man sie danach fragte, welche Probleme Lisa ihr bereitete, ergoß sie sich in endlosen Klagen über Lisas Verhalten.

Die TherapeutIn sah, daß es besonders auf eine Vertrauensbeziehung zu Peggy ankam, wenn man Lisa helfen wollte, und sie fragte Peggy, ob sie sich schon immer so um Lisa gesorgt hatte. Diese Bemerkung reichte aus, um sie zum Weinen zu bringen und sie erzählte von ihren starken Gefühlen für Lisa. Sie machte sich Gedanken darüber, ob sie Lisa vielleicht zu sehr verwöhnt hatte, indem sie ihr alle Wünsche erfüllte und dabei nie an sich gedacht hatte. Außerdem wollte sie Lisa davor bewahren, den Fehler zu wiederholen, den sie als Teenager gemacht hatte.

In den späteren Sitzungen wurde Peggys Neigung, sich sofort in einen Streit zu verwickeln, als ihre persönliche Art umgedeutet, sich selbst zu vertreten und das zu machen, was sie für richtig hielt, selbst wenn sie einen hohen Preis dafür zahlen mußte.

Überzogene Erwartungen von Eltern an ihre Kinder können umgedeutet werden in „hohe Ziele für sie setzen". Die „geheimnistuerische" Art einer KlientIn kann als Verlangen nach Privatheit aufgefaßt werden und sie sollte sich daher genug Zeit nehmen, bevor sie sich sicher fühlt, daß sie jemandem wie einer „SozialarbeiterIn" trauen kann.

Fallbeispiel

Ron und Betty hatten geheiratet, als Betty ein Kind erwartete. Sie waren damals gerade 18 und 17 Jahre alt. Sie hatten kein leichtes Leben gehabt; als ihre drei Kinder noch kleiner waren, hatte Ron zeitweise drei Jobs zur gleichen Zeit. Heute müssen beide arbeiten. Während einer ihrer heftigen Streitereien über Bettys Unordnung und Rons Unzufriedenheit, platzte Betty damit heraus, daß Ron immer „gesunden Menschenverstand" gehabt hätte, wenn es um Entscheidungen bezüglich der Kinder gegangen sei. Beide waren sich einig, daß Betty in diesem Bereich weniger Geschick hatte.

Die TherapeutIn griff dies sofort mit ihrem Kommentar auf: „Kann sein, daß es sich so verhält. Aber Sie waren eben auch klug genug, jemanden mit gesundem Menschenverstand zu heiraten. Was sagt das über Sie aus?"

Diese kleine Umdeutung veränderte die Gesprächsatmosphäre von gegenseitigem Vorwurf und Kritik und es konnte nun ausgesprochen werden, wie gut sie es doch bei der schwierigen Startsituation im Endeffekt geschafft hatten.

6. Mitverfolgen, was gelingt

„Beobachten Sie bitte in der Zeit von unserer heutigen bis zur nächsten Sitzung, was in Ihrem Leben gut funktioniert (mit Ihrem Sohn, Ihrer Stimmung, Ihrem Ehemann usw. oder was sonst das das Gegenteil vom Problem sein mag), von dem Sie möchten, daß es immer wieder auftritt."

In dieser Direktive an die KlientIn wird die Aufmerksamkeit auf etwas verlagert, was gut geht, anstatt Probleme und Mißlingen hervorzuheben. Die KlientIn lernt dabei, welchen Maßstab sie anlegt, ihre Lage zu verbessern, Muster von Aktion und Reaktion, die gelingen, innerhalb ihrer persönlichen Beziehungen zu beachten. Solche Beobachtungen können der KlientIn ein Gefühl dafür vermitteln, daß sie ihr Leben erfolgreich bewältigen und kontrollieren kann. Denken Sie daran, Aufgaben so zu formulieren, wie es in Kapitel 6 beschrieben wurde. Diese Formulierungen – wenn statt wenn – implizieren, daß die KlientIn den Automatismus, sich in einer bestimmten, unerwünschten Weise zu verhalten, überwinden kann. Ihre Aufmerksamkeit wird so auf die positiven

Dinge, die sie bewerkstelligt, gerichtet und nicht auf die Momente, wo alles schief geht.

7. Probleme externalisieren – „Der Teufel hat mich geritten"

Bei Kindern jeden Alters und bei einigen Erwachsenen kann die Technik des Externalisierens erfolgreich eingesetzt werden. Ursprünglich stammt dieser Ansatz von Michael WHITE (Australien), der damit „Launen" von Kindern und Jugendlichen behandelte und darauf abzielt, sich mit den Kräften der KlientIn zu verbünden, um „den Kampf mit dem Teufel" aufzunehmen, der sie in die Probleme hineintreibt.

Diese Strategie empfiehlt sich da, wo es praktisch und angebracht ist, nicht mit der KlientIn in einen Kampf zu geraten, sondern sich vielmehr ihrer Haltung anzuschließen, die Schuld für ihr Verhalten an äußeren Dingen festzumachen. Die KlientIn kann deshalb ruhig von den verschiedenen Versuchen erzählen, die „Zähmung der Monster" oder den „Kampf mit dem Teufel" aufzunehmen und zu gewinnen, um Monster oder Teufel zu besiegen, die ihr diese Probleme bescheren.

Einige Alkohol- und Drogentherapie-Programme basieren auf dem gleichen Prinzip, bei dem den Betroffenen erklärt wird, daß die Sucht die Kontrolle übernommen hat und ausübt. Die zwölf Schritte der Anonymen Alkoholiker bekämpfen die Sucht, indem man die eigenen Kräfte mit der Kraft aller anderen bündelt.

KlientInnen, seien es Jugendliche, Erwachsene oder Kinder, können sich an solchen Sachen begeistern wie: Stehvermögen aufzubauen; die raffinierten, hinterhältigen und verschlagenen Versuchungen des Alkohols zu überlisten; schlechte Laune, Faulheit, Aufbrausen zu bekämpfen; der Versuchung „zu protzen" zu widerstehen.

8. Aufspaltung des Teams

Diese Möglichkeit bietet sich an, wenn die KlientIn in einem psychischen Zwiespalt steckt und sich nicht in der Lage fühlt, zwischen zwei gleichermaßen gewichtigen Optionen zu entscheiden. So zum Beispiel, wenn sie sich fragt, ob sie die Chance einer ungewissen Zukunft ergreifen oder lieber in einer unglücklichen, zeitweise quälenden, aber bekannten und vertrauten Beziehung bleiben soll.

Wenn der TherapeutIn eine Entscheidung klar und greifbar erscheint, gerät sie leicht in Versuchung, der KlientIn zu raten, was sie tun soll, um dann letztendlich enttäuscht zu sein, wenn es der KlientIn nicht gelingt, die Entscheidung durchzuhalten. Hier bietet die Technik der Aufspaltung des Teams eine gute Möglichkeit, dieser Versuchung zu entkommen.

Diese einfache Technik ist entworfen, um die Ambivalenz der KlientIn zu verdeutlichen, indem die TherapeutIn eine Seite des Konflikts betont, während das Team (oder einE unsichtbare SupervisorIn oder TeammitarbeiterIn) die andere Seite vertritt. Auf diese Weise betont die TherapeutIn die Schwierigkeit einer richtigen Entscheidung. Das Dilemma wird klar benannt und die Optionen erwogen.

Ein Beispiel:

Eine Klientin steht kurz davor, daß ihr die Kinder weggenommen werden. Auch wenn sie von Zeit zu Zeit an einen gefährlichen Punkt kommt, so sorgt sie trotz ihres Kokainmißbrauchs noch für eine Grundversorgung ihrer Kinder. Es klingt wie ein Lippenbekenntnis, wenn sie sagt, daß sie die Familie zusammenhalten möchte und zugleich scheint sie auf die Barrikaden zu gehen, wenn es darum geht, wie sehr sie sich dafür einzusetzen bereit ist.

Der jungen Mutter eines zwölfjährigen Mädchens gegenüber wurde der Verdacht geäußert, daß ihre Tochter vom Freund der Mutter sexuell belästigt würde. Eine medizinische Untersuchung und Interviews mit dem Mädchen waren ergebnislos verlaufen. Die KlientIn möchte nun einerseits ihrem Freund nicht Unrecht tun, andererseits ihrer Tochter Glauben schenken. Beides gleichzeitig zu tun, ist ziemlich schwierig. Da sie die Konsequenzen einschätzen kann, fühlt sie sich sehr gespalten und unklar, was sie tun soll. Sie weiß nicht, ob sie die Beziehung verlassen oder darin bleiben soll. Sie kann den Preis und den Nutzen beider Entscheidungen sehen.

Das Vorgehen im einzelnen

Die TherapeutIn übernimmt immer die positive, gesunde, motivierte Seite, die bereit ist, bei der Suche nach Lösungen Risiken auf sich zu nehmen. Das Team greift die andere Seite des Dilemmas auf und betont den Wunsch nach Stabilität der Situation.

Manchmal kann die TherapeutIn eine „verwirrte" Haltung einnehmen, während sich das Team in zwei Hälften aufteilt: „die eine Hälfte des Teams glaubt, Sie sollten Ihren Freund rauswerfen, während die andere Hälfte glaubt, daß Sie die Beziehung aufrechterhalten sollten, für den Fall, daß er sich ändert. Ich weiß nicht, welches für Sie der beste Weg ist, weil beide Seiten ihr Pro und Kontra haben."

Fallbeispiel: Am dem Weg ins Krankenhaus

Kathy ist 22 Jahre alt und hat einen Freund, der sie mißhandelt. Sie findet dafür Entschuldigungen. Auf der einen Seite ist sie wütend und fühlt sich wegen der Mißhandlungen gedemütigt, andererseits rechtfertigt sie seine Gewalt und seinen Alkohol- und Drogenmißbrauch. Wenn er nicht unter Drogen stehe, sei er der liebenswürdigste, aufmerksame und hilflose „kleine Junge", der sie braucht. Seit sie siebzehn war ist sie mit ihm zusammen; seine Familie hat ihn abgelehnt. Andererseits weiß sie nicht, „was sie mit zwei Kindern anfangen soll". Ken empfindet es als Demütigung, von der Polizei aus der Wohnung geworfen zu werden. Ebenso findet er ihr Nörgeln schrecklich, daß sie ihm Sachen nachwirft und kontrolliert, wohin er geht.

Eine Situation wie die von Kathy kann jedE TherapeutIn zur Verzweiflung bringen. Polizei und Gerichte verlieren mit solchen KlientInnen rasch die Geduld. Fast jedE, ob FreundInnen oder die Familie, ist sauer auf sie, weil sie nach Hilfe und Ratschlägen ruft, wenn alles mal wieder schief läuft. Am Ende aber setzt sie davon nichts in die Tat um. Sie vernachlässigt die Kinder, die Polizei wird gerufen und setzt ihren Freund auf die Straße. Man geht auseinander. JedE macht einen Seufzer der Erleichterung, nur um dann zu erfahren, daß sie sich wieder versöhnt und versprochen haben, es beim nächsten Mal besser zu machen, ohne daß sich etwas grundlegend geändert hat. JedE ist auf der Hut und gespannt, wann das Ganze wieder von vorne losgeht. Die meisten FBS-TherapeutInnen kennen diese Fälle.

Nach einer dieser heftigen Auseinandersetzungen gab ihr das besorgte Team während einer Sitzung folgende Botschaft:

„Kathy, uns allen ist deutlich, daß Sie und Ken das erreichen wollen, was für Sie alle gut ist und daß Sie beide harte Zeiten haben durchleben müssen, um das zu bewerkstelligen. Das Team ist in besonderer Weise wegen der zunehmenden gewaltsamen Auseinandersetzungen zwischen Ihnen beiden besorgt. Wir machen uns ernste Gedanken darüber, wie Sie es schaffen, die Kinder und sich selbst vor Schaden zu bewahren. Das Team möchte Ihnen ernsthafte Überlegungen mitteilen zur Frage, wann Sie sagen würden: „Jetzt ist's aber genug!": auf dem Weg ins Krankenhaus mit einem verrenkten Hals, wenn einer von Ihnen die Kinder ernstlich verletzt, oder auf dem Weg ins Leichenschauhaus. Andererseits weiß ich selber gar nicht mehr, was ich denken soll, weil ich weiß, wie sehr Sie sich darum bemühen, das Beste für die Kinder zu tun."

Kathy war sichtbar erschüttert und versprach, daß sie es nicht zulassen werde, daß den Kindern etwas passiert; sie sagte, sie wolle nicht sterben, und sie wolle Kenny nicht töten. Wie wir später erfuhren, verließ sie Ken nach einem weiteren Streit.

Wenn man ohne Team arbeitet

Auch wenn man kein Team zur Verfügung hat, kann man diesen Ansatz dennoch nutzen. Die einfachste Möglichkeit besteht darin, der KlientIn zu sagen „Die eine Seite in mir denkt... (hier fügt man die entsprechende Bemerkung ein), während meine andere Hälfte denkt... (hier folgt die andere Bemerkung). Wenn ich ganz ehrlich bin, so wüßte ich nicht, welches die bessere Wahl darstellt".

Eine andere Möglichkeit, die Ambivalenz der KlientIn zum Ausdruck zu bringen, ist die folgende Bemerkung: „Meine langjährige Erfahrung mit Problemen, wie Sie sie haben, würde mir raten, daß Sie folgendes tun (einfügen der einen Wahlmöglichkeit). Ihr Problem ist jedoch ganz einzigartig und unterscheidet sich von den meisten anderen. Wenn ich also Ihre Situation mit einbeziehe, würde ich eher vorschlagen, daß Sie folgendes tun (einfügen der anderen Wahlmöglichkeit). Von daher bin ich nicht sicher, was ich raten soll. Ich möchte nun, daß Sie über all dies nachdenken und mir bei unserem nächsten Treffen erzählen, welche Schritte Sie gegangen sind."

Die nun folgenden sieben Interventionen sind für KlientInnen, die als „KundInnen" kommen, nützlich.

9. Was tun Sie, wenn es Sie wieder überkommt

Diese Intervention geht davon aus, daß sich im Leben der KlientIn zwischen den Sitzungen schöne und positive Dinge ereignen. Aufgabe der KlientIn ist es nun, auf diese Dinge zu achten, so daß sich das Augenmerk darauf richtet, was und wer ihr hilft, ihre Situation zu verbessern.

Der achtjährige Naco und sein zehnjähriger Bruder Nicolas lebten seit kurzem bei ihrer Oma, nachdem man festgestellt hatte, daß Naco im Pflegeheim sexuell mißhandelt worden war. Anfangs war die Großmutter, die alleine lebte und zwei Tätigkeiten nachging, nicht bereit, die Kinder aufzunehmen. Sie stimmte dann aber zu, weil die Mutter der beiden Jungen aufgrund ihres Drogenkonsums nicht in der Lage war, die Erziehung der Kinder zu übernehmen.

Die Großmutter zweifelte an ihren eigenen Erziehungsmethoden und hielt das Bild aufrecht, daß die Mutter eine gutherzige Frau sei, aber durch Drogen und schlechten Einfluß auf die falsche Bahn geraten sei.

Die TherapeutIn nahm ihre Sichtweise an, zumindest für den Augenblick, und gab ihr fürs erste folgende Beobachtungsaufgabe: „Bitte achten Sie darauf, was mit Naco und Nicolas passiert, das Ihnen zeigt, daß es gut für die beiden ist, bei Ihnen zu leben." In einer späteren Sitzung wurde diese Aufgabe umformuliert und das Tun der Großmutter betont: „Wir möchten Sie bitten, einmal darauf zu achten, was Sie tun, um den Kindern zu helfen, über ihre negativen Erfahrungen hinwegzukommen."

In der Arbeit mit einer KlientIn, die von sich glaubt, keine Kontrolle über ihr Leben zu haben, kann man gut mit derartigen Aufgaben beginnen. Mit der Zeit können Sie diese Aufgaben inhaltlich umformulieren. Dabei ist es zu empfehlen, kleine Veränderungen vorzunehmen, weil es der KlientIn dann leichter fällt, positive Veränderungen sich selbst zuzuschreiben.

10. Verändern kleiner Teile im Familienmuster

Dies ist die einfachste und leichteste Aufgabe, die man einer Familie geben kann. Bei Problemen und Lösungen folgt jedes Muster, jede Verhaltenssequenz bestimmten Regeln. Die Veränderung eines kleinen Teils dieser Muster kann gelegentlich im „ewig selben Trott", dem sie folgen, einen wesentlichen Unterschied hervorbringen.

Wenn ein Ehepaar unter seinen Streitereien leidet, sollten Sie Details des Streitmusters herausfinden: wo, wie lange, wann, worüber streiten sie, wer sagt was, was passiert dann usw. Finden Sie heraus, worin der kleinste Schritt besteht, den sie in ihrer Streitsequenz ändern können. Sie können damit experimentieren. Es kann beispielsweise einen großen Unterschied machen, wenn sie in einem anderen Raum streiten. Vielleicht sind sie bereit, nur im Schlafzimmer zu streiten, sich nur auf ein Thema zu konzentrieren, niemals während einer Mahlzeit oder nur in einem Einkaufszentrum, wo die Öffentlichkeit als Sicherheitsfaktor wirkt.

Eltern, die sich über ihren fast erwachsenen Sohn ärgern, der morgens nicht rechtzeitig aufsteht, sagen meist immer wieder das gleiche; die gleichen Bitten, Vorhaltungen, Anreize, Drohungen und immer wieder die gleichen Strafen. Wenn man mit diesen Jugendlichen spricht, können sie das, was ihre Eltern sagen, fast wortwörtlich wiederholen. Auch wenn sie hören, was ihre Eltern sagen, so gehorchen sie den Anweisungen nicht. Eltern, die das nicht sehen, wiederholen ihre Forderungen bis zur „Weißglut" und werden immer ärgerlicher, weil das Kind ihnen nicht „zuhört".

Sobald eine Mutter, die mit einem solchen Problem konfrontiert ist, damit aufhört „mehr desselben" zu tun und etwas anderes tut, vergrößern sich ihre Optionen. Sie kann damit aufhören, ihren Sohn daran zu erinnern, pünktlich aufzustehen; sie kann Mithilfe im Haushalt verlangen, da er sich ja weigert, in der Schule zu arbeiten. Er soll mithelfen und nicht nur herumsitzen und fernsehen. Man kann ihn dazu zwingen, den ganzen Tag im Bett zu bleiben, so daß ihm weder Fernsehen, Radio noch sonstige Unterhaltungen zur Verfügung stehen; man kann sein Telefon „aus Versehen" abschalten; es findet sich nichts zu essen im Kühlschrank; es gibt kein Taschengeld: So gibt es eine Reihe anderer Dinge, die es zu Hause so ungemütlich und unbequem werden lassen, daß es besser ist, in die Schule zu gehen.

Ein Ehepaar, das immer über bestimmte heikle Themen in Streit gerät, kann sich verabreden, nur noch an öffentlichen Orten über diese Themen zu sprechen. Dies kann in einem Café sein oder in einem Restaurant. Damit ist eine Sicherheit vor Eskalationen mit eingebaut. Paaren, die berufstätig sind und entsprechende Erfahrung mit Arbeits- oder MitarbeiterInnenzusammenkünften haben, kann die TherapeutIn sagen, daß auch Paare solche Treffen von Zeit zu Zeit brauchen und deshalb mit einer Themenliste zu den Sitzungen kommen sollen.

Dieser „Besprechung" kann sie dann eine bestimmte Struktur geben, indem sie darauf hinweist, daß das erste Treffen einer Zusammenstellung der Probleme, das zweite einem Zusammenfügen beider Listen und das dritte dem Herausarbeiten von Lösungen dient. Dieses Vorgehen im Sinne kleiner Schritte muß sich jedoch hinreichend von dem unterscheiden, was die beiden selbst gemacht haben. Auch wenn es nur kleine Unterschiede sind, so erhöhen sie doch die Erfolgschancen.

Fallbeispiel

Joe und Betty räumten ein, daß ihre Meinungsverschiedenheiten hinsichtlich ihres Erziehungsstils oft außer Kontrolle gerieten. Zeitweise wurde es sehr hitzig, und es endete damit, daß sie sich prügelten – besonders, wenn sie Alkohol getrunken hatten. Sie sahen darin sowohl eine Gefahr für ihre Ehe als auch für ihre beiden Kinder, die sie schon nachmachten und sich Sachen nachwarfen und beschimpften.

Sie berichteten, daß sie es noch nie fertiggebracht hatten, als Team zusammenzuarbeiten. Betty, die aus einer großen Familie stammte, wo sie die kleineren Geschwister mit erzogen hatte, sah sich selbst als Expertin in Sachen Erziehung. Joe war sich in seiner Rolle als Erziehender etwas unsicherer, aber willens zu lernen. Darüberhinaus hatte er dezidierte Vorstellungen davon, wie ein Junge erzogen werden sollte und er wollte dementsprechend auch starken Einfluß auf die Erziehung seiner Söhne nehmen.

Das Paar bekam folgenden Auftrag: Sie sollten sich zwischen den Sitzungen zweimal treffen und zwar in der Öffentlichkeit, in einem Restaurant oder in einem nicht zu teuren Café. Beim ersten Treffen sollte es nur darum gehen, ihre Vorstellungen von Erziehung zusammenzutragen, ohne einander überzeugen zu wollen oder den Konflikt zu lösen. JedE durfte so tun, als hörte er/sie dem anderen zu, wenn er/sie nicht seiner Meinung war, aber keinE durfte die eigene Sichtweise dagegensetzen. Anschließend sollten sie das machen, wozu sie Lust hatten: ins Kino gehen, einen Ausflug machen oder etwas anderes, was ihnen beiden Spaß machte.

Beim zweiten Treffen, das innerhalb von 48 Stunden nach dem ersten folgen sollte, ging es darum, ihre Ideen über mögliche Kompromisse ihrer Sichtweisen auszutauschen und die Aktionen, die man unternehmen mußte, um dies zu bewerkstelligen. Wiederum sollten sie einander lediglich die Ideen vorstellen, ohne irgendeinen Versuch zu unternehmen, sie in die Tat umzusetzen.

Diskussion:

Es ist deutlich geworden, daß mit solch kleinen Schritten, die auf die Situation und Bedürfnisse der KlientInnen zugeschnitten sind, ihre Sicherheit gewährleistet ist und sie auf diesem Wege wahrscheinlich lernen, Probleme zu lösen.

11. Geheimes Zeichen

Für diese Intervention gebührt die Anerkennung einer Gruppe von begabten TherapeutInnen in Denver (Charlie JOHNSON und Yvonne DOLAN), die mir über die Wirksamkeit dieses Vorgehens bei Familien, die zur Gewalt neigen, berichtet haben. Selbst wenn kleine Kinder mit einbezogen sind, funktioniert diese Intervention gut.

Für Familien, bei denen Gewalt ein vorrangiges Problem darstellt, ist Sicherheit ein besonders wichtiger Faktor. Deshalb ist es einen Versuch wert. Als Teil einer Verabredung oder eines Vertrages vereinbaren TherapeutIn und alle Familienmitglieder, einen bestimmten Gegenstand (wie zum Beispiel eine Puppe, eine Familienkostbarkeit, ein bestimmtes Spielzeug, ein Souvenir oder das häßliche Geschenk einer Tante) als Signal zu benutzen. Wenn sich zu irgendeinem Zeitpunkt jemand in der Familie vor Gewalt oder komischen Berührungen fürchtet, kann er den

Gegenstand an sich nehmen. Das Verschwinden des Gegenstands bedeutet für alle in der Familie, daß sich jemand in der Familie fürchtet und deshalb muß jemand die TherapeutIn oder die Polizei rufen.

Durch diese Sicherheitsmaßnahme bekommt jedE den Eindruck, etwas Kontrolle zu haben; jedE in der Familie kann etwas unternehmen, um sich und die Familie zu schützen.

12. Hilfreiche Suggestion

Diese Idee stammt ebenfalls von meiner Kollegin Yvonne DOLAN aus Denver. Diese Methode hat sich bei einer besonders traumatisierten, schwer verletzten oder in einer Krise befindlichen KlientIn bewährt. Die Intervention verläßt sich auf die jedem Menschen innewohnende Selbstheilungsfähigkeit.

Bitten Sie die KlientIn, sich ein wohltuendes Wort oder Symbol vorzustellen oder einen Satz mit einer besonderen positiven Bedeutung. Vielleicht den Gedanken an eine Großmutter, die besonders unterstützend war, aber nun nicht mehr lebt; ein entspannendes und beruhigendes inneres Bild. Lassen Sie die KlientIn diesen Satz mit ihrer nicht-dominanten Hand aufschreiben. Sie soll dieses Blatt Papier immer bei sich tragen. (Mit der nicht-dominanten Hand zu schreiben, bedeutet eine größere Mühe und die Worte sehen aus, als ob ein Kind sie geschrieben hätte.) In einem Moment, wo sie sich fürchtet, unsicher oder ängstlich fühlt, kann sie sich den Satz vorlegen und sich beruhigen. Wenn das Blatt Papier abgenutzt ist oder sich die Bedeutung des Satzes ändert, kann die KlientIn einen neuen Satz niederschreiben.

13. So tun, als sei ein Wunder geschehen

Wenn Sie eine gute Beschreibung eines Wunders bekommen haben, auf konkrete, realistische und meßbare Weise (vgl. hierzu auch Kapitel 6, das sich mit Wunderfragen befaßt), dann bitten Sie Ihre KlientIn, sich einen passenden Tag auszusuchen. Ihr wird für diesen Tag folgendes aufgetragen: „Tun Sie so, als wäre das Wunder geschehen. Tun Sie alles, was Sie tun würden, wenn das Wunder geschähe und achten Sie darauf, was Sie erkennen, was anders ist – bei Ihnen selber, Ihrer Familie und wie andere Menschen auf Sie reagieren."

Fallbeispiel: Die Eltern mit einem Wunder an der Nase herumführen

Der fünfzehnjährige Rex war nach mehrfacher stationärer und ambulanter Behandlung (Einzel-, Gruppen- und Familienberatung) eine Art „Therapieprofi". Er trank Alkohol, nahm Drogen und handelte auch damit. Durch die Schule kam er nur mit knapper Not, häufigem Schwänzen und schlechten Noten, und das, obwohl er ein sehr intelligenter Junge war. Seine Eltern fühlten sich ausgenutzt, waren in einem Zustand permanenter Verärgerung und zogen als letzte Lösung den Dienst „Kind in Not" in Betracht.

Als ihm in der Anfangsphase die Wunderfrage gestellt wurde, beschrieb er die Dinge, die er machen würde, wenn ein Wunder geschehen wäre, in allen Einzelheiten: „Ich würde um sechs Uhr aufstehen, gut frühstükken, pünktlich zur Schule gehen und dort richtig mitarbeiten. Am Nachmittag würde ich meine Hausaufgaben machen, aufräumen, meiner Familie während des Essens über meinen Tag erzählen, im Haushalt mithelfen, vielleicht noch mit Freunden telefonieren und schließlich zu Bett gehen."

Das Team entschied sich dafür, sich die heimlichtuerische und etwas hinterlistige Art zunutze zu machen und gab ihm folgende Intervention.

Rex sollte an zwei Tagen seiner Wahl während der nächsten zwei Wochen so tun, „als sei ein Wunder geschehen" und alles machen, was er in solch einem Fall tun würde. Er sollte seinen Eltern verheimlichen, welches der „Wunder-Tag" wäre, aber gut darauf acht geben, ob seine Eltern bemerken würden, daß an diesen Tagen etwas anders war. Die Eltern ihrerseits sollten herausfinden, welches der besagte Tag war und es Rex mitteilen. Sie sollten jedoch nicht darüber sprechen, sondern ihm eine kleine Anerkennung zukommen lassen, indem sie ihm beispielsweise einen wohlwollenden Klaps auf die Schulter gaben, sein Lieblingsessen kochten, ihn zum Eis einluden etc.

Am Ende lagen die Eltern natürlich falsch mit ihrem Urteil, welches die „Wundertage" gewesen waren: sie hatten sechs Tage ausgemacht, statt der zwei verabredeten.

Der nächste Schritt besteht darin, die KlientInnen dazu zu veranlassen, solche Tage so oft wie möglich zu wiederholen.

14. Der rosarote Elefant

Diese Intervention hat sich bei Kindern jeden Alters und jeder Herkunft als erfolgreich erwiesen. Es gibt auch eine für Erwachsene passende Form.

Sie stellt sich als ideale Intervention heraus bei Personen, die sich in ihren sozialen Beziehungen als hilflose und machtlose Opfer fühlen. Einige Kinder, die Ziel der Angriffe und Hänseleien der anderen geworden sind, reagieren auf vorhersagbare Weise; sie verhalten sich unterwürfig, ängstlich oder vermeiden Blickkontakt mit den anderen Kindern, die sie ärgern. In dem Moment, wo sich ein „Provokateur" nähert, läuft das Kind gewöhnlich weg, beginnt zu weinen, petzt bei der LehrerIn oder anderen Erwachsenen. Dies fordert natürlich noch mehr Provokationen heraus.

TherapeutInnen können diese Kinder mit einer „geheimen Waffe" ausstatten. Sobald ein Kind als „KundIn" bereit ist, geben Sie ihm folgende Direktive:

Fallbeispiel 1

„Jason, ich möchte, daß du das, was ich dir jetzt sage, als Geheimnis bewahrst. Du darfst niemandem davon erzählen, denn es muß absolut geheim bleiben, um zu funktionieren. Jedesmal, wenn Jerry und seine Freunde ankommen, um dich zu ärgern, möchte ich, daß du drei Sachen machst. Zuallererst möchte ich, daß du dir einen riesigen rosaroten Elefanten vorstellst („Hast du schon ‚mal solch einen Elefanten gesehen?" „Nein? Nun, er zeigt sich nur im geheimen."), der vom Himmel herabfällt, genau auf Jerrys Kopf landet und ihn platt drückt. Natürlich kann Jerry das nicht sehen, aber du kannst es. Als nächstes möchte ich, daß du dir jedesmal, wenn du ihn siehst, vorstellst, daß ihm alle Haare ausgegangen sind und er keine Zähne mehr hat. So ist er glatzköpfig und ohne Zähne. Und als drittes möchte ich, daß du dir vorstellst, daß sein Hosenstall offen ist. Hast du verstanden? Wenn wir uns wiedersehen, erzählst du mir, was für dich anders gewesen ist."

Fallbeispiel 2: Ein nackter Chef

Eine Klientin beschrieb unter Tränen die Begegnungen mit ihrem Chef, der „mit Worten auf mich eindrischt und tobt". Sie mochte ihre Arbeit sehr, sah Aufstiegschancen, aber war wegen der Konflikte mit ihrem Chef kurz davor zu kündigen. Es war ein ähnliches Muster wie im Fall von Jason; sie würde in Tränen ausbrechen, nervös werden und weniger gut arbeiten, was wiederum den Zorn des Chef hervorrief.

Aus diesem Grund sollte sie eine abgewandelte Form des „rosaroten Elefanten" bekommen. Man schlug ihr vor, daß sie sich den Chef bei der nächsten Auseinandersetzung, wenn er sie anschrie, völlig nackt vorstellen sollte.

In der folgenden Sitzung berichtete sie von ihrer Entdeckung: ihr Chef ging mit jedeR im Büro so um. Es war nicht allein ihr Problem. Er hatte auch im Umgang mit anderen Angestellten ein schlechtes Benehmen.

Sie entschied sich dafür, es nicht persönlich aufzufassen und ihre Stelle zu behalten.

Diskussion:

Kinder wie Jason, die sich machtlos und als Opfer fühlen, brauchen ein geheimes Schutzschild, das ihnen ein Gefühl von Macht gibt und die Kraft, ihr Leben zu kontrollieren. In dem Moment, wo Jason sich vorstellt, sich an dem anderen Kind zu rächen, wird er eher lächeln und mit mehr Selbstvertrauen reagieren. Es ist unwahrscheinlicher, daß er sich duckt oder davonläuft. Etwas hat sich geändert und unterbricht das sonst typische Interaktionsmuster. Auf dieselbe Weise funktionierte es auch im Falle der jungen Frau und ihrem Chef.

15. Vorhersagen treffen

Immer wieder berichten KlientInnen von Ausnahmen, die jedoch nicht unter ihrer Kontrolle stehen. Sie beschreiben diese Ausnahmen so, als ob sie völlig spontan auftreten und vom Zufall abhängen. Da sie nicht genau beschreiben können, wie diese Ausnahmen auftreten, macht es keinen Sinn, sie darum zu bitten, die Ausnahmen erneut geschehen zu lassen. Die folgende Aufgabe kann KlientInnen zeigen, daß sie möglicherweise doch mehr Kontrolle über das Auftreten solcher Ausnahmen haben, als sie bislang glaubten.

Am Ende eines jeden Tages soll die KlientIn „eine Vorhersage" darüber treffen, ob der nächste Tag für sie ein „schlechter" oder „guter" Tag sein wird. Am nächsten Tag soll sie sich wie sonst verhalten und am Abend überprüfen und aufschreiben, ob es ein „guter" oder „schlechter" Tag gewesen ist. Damit soll sie bis zur nächsten Sitzung weitermachen.

Ein sorgfältiger Vergleich zwischen der Vorhersage und dem tatsächlichen Tagesverlauf liefert interessante Einsichten in die Fähigkeit von KlientInnen, jene Ausnahmen, die ihnen spontan und zufällig vorkamen, in absichtlich herbeigeführte zu verwandeln. Meine Erfahrung zeigt, daß die meisten KlientInnen wesentlich mehr „schlechte Tage" vorhersagen, als sie tatsächlich haben und sie entdecken beim Durchsprechen mit der TherapeutIn, daß die Woche viel besser verlaufen ist, als sie gedacht haben. Darüber hinaus entdecken sie noch weitere unerwartete Ausnahmen, die sie herbeiführen können.

Die TherapeutIn kann die Entdeckung der KlientIn, „mehr" solcher Ausnahmen herbeizuführen, ermutigen und verstärken und so ihre Erfolge ausweiten.

Fallbeispiel

Der elfjährige Marcus wurde wegen seines schon seit vielen Jahren bestehenden Bettnässens vorgestellt. Seine Pflegemutter war sehr frustriert und hatte alles ausprobiert, um dem Jungen zu helfen. Aber das hatte nur noch mehr Enttäuschung hevorgerufen.

Im Einzelgespräch mit Marcus wurde deutlich, daß ihn das nasse Bett sehr störte und er das Problem gerne gelöst hätte. Verschiedene Fragen verwiesen darauf, daß er bereit war, ein „Kunde" zu sein. Er wäre gerne wie die anderen Jungen in ein Sommercamp gefahren, hätte gerne bei Freunden übernachtet, aber traute sich wegen seines Problems nicht.

Bei genauem Nachfragen konnte Marcus eine Reihe von Ausnahmen benennen. So war er trocken, wenn er mit seinem Cousin bei der Oma schlief, aber auch mindestens ein- bis zweimal in der Woche bei sich zu Hause. Da er nicht erkennen konnte, worin der Unterschied zwischen den Nächten mit einem trockenen bzw. nassen Bett lag, sah er diese Ausnahmen als zufällig und nicht von ihm kontrollierbar an. Deshalb wurde ihm die Aufgabe gestellt, Vorhersagen zu machen.

Er bekam einen Tagesplan, auf dem er kurz bevor er zu Bett ging, vermerken konnte, ob er am Morgen ein trockenes oder nasses Bett vorfinden würde. Am Morgen darauf sollte er eintragen, ob seine Vorhersage richtig war oder nicht. Wenn sich seine Vorhersage als falsch erwies, mußte er es rechtfertigen. Wenn die Vorhersage richtig war, mußte er erklären, woher er es wußte. Was auch passierte, man konnte ihm Anerkennung dafür aussprechen, daß er wußte, welches Verhalten an das Bettnässen gekoppelt war.

Zur gleichen Zeit wurde seiner Pflegemutter erklärt, daß Marcus alt genug sei, selbst die Bettwäsche zu wechseln und zu waschen. Sie sollte völlig davon absehen, sein Bett am Morgen zu inspizieren und ihn wegen eines nassen Bettes zu rügen oder auszuschimpfen. Sie sollte ihrerseits eine Vorhersage treffen, ob Marcus ein nasses oder trockenes Bett haben würde und es aufschreiben. Beide sollten ihre Prognosen für sich behalten und nicht darüber sprechen.

In der nächsten Woche legte Marcus voller Stolz seinen Bericht vor. Er hatte viel mehr Nächte trocken durchgeschlafen. Er erzählte, daß er seine Trinkmenge eingeschränkt und sich selbst vorgesagt hatte, daß sein Bett trocken bleiben würde. Er hoffte nun auch in der Schule auf Erfolge und ein besseres Verhältnis zu seiner Pflegemutter.

Es gibt noch weitere, aufwendigere Interventionsstrategien, die aus der Familientherapie stammen. Die hier beschriebenen fünfzehn Interventionen sind leicht durchzuführen und die meisten KlientInnen reagieren positiv darauf. Das Ziel dieser Aufgaben besteht darin, Ausnahmen aufzuzeigen und problematische Verhaltensmuster zu unterbrechen. Dies hilft den KlientInnen, ihre eigenen Ressourcen zu entdecken und zu nutzen. Zusammen mit den in Kapitel 6 beschriebenen Interview-Techniken sind die hier dargestellten Interventionstechniken ausreichend, um die meisten der FBS-KlientInnen anzuregen, „etwas ander(e)s zu machen".

10

Spezielle Probleme

In diesem Kapitel gehen wir auf eine Reihe von praktischen Strategien und Techniken ein, die für den therapeutischen Alltag bestimmt sind und den KlientInnen ein Gefühl von Hoffnung und Erfolg vermitteln. In diesem Rahmen können wir allerdings keine umfassende Darstellung der vielen Problemfelder geben. Dazu sollte jedE, die mit diesen Themen zu tun hat, die jeweiligen Standardwerke zu Rate ziehen, die speziell auf einzelne Themen eingehen.

Die ganze Familie

Eine Familie in Kategorien einzuteilen, ist einfach. Es wird daraus „eine Gewaltfamilie", eine „Inzestfamilie", eine „Familie, in der sexuelle Mißhandlung" oder „Drogenmißbrauch" stattfindet. Dieses Vorgehen ist gefährlich, weil man sich auf „das Problem" konzentriert und die Personen, die dahinter stehen, aus dem Auge verliert. Es gibt kein typisches und einheitliches Bild der Familie, in der Gewalt, Inzest oder Drogenmißbrauch vorkommen. Familien und ihre Probleme variieren so stark, daß eine solche Kategorisierung ziemlich nutzlos ist, vor allem, wenn es darum geht, Handlungsmöglichkeiten daraus abzuleiten.

Es ist nicht zu empfehlen, sich auf Familien zu „stürzen" und ihnen einen Behandlungsplan überzustülpen. Eine individuelle Behandlung, die der KlientIn sinnvoll vorkommt, d.h. sich an ihr Weltbild anpaßt und berücksichtigt, wie sie die Dinge macht, erspart der TherapeutIn eine Menge Frustrationen. Denken Sie immer daran, daß sich alle Familien voneinander unterscheiden. Zwei Familien mit demselben Drogenproblem können eine völlig unterschiedliche Behandlung brauchen.

A. Krisenmanagement

Im Hinblick auf arme, „nur notdürftig funktionierende" Familien oder solche, die problemüberladen sind oder einer ethnischen Minderheit angehören, gibt es die Meinung, daß sie durch „Krisen aufblühen", „von Krise zu Krise leben" oder „Krisen ihrem langweiligen Leben die nötige Abwechslung verschaffen". Ich glaube, daß dies Fehlinterpretationen sind, die daher rühren, daß die Kontakte der KlientInnen mit den Sozialen Diensten typischerweise sporadisch stattfinden und sich dann um Probleme drehen. Darüberhinaus bleibt unbeachtet, daß diese Familien ihr Leben zwischen Krisen erfolgreich meistern, und man sieht nur die Probleme, die eine Krise auslösen.

Wie ist Krise definiert?

Eine Krise kann bedeuten: es ereignet sich etwas Neues oder aber etwas anderes, das sich einstellen sollte, tritt nicht ein. Krise bedeutet Gefahr und Chance. Man kann Krisen als Hinweis verstehen, daß sich ein Problem verschlimmern wird, wenn keine Änderung eintritt oder als eine Chance, daß die notwendigen Änderungen in einer Familie zustande kommen. Deshalb braucht das therapeutische Ziel nicht darauf begrenzt zu sein, den Status quo wiederherzustellen, sondern kann auf ein besseres Zusammenspiel der Familieneinheit gerichtet werden.

Welche Möglichkeiten hat die TherapeutIn, die im Rahmen des FBS-Programms arbeitet, eine Krise in eine Chance zu verwandeln? Die häufigste Antwort auf eine Krise besteht in einer Überreaktion, die zu radikalen Maßnahmen greift. Es ist wichtig, daß die TherapeutIn einen „kühlen Kopf" bewahrt und die Situation analysiert, bevor sie zu solchen Mitteln greift. Zwar ist es nicht einfach, inmitten einer Krise mit Besinnung zu reagieren, aber es hilft.

Hier nun einige Anregungen, um Krisen in eine Chance zu positiver Entwicklung zu verwandeln:

1. Finden Sie heraus, was dieses Mal anders ist.

Warum ist der Streit gerade dieses Mal so schlimm? (Dabei hat es schon so viele Streitereien gegeben; aber warum verläuft der Streit dieses Mal anders?) Warum gerät die KlientIn dieses Mal völlig außer sich? Warum löst es dieses Mal eine Krise aus, wenn sie ihren Job verliert, die Schule anruft, ein Kind Milch verschüttet, der Ehemann geht.

Was normalerweise anders ist, betrifft nicht den Ernst oder die Schwere des „Problems", sondern die Bedeutung oder Interpretation der beteiligten Personen. Das Gleiche ist schon so oft vorgekommen, aber dieses Mal bedeutet es irgendwie etwas anderes. Versuchen Sie, zu verstehen, welche andere Bedeutung für die KlientIn besteht.

2. Wie passen Ereignis und Reaktion zusammen?

Der Auslöser ist oft schwer auszumachen: Worin besteht die äußere Wirklichkeit, die die Krise hervorruft und was sind die inneren Reaktionen?

Fallbeispiel

Mit großem Einsatz hatte Brenda ein Ausbildungsprogramm durchlaufen und eine Anstellung gefunden, von der sie sich ein besseres Einkommen, beruflichen Aufstieg und Sicherheit versprach. Sie hoffte, daß sie in diesem Beruf weiter aufsteigen konnte. Während ihrer Probezeit wurde sie öfter verwarnt, weil die Schule wegen der Verhaltensauffälligkeiten ihres Sohnes Jimmy anrief. Obwohl sie ihn in Gesprächen mehrfach ermahnt und ihm gesagt hatte, es drohe ihr neuerlich eine Kündigung und dies würde gravierende Auswirkungen auf die Zukunft der Familie haben, passierte nichts.

Nach dem letzten Anruf, den sie mit den Worten „das hat mir den Rest gegeben" kommentierte, stand sie kurz vor der Kündigung. Da Jimmy sie nicht unterstützte, war sie der Verzweiflung nahe. Sie war frustriert, daß sie sich mit ihrem Ex- Mann über die Regelung des Besuchsrechts herumschlagen mußte und mit einem Chef zu tun hatte, der sich in ihre Situation als Alleinerziehende nicht einfühlen konnte. Obwohl es kein gutes Bild machte und sie die Fürsorge loswerden wollte, gab sie zu, daß sie „mit einem Baseballschläger auf Jimmy losgegangen" war.

Die TherapeutIn besprach sehr ausführlich mit Brenda, worin sich der letzte Anruf von den vorhergehenden unterschied, daß sie so reagierte, wie sie es gemacht hatte, und wie sie mit solchem Streß anders umgehen könnte. Für sie war ziemlich sicher, einen weiteren Anruf von der Schule zu bekommen, weil Jimmy den LehrerInnen gegenüber kein Blatt vor den Mund nahm, den Clown spielte und nicht ordentlich lernte. Sie nahm sich vor, sich beim nächsten Mal so zu verhalten, daß sie „nicht außer Kontrolle" geriet und ihre Anstellung nicht gefährdete.

3. Wie hat die KlientIn vergangene Krisen erfolgreich gemeistert?

Es ist immer sehr hilfreich zu erfahren, wie die KlientIn vergangene Krisen, die der gegenwärtigen ähneln, erfolgreich gemeistert hat. Wenn sie sogar noch schlimmere Krisen als die jetzige gemeistert hat, sollte die TherapeutIn herausfinden, was sie damals gemacht hat und was sie davon auf die gegenwärtige Krise übertragen kann. Dies vermittelt der KlientIn, daß alle Menschen aus ihren Erfolgen und Mißerfolgen lernen.

4. „Wie kommt es, daß die Dinge nicht noch schlimmer sind?"

Während Sie die Einzelheiten einer Krise herausfinden, sollten Sie danach fragen, was die KlientIn gemacht hat, daß sich die Krise nicht noch steigerte.

Fallbeispiel

Die fünfzehn Jahre alte Tara hatte eine Überdosis Tranquilizer genommen und lag ohnmächtig im Wohnzimmer, als ihre Mutter nach Hause zurückkam und sie fand. Es war das erste Mal, daß so etwas passierte. Zuerst dachte sie, daß Tara ihren Schlaf nachholte, schlimmstenfalls mit Drogen experimentiert hatte und sie ließ sie in Ruhe. Tara brachte es schließlich fertig, ihrer Mutter zu signalisieren, daß sie ins Krankenhaus mußte und ihre Mutter reagierte sofort.

Später, als sich alles wieder etwas beruhigt hatte, arbeitete die TherapeutIn sehr ausführlich die vielen Dinge heraus, die Tara und ihre Mutter in der Krise richtig gemacht hatten: wie Tara erfaßt hatte, daß sie ihrer Mutter irgendwie klar machen mußte, daß sie Hilfe benötigte und wie ihre Mutter sensibel genug gewesen war, darauf zu hören. Taras Bemühungen wurden gelobt, und es wurde hervorgehoben, daß sie soviel Vertrauen in ihre Mutter gesetzt hatte. Das Verhalten der Mutter fand ebenfalls Anerkennung, denn sie hatte positiv auf Taras Vertrauen reagiert und die richtigen Schritte unternommen, um für Tara die notwendige ärztliche Hilfe zu bekommen.

Natürlich mußte der Grund für ihren „Schrei nach Hilfe" thematisiert werden, aber diese erste Intervention, der KlientIn ihren Verdienst zuzugestehen, bildete eine positive Beziehung für die weitere Arbeit. Es half Tara später über den enormen Druck in ihrer Altersgruppe zu sprechen, über die Gewalt und über die Kämpfe, die in der Schule stattfanden, über ihre Angst, daß man auf ihr herumtrampelte, über den Ärger mit den LehrerInnen usw.

5. *„Was haben Sie aus dieser Krise über sich (oder Ihre Familie) gelernt?"*

Wenn eine Krise vorüber ist, lohnt es sich, das Ganze noch einmal Revue passieren zu lassen. Jede Krise kann man unter dem Aspekt betrachten, daß sie uns alle etwas Neues über uns gelehrt hat. Die folgenden Fragen zeigen nicht nur ein Verhaltensvorbild, sondern helfen auch den KlientInnen, ihr „Gesicht zu wahren".

„Wenn Sie auf die vergangenen Wochen zurückschauen, was, denken Sie, haben Sie über sich selbst erfahren, was Sie noch nicht wußten?"

„Ist das neu für Sie? Hat es Sie überrascht?"

„Was, würden Sie sagen, haben Sie dieses Mal anders gemacht?"

„Was, glauben Sie, würde Ihre Mutter (oder andere wichtige Personen im Leben der KlientIn) sagen, was Sie aus dem gelernt haben, was Sie jetzt durchgemacht haben?"

6. Krisen unterscheiden sich

Selbst wenn die Umstände identisch sind, so ist das, was für eine Familie die Krise ausmacht, nicht notwendigerweise dieselbe Krise für eine andere Familie. Die Definition einer Krise durch KlientInnen ist sehr unterschiedlich und ihre Erfahrungen sind ebenfalls unterschiedlich. Akzeptieren Sie die Definition einer KlientIn als zutreffend und relevant. Außer, wenn es unmittelbar um Kinderschutz geht, sollten TherapeutInnen nicht ihre eigenen Werte auf KlientInnen übertragen.

Fallbeispiel

Ich nahm an einer Studie über Brustkrebspatientinnen teil, die verschiedene Überlebensstrategien untersuchte. Ein Teil der Studie bestand darin, Patientinnen danach zu fragen, wie sie andere Krisen in ihrem Leben bewältigt hatten, um daraus eine Liste von Fähigkeiten zusammenzustellen, auf die die Patientinnen zurückgreifen können. Eine 48-jährige Frau berichtete, daß sie die schlimmste Krise ihres Lebens mit 22 Jahren erlebt habe. Was konnte denn noch schwerer wiegen als die Diagnose Krebs? Ihr Verlobter ließ sie sitzen, löste das Verlöbnis und heiratete eine andere. Obwohl sie wußte, daß es eine furchtbare Ehe geworden wäre, war es für sie die schlimmste Erfahrung, die sie je gemacht hatte, schlimmer noch als die Nachricht, daß sie Mitte vierzig an Brustkrebs erkrankt ist.

Krisen bedeuten eben nicht für alle das Gleiche, sondern sind von Fall zu Fall sehr unterschiedlich.

7. Was sind die ersten Anzeichen, die eine Krise ankündigen?

Die meisten KlientInnen können erste Anzeichen einer herannahenden Krise erkennen, denn sie spüren, daß „etwas nicht richtig läuft" und haben „Vorahnungen". Solche Hinweise sollten in aller Ausführlichkeit mit der Familie besprochen werden. Mögliche Fragen sind:

a) Worin besteht für Sie der erste Hinweis, daß ein Streit auf eine handfeste Auseinandersetzung hinausläuft?

Welche Wege können Sie einschlagen, um zu verhindern, daß ein Streit außer Kontrolle gerät?

Was hat in der Vergangenheit funktioniert, was jetzt auch funktionieren könnte?

Was wären neue Schritte, die Sie ausprobieren könnten?

b) Wie kommt es, daß vergleichbare Situationen nicht in eine Krise geführt haben; was ist anders gelaufen, wer hat was, wann und wie gemacht, so daß Sie damit zurechtkamen? Was haben Sie daraus gelernt?

c) Welche Bedingungen oder Auslöser führen am ehesten in eine Krise? Ist es wahrscheinlicher, daß Sie in eine handfeste Auseinandersetzung geraten, wenn Sie müde sind, getrunken haben, das Geld alle ist, mehr Streß haben?

d) Welches sind die allerersten Anzeichen, daß „etwas falsch laufen wird"?

e) Wenn Sie diese Aspekte besprochen haben, wie können Sie der Familie helfen, herauszufinden, welche Schritte sie gehen muß?

f) Sprechen Sie nach einer Krise mit der Familie und fragen Sie, was sie daraus gelernt hat. Eine solche „Nachbereitung" zeigt der Familie, wie sie es beim nächsten Mal selbst machen kann.

Fallbeispiel

Terry war zum ersten Mal verheiratet, für Gary war es die zweite Ehe. Für beide war es seit der Hochzeit „ein Alptraum" gewesen. Beide hatten in früheren Beziehungen beachtliche Schwierigkeiten gehabt. Terry war mit neunzehn vergewaltigt worden, hatte nach der Vergewaltigung „psychotisch" reagiert, war eingewiesen worden und bekam eine entsprechende Medikation. Sie hatte sich einer „fundamentalistischen Kirche" angeschlossen, war dann aber wieder ausgetreten. Sie kam nur mit einer einfachen Schichtarbeit in einem Pflegeheim zurecht. Viele Versuche, eine Beziehung zu haben, waren gescheitert.

Garys Ex-Frau hatte ihn wegen eines anderen Mannes verlassen. Die Beziehung zu seiner Adoptivmutter hatte er vor Jahren ganz abgebrochen. Er hatte seinen Alkoholmißbrauch überwunden, ließ sich aber von Zeit zu Zeit wieder auf Drogen ein. Mehrere Jahre war er ein „Selbsthilfegruppen-Junkie". Wenn sich Terry in der Öffentlichkeit produzierte, bekam er einen Wutanfall. Heute konnte er „alles aufgeben", morgen war er aber wieder in Terry verliebt.

Seit ihrer Hochzeit waren sie durch mehrere Krisen gegangen, die in endlosen Streitereien mündeten und nur zu Ende gingen, wenn beide erschöpft oder hungrig waren. Einmal hatte es auch körperliche Gewalt gegeben. Alles und jedes konnte eine Krise auslösen, sei es ein freier Tag, ein vergessener Geburtstag, ein Anruf von Terrys Mutter, ein Photo von einem früheren Freund. Alles konnte eine Kettenreaktion auslösen: einE machte Vorwürfe, die andere verteidigte sich und zahlte es mit gleicher Münze heim; alte Vorwürfe wurden hervorgeholt, sie drohten sich mit dem Abbruch der Beziehung und alles endete dann mit einer Versöhnung, um bei nächster Gelegenheit wieder von vorne loszugehen. Wegen einer „Angstattacke" war Gary einmal ins Krankenhaus eingeliefert worden und Terry hatte das Gefühl, während der Auseinandersetzungen „psychotisch" zu werden.

Bei diesem Paar war es eine sehr nützliche Behandlungsstrategie, potentielle Krisen vorauszusehen, zu besprechen und jede Krise „nachzubereiten". Anhand der folgenden Liste wurden alle Bereiche ausführlich besprochen:

a) Wir besprachen, wer was und wie getan hatte, um die Aufregung zu drosseln, so daß keine gewaltsame Auseinandersetzung daraus geworden war.

b) Wir komplimentierten jedE, die etwas getan hatte, um keine Überreaktion herbeizuführen.

c) Wir prüften die bevorstehenden Ereignisse, ob sie bei eineR von beiden Wut auslösen konnten.

d) Da jede Besprechung der vergangenen Ereignisse nur Vorwürfe und Klagen, Verteidigung und Gegenanklage auslöste, konzentrierte sich die TherapeutIn auf erfolgreiche Strategien, zukünftige Krisen abzuwenden.

Während einer Sitzung platzte Terry damit heraus, daß sie sich sehr ärgern würde, wenn Gary den Valentinstag vergessen würde. Es stellte sich heraus, daß Gary sie an Weihnachten, zum Erntedankfest, dem Geburtstag und vielen Wochenenden enttäuscht und sich daraus normalerweise eine große Auseinandersetzung entwickelt hatte. Vergangene Streitereien wurden ausführlich besprochen. Was konnte sie beim nächsten Mal anders machen? Terry beabsichtigte, ihre Erwartungen an Gary herunterschrauben. Diese Entscheidung griffen wir mit der Umdeutung auf, daß sie sich darum bemühte, ihn so zu akzeptieren, weil sie ihn liebte.

B. Problemüberladene Familien

Von Zeit zu Zeit hat man mit Familien zu tun, die so viele Probleme und Anliegen haben, daß sich sogar eine ganz erfahrene TherapeutIn überwältigt fühlt und nicht weiß, wo sie anfangen soll. Bei solchen Familien gibt es eine lange Liste von Dingen, die im argen liegen: Dauerarbeitslosigkeit, häufige Berufswechsel, chronische Krankheiten, Geisteskrankheiten, Partnerschaftsprobleme, Schulschwänzen, Straffälligkeit bei einem oder mehreren Kindern, Lernunwilligkeit, lang-andauernde Intergenerations-Konflikte (zum Beispiel zwischen Mutter und Großmutter), instabile Beziehungen der Mutter, zu sehr einbezogene erweiterte Herkunftsfamilien, fortgesetzter Drogen- und Alkoholmißbrauch während einer Schwangerschaft, sexuelle Mißhandlung der Kinder durch den Freund der Mutter, die nicht stark genug ist, die Kinder zu schützen usw.

Manchmal bringt es mehr, weniger zu machen und langsam zu gehen. Eine übliche und unmittelbare Reaktion auf solche Familien besteht darin, überschwemmt zu werden, „mit den Säbeln zu rasseln", die Probleme und dementsprechend die Behandlungspläne aufzuteilen.

Zum Beispiel wird jedes Kind zu einer anderen TherapeutIn, einer anderen stationären Drogenbehandlung oder Familientherapie geschickt. Einige verabreichen Medikamente, organisieren eine Tagesmutter und Berufsausbildung. Die Familie wird aus der Überzeugung heraus, daß „mehr und schneller" auch „besser" bedeutet, mit einer Reihe von Programmen überschüttet. Solche massiven Eingriffe sind für die KlientInnen nicht nur sehr verwirrend, KlientInnen können realistischerweise auch gar nicht die vielen Termine und Verabredungen einhalten. Mit einer so massiven Überdosis an Dienstleistung ist es schwer, herauszufinden, was Unterschiede erzeugt. Zusätzlich zerstückelt diese Vorgehensweise die Familie. Die KlientInnen stehen oft widersprüchlichen Vorschlägen und drängenden Zeitplänen und Verabredungen mit HelferInnen gegenüber. Einige Behandlungsprogramme befinden sich im Widerspruch zueinander und mancher Behandlungsplan wird ohne Abstimmung mit der Familie oder den KollegInnen angeordnet. Ergebnis sind dann unrealistische, undurchführbare Pläne, die die Familien nicht durchhalten können, was oft dazu führt, diese Familien als „unmotiviert" und „unerreichbar" anzusehen.

Da Sie mit jeder möglichen Kombination der gerade genannten Problemliste zu tun haben, ist es leicht, wenn Sie einsteigen und den Lösungsfindungsprozeß übernehmen. Erinnern Sie sich an die Botschaft, die sich durch dieses Buch hindurchzieht: je mehr die KlientInnen ihre Probleme selbst lösen, um so ermutigender ist es für sie. Es folgen einige Leitlinien, die Sie bei Ihrem Vorgehen beherzigen sollten:

1. Geraten Sie nicht in Panik; bleiben Sie ruhig und folgen Sie den beschriebenen Schritten.

2. *Fragen* Sie die KlientIn, was ihr dringendstes Problem darstellt, das sie zu allererst lösen muß. Folgen Sie der Richtung der KlientIn, nicht Ihrer eigenen. Achten Sie darauf, daß das Ziel klein, tatsächlich erreichbar und einfach ist.

3. *Fragen* Sie sich selber, wer am meisten unter dem Problem leidet. Achten Sie darauf, daß nicht Sie es sind; Sie wollen doch nicht „KundIn" Ihres eigenen Dienstes werden.

4. Erstellen Sie ein gutes Bild davon, wie sich das Leben der KlientIn ändern würde, wenn dieses eine Ziel erreicht ist. Finden Sie heraus, wie ihr Leben dann anders wäre. (vgl. Kapitel 5)

5. Bleiben Sie darauf konzentriert, dieses eine Problem zuerst zu lösen. Lassen Sie sich nicht davon anstecken, daß sich die KlientIn von ihren Problemen überwältigt fühlt. Bleiben Sie auf das erste Ziel konzentriert, bis es erreicht ist.

6. Arbeiten Sie im einzelnen heraus, wie die KlientIn ihre Sachen in der Vergangenheit besser gemacht hat. Sie muß wissen, welches ihre erfolgreichen Strategien sind, die sie dann auf andere Probleme übertragen kann.

7. Komplimentieren Sie die KlientIn selbst für kleinste Fortschritte und Entwicklungen. Geben Sie immer der KlientIn das Verdienst.

8. Wenn ein Problem gelöst ist, besprechen Sie mit der KlientIn, wie sie es gelöst hat. Was hat sie gemacht, was geholfen hat? Wie ist sie auf die Idee gekommen, es so zu machen? Was muß sie mit dem neuen Erfolg im Rücken tun, um das nächste Problem zu lösen? Denken Sie daran, daß hier auch ein Potential der Ermutigung liegt.

C. Gewalt in der Familie

Psychische oder physische Gewalt in Familien, zwischen Erwachsenen oder gegen Kinder gehört zu den schwierigsten Fällen. Auch wenn es eine Reihe von rechtlichen Maßnahmen gibt, um diesen Problemen zu begegnen, so ist es für die TherapeutIn doch immer extrem belastend, mit Gewalt in Berührung zu kommen. Es führt uns die eigene Zerbrechlichkeit und Verwundbarkeit vor Augen und manchmal ist es schwer, Hoffnung für die KlientInnen zu bewahren. TherapeutInnen müssen in diesen Fällen ihrer persönlichen Haltung gegenüber Gewalt besonders aufmerksam sein.

Gewalt ist nicht immer gleich

Nicht alle Fälle von Gewalt sind gleich. Auch wenn neuere Forschungsergebnisse die Hintergründe und Behandlung von Gewalt etwas aufhellen und ein grobes Beurteilungsschema vorliegt, so ist es doch bei Fehlen definitiver Forschungsergebnisse und entsprechend umfassender Behandlungsprogramme schwierig, die notwendige Behandlung zu entwerfen. Dennoch gibt es Programme wie „Anonyme Eltern" und Selbsthilfe-Gruppen oder Gruppen zum Thema „Teufelskreis Gewalt", die mit Erfolg arbeiten. Nicht alle KlientInnen sind jedoch in der Lage, von solchen Gruppen und Programmen Gebrauch zu machen. Deshalb muß eine Behandlung individuell auf die besonderen Umstände der jeweils Betroffenen ausgerichtet werden.

Innerhalb unserer Gesellschaft steht der Umgang mit Gewalt in einem sehr verwirrenden Spannungsfeld. Auf der einen Seite antwortet die Gesellschaft mit rechtlichen Mitteln, d.h. mit Strafe. Andererseits wird Gewalt wie eine Krankheit behandelt. In diesem Rahmen sind Prävention und Therapie logische Schritte. Da keine Methode erfolgreicher ist als die andere, ist schwer auszumachen, ob die Lösung in sozialer Kontrolle oder Therapie besteht. Zur Zeit werden beide Methoden angewandt, aber nicht sehr erfolgreich.

Häusliche Gewalt

Viele Untersuchungen weisen darauf hin, daß alle harten Maßnahmen (die Polizei verständigen, einen Gewalttäter festsetzen, Unterbringung der Opfer im Frauenhaus) nur bis zu einem gewissen Grad helfen. In bestimmten Fällen muß immer auf derartige Maßnahmen zurückgegriffen werden, weil die meisten Gewalttäter kaum Hilfe suchen, wenn sie nicht dazu gezwungen werden.

KlientInnen, die mit etwas gutem Zureden dazu bereit sind, die Einrichtungen der Gemeinde (Frauenhaus, Selbsthilfe-Gruppen, Trainingsgruppen) in Anspruch zu nehmen, sollten dazu ermutigt werden. Die meisten KlientInnen gehen auf solche Angebote jedoch nicht ein. Für sie stellt einE MitarbeiterIn des FBS möglicherweise die einzige Person dar, die Einfluß auf das Gewaltgeschehen nehmen kann, und ihr kommt daher eine entscheidende Bedeutung zu. Vielleicht sind Sie die einzige, die zur Änderung beitragen kann, weil Sie Zugang ins Familiensystem bekommen.

Jeder Fall ist einzigartig und unterscheidet sich durch Problemkonstellation, Ressourcen, Historie und Muster der Gewalt und Motivation, Engagement in der Beziehung. Daher kann sich die Vorgehensweise von Fall zu Fall sehr unterscheiden.

Je vielfältiger Ihre Optionen und Ansätze, um so eher werden Sie in der Lage sein, Ihre Behandlungsstrategien individuell anzupassen und auf diese Weise mehr KlientInnen zu erreichen. Je mehr Möglichkeiten Sie haben, um so unwahrscheinlicher ist es, daß Sie sich überwältigt fühlen oder in eine Sackgasse geraten.

Ebenso sollten auch KlientInnen über viele Strategien und Optionen verfügen: das Feld zu verlassen, Pausen bei ihren Streitigkeiten einzulegen, deren Auslöser zu verstehen, die Wohnung zu verlassen, emotional aufgeladene Themen nur in der Öffentlichkeit zu diskutieren (wo Sicherheitsschranken miteingebaut sind), Waffen aus dem Hause zu schaffen, keine emotionalen Reaktionen zu einem ungünstigen Zeitpunkt auszulösen, lernen, die Lösung emotionaler Konflikte aufzuschieben.

Fallbeispiel

Tom, 43 Jahre alt, war Vietnam-Veteran und konnte auf eine lange Geschichte gesundheitlicher, psychiatrischer und Drogenprobleme zurückblicken. Seine zweite Ehe mit Steffie war in den letzten acht Jahren aufreibend und turbulent gewesen. Seine Frau hatte während einer ihrer vielen Trennungen eine Beziehung zu einem anderen Mann gehabt. Vor kurzem hatte Tom sie mißhandelt und gedroht, sie zu erschießen, woraufhin Steffie Zuflucht im Frauenhaus gesucht hatte.

Er war arbeitslos und würde vielleicht nirgendwo mehr angestellt werden, weil er an einer Rückenverletzung litt, die er sich als Bauarbeiter zugezogen hatte. Er machte nun die Hausarbeit, während Steffie als Kosmetikerin arbeitete. Um ihr Einkommen aufzubessern, empfing sie nach Feierabend noch KundInnen zu Hause. Tom kochte in dieser Zeit und kümmerte sich um ihren achtjährigen Sohn. Toms Depression verschlimmerte sich, während Steffie immer weniger Bereitschaft zeigte, für seinen Unterhalt finanziell mit aufzukommen, ohne daß eine Änderung in Sicht war.

Nach seinem Wechsel aus der „Machowelt" der Bauarbeiter, wo man derbe Reden führte, in die häusliche Welt, war Tom in den letzten zwei Jahren der Arbeitslosigkeit „durch die Hölle gegangen". Er war leicht reizbar und wurde gegenüber Steffie gewalttätig, besonders wenn er sich nicht anerkannt fühlte, an ihm herumgenörgelt wurde und er Steffie um Geld bitten mußte. Nun wollten sich beide im Interesse der Kinder (Steffies fünfzehnjähriger Tochter und des gemeinsamen, acht Jahre alten Sohnes) darum bemühen, sich besser zu vertragen.

Es stellte sich heraus, daß emotional aufgeladene Themen wie Geld, Sexualität, Steffies lange Arbeitszeiten, Toms mangelhafte Fähigkeiten im Haushalt, häufig der Auslöser von Verhaltensweisen waren, die sich bis zur Gewaltanwendung hochschaukelten. Als sich Steffie im Frauenhaus aufhielt, stellten beide fest, daß sie sich während ihrer Telefongespräche nicht so leicht in die Wolle bekamen. Mit dieser Entdeckung kamen beide zur Sitzung und sie beschlossen, daß sie immer und jederzeit genügend Kleingeld bei sich haben sollten. Sobald es notwendig wurde, über Reizthemen zu sprechen, wollten sie das nur noch am Telefon machen.

Fallbeispiel

Joe, 29 Jahre, war Fernfahrer, der große Laster durch das ganze Land fuhr. Er hatte wechselnde Arbeitszeiten, die davon abhingen, wo er hingeschickt wurde. Normalerweise ging er früh am Montagmorgen zur Arbeit und kam oft erst am Freitagabend zurück, manchmal war er sogar zwei bis drei Wochen unterwegs.

Unter Tränen rief er sonntags beim Telefonnotdienst an und bat darum, daß man ihm bei der Kontrolle seiner oft in Gewalt endenden Wutausbrüche helfe. Er berichtete, daß er seine Frau während einer dieser Vorfälle krankenhausreif geschlagen habe. In einer Krisensitzung ein paar Stunden später war Joe noch voller Reue und Scham. Obwohl seine Frau zur Teilnahme an der Sitzung eingeladen worden war, zog sie es vor, im Auto zu warten, weil sie sich wegen ihrer Verletzungen sehr schämte.

Joe erzählte, daß er sein ganzes Leben wie eine wandelnde „Zeitbombe" gewesen sei. Seit seiner Jugend war er oft in Schlägereien verwikkelt und es hätte leicht passieren können, daß er jemanden in seiner Wut getötet hätte. Er erzählte von einigen Vorkommnissen, die einem die Haare zu Berge stehen ließen. So hatte er zum Beispiel eine Gruppe von Männern so eingeschüchtert, daß sie sich aus dem Staub machten. Er meinte, Alkohol habe keinen Einfluß auf Häufigkeit und Intensität seiner Ausbrüche und daß er ohne Alkohol genauso gewalttätig sein könne. Die meisten Vorfälle ereigneten sich aber zu Hause. Es gab Momente, wo er über sein Verhalten schockiert war, wenn er seine Frau zu Boden geschlagen hatte und sie dann voller blauer Flecken war. Mehrfach mußte sie auch mit Knochenbrüchen ins Krankenhaus. Anschließend entschuldigte er sich überschwenglich und versprach ihr, daß es nie wieder vorkomme. Dieses Muster wiederholte sich fast wöchentlich, wobei es nicht immer mit einer gewaltsamen Auseinandersetzung endete. Er berichtete, daß er seine Frau kritisierte, sie anschrie und sie selbst für die kleinsten Frustrationen verantwortlich machte.

Im Laufe der Jahre hatten FreundInnen und ihre Familie seiner Frau Sandy wiederholt geraten, Joe zu verlassen. Einmal schließlich wollte sie mit ihren beiden Söhnen in ein Haus für geschlagene Frauen. Im letzten Augenblick aber entschied sie sich anders und suchte stattdessen in einer Bar nach Joe und holte ihn nach Hause. Was also war nun dieses Mal anders als sonst, wo sie auch im Krankenhaus gewesen war? Dieses Mal hatte Joe sie so schwer aufs linke Ohr geschlagen, daß ihr Trommelfell möglicherweise für immer geschädigt worden war. Der behandelnde Arzt klärte sie beide darüber auf, daß sie vielleicht auf einem Ohr für immer taub sein würde.

Die TherapeutIn war überrascht, daß Joe als Fernfahrer über zehn Jahre unfallfrei gefahren war, sogar eine Auszeichnung dafür bekommen hatte. Wie hatte er es geschafft, auf der Straße seine Geduld nicht zu verlieren? Lange, sich über Tage und Wochen hinziehende Autofahrten, wo man mit allen möglichen FahrerInnen und Situationen zu tun hatte, wären für die meisten Leute eine besonders stressige Angelegenheit. Hier hatte Joe die Einstellung, daß es selbstverständlich sei, es sei halt sein Job. Diese Einstellung bewahrte ihn auch davor, während seiner Arbeit Alkohol oder Drogen zu nehmen. Stolz sagte er, das Härteste, was er tränke, sei Kaffee. Er fügte noch hinzu, daß er sich zwar ärgere, wenn sein Vorgesetzter unrealistische Fahrtzeiten verlangte, aber nie aus der Fassung geriete. Sein Chef hatte ihm sogar eine Gehaltserhöhung angeboten, als er vor einem Jahr kündigte, berichtete er stolz. Demgegenüber ginge ihm „leicht die Sicherung durch", und dann kritisiere er Sandy, selbst wenn er mit ihr über CB-Funk sprach. Das war für ihn die Möglichkeit, mit der Familie in Verbindung zu bleiben. Er meinte, es gäbe viele Gründe, daß sie es verdiene, „wie eine Dame" behandelt zu werden.

Sein Verhalten „auf der Straße" sah die TherapeutIn als Ausnahme und sie verfolgte weiter, wie er es schaffte, sein „Arbeits"-Verhalten zu praktizieren und im Umgang mit anderen Fahrern während so langer Zeiten „cool" zu bleiben. Seine Antwort „Ich wage es nicht, aus der Fassung zu geraten, weil ich dann meinen Job verlieren würde", überraschte ihn selbst. Er sagte, er brauche seinen Job, um das Geld für die Familie zu verdienen und daß er stolz war, daß ihm das während der acht Jahre ihrer Ehe gelungen war. In seinem Beruf konnte er sich seine gute Laune bewahren, und er verlor nie die Kontrolle über seine Emotionen oder sein Verhalten. Auch gegenüber seinen Kindern (vier und sechs Jahre alt) hatte er nie die Geduld verloren, sie nie mißhandelt. Er fand, daß Sandy ihn in diesem Punkt für sein zu mildes Verhalten kritisierte. Er hielt seine Kinder für „glücklich", machte gerne Kämpfe mit ihnen, spielte mit ihnen und zeigte ihnen ganz offen seine Zuneigung und Liebe. Unsere Skalierungsfragen zeigten, daß er sehr motiviert war, die „Familie zusammenzuhalten". Nach der Sitzung und der Zwischenbesprechung mit dem Team, gab die TherapeutIn Joe folgende Rückmeldung.

a) Er wurde dafür komplimentiert, daß er das Problem sah und Schritte unternommen hatte, z.B. das Nottelefon anzurufen und sonntags ein Gespräch wahrzunehmen. Als besonderer Schritt wurde herausgestellt, daß er sein Problem eingestanden hatte.

b) Er wurde dafür komplimentiert, daß er die Verantwortung für sein gewalttätiges Verhalten übernahm und weder seine Frau noch äußere Umstände dafür verantwortlich machte, sondern sah, daß sie wie eine Dame behandelt werden müsse.

c) Weiterhin wurde er für den Einsatz komplimentiert, mit dem er seinem Beruf nachging und dafür, daß er sich darüber im Klaren war, was er tun mußte, um so erfolgreich zu sein. Er liebte seine Familie sehr. Für sie arbeitete er so hart, und er wollte ein guter Vater und Ehemann sein.

d) Es würde keine einfache Aufgabe sein, die gewaltsamen Ausbrüche, die schon ein Leben lang vorkamen, zu verändern. Da er aber bereits gelernt hatte, wie man seinen Beruf gut machte, wäre es seine nächste Aufgabe, auch seinen Job als Vater und Ehemann besser zu gestalten.

e) Seine nächste Fahrt würde drei Wochen in Anspruch nehmen und er konnte bei dieser Gelegenheit einiges darüber erfahren, wie er es anstellte, dort ein angemessenes Verhalten zu zeigen. Er wurde gebeten zu beobachten, wie er es lernen konnte, ein besserer Ehemann zu werden und mit Sandy über Funk darüber zu sprechen.

In der nächsten Sitzung bekräftigte Sandy Joes Sichtweise. Auch wenn sie schon mehrfach daran gedacht hatte, Joe zu verlassen, so stand letztendlich keine wirkliche Absicht dahinter, weil sie „ihn sehr liebte." Die letzte ärztliche Untersuchung ergab, daß sie glücklicherweise keinen bleibenden Schaden am Gehör genommen hatte. Sie wußte über ihr Recht auf Schutz sehr gut Bescheid, betonte aber, daß sie Joe niemals der Polizei ausliefern würde. Schließlich war er ein guter Vater und Versorger der Familie, und für sie stand der Zusammenhalt der Familie über allem anderen. So war sie dieses Mal voller Zuversicht, weil Joe zum ersten Mal Hilfe suchte.

Weitere Follow-up Kontakte ergaben, daß Joe sich bemerkenswert verändert hatte und in den letzten sechs Monaten kein gewaltsamer Ausbruch mehr erfolgt war. Sandy war immer noch ganz erstaunt, daß Joe bei Anlässen, die früher dazu geführt hätten, daß er explodiert wäre, „einfach weggehen" konnte.

Erinnerungshilfen für die TherapeutIn

Gewalt in körperlicher, sexueller oder verbaler Form rufen bei TherapeutInnen meist starke emotionale Reaktionen in bezug auf KlientInnen hervor. Daher ist es wichtig, daß sie bei KollegInnen, SupervisorInnen oder eineR KonsultantIn Unterstützung finden, um ihre Neutralität zu wahren und sich nicht auf Seiten eines Familienmitgliedes zu stellen.

Die schwierigsten und zugleich wichtigsten Dinge, die man bei Fällen, in denen wiederholt Gewalt auftritt, im Kopf behalten muß, sind folgende:

a) sich nicht mit dem weiblichen Opfer gegen den männlichen Täter zu verbünden,

b) sich davor zu hüten, der Frau Entscheidungen, die Beziehung zu verlassen, abzuverlangen. Ihre Familie, FreundInnen, NachbarInnen, andere SozialarbeiterInnen haben ihr alle denselben Rat gegeben. Da sie ihren Ratschlägen nicht gefolgt ist, brauchen Sie sie nicht zu wiederholen.

Es empfiehlt sich, freundlich bestimmte Fragen zu stellen: „Was würde Sie dazu bringen, daß Sie sich selbst und Ihrem Freund sagen, genug ist genug" oder „Was müßte Ihr Freund tun, damit Sie sagen „jetzt reicht's, ich habe etwas Besseres verdient".

D. Sexuelle Gewalt

Eine Studie von 1985 kommt zu dem Ergebnis, daß wenigstens eine von vier Mädchen und einer von acht Jungen sexuell belästigt werden, bevor sie das Erwachsenenalter erreichen. In den meisten Fällen ist ein Familienmitglied oder enger Freund der Familie der Täter. Es ist ein Familienproblem und die meisten Studien weisen darauf hin, daß eine Behandlung der Familie der erfolgreichste Ansatz ist, sowohl bei sexueller Mißhandlung durch Erwachsene wie durch Geschwister.

Sexuelle Mißhandlung ist für Kinder eine traumatische und demütigende Erfahrung und kann unauslöschliche Spuren hinterlassen. Dementsprechend sollten MitarbeiterInnen des Kinderschutzbundes und des FBS in der Lage sein, die neuesten und wirksamsten Therapieansätze zu verwenden, um den Heilungsprozeß zu maximieren. Da die FBS-MitarbeiterIn in die Familie kommt, nachdem der sexuelle Übergriff ans Licht gekommen ist, besteht die Hauptaufgabe darin, das Kind vor weiteren Übergriffen zu schützen und den Heilungsprozeß für Kind und Familie so früh wie möglich einzuleiten.

Eine Kombination von Bestrafung und Behandlung kann sich als wirksam erweisen. Die Behandlung sollte darauf abzielen, das Kind aufzubauen, die Mutter-Kind-Beziehung zu stärken und Mutter oder Großmutter oder jemanden, die dazu in der Lage ist, zum Schutz und zur Sicherheit des Kindes einzusetzen.

Im Fall von sexuellen Übergriffen sind viele rechtliche und therapeutische Aspekte zu beachten. Es erfordert einen spezialisierten Behandlungsansatz, der einen Schwerpunkt auf Sicherheit und Prävention legt und gleichzeitig das Kind stärkt und den Erhalt der Familie bewahrt. Folgende Fragen sollten beantwortet werden, bevor eine Überweisung an einen anderen Dienst erfolgt.

1. Ist der betroffene Erwachsene in der Lage, der Überweisung nachzukommen?

2. Wird eine individuelle Behandlung eine Familie, die bereits problematische Generationsgrenzen hat, auseinander dividieren?

3. Worin besteht der erste Schritt für die Familie?

4. Welche Kriterien legt die TherapeutIn zum Schutz des Kindes an?

5. Gibt es in der Gemeinde Ressourcen, die zum jetzigen Zeitpunkt zu den Bedürfnissen der Familie passen? Wie wird sich das in der Zukunft entwickeln?

6. Wie kann die TherapeutIn sicherstellen, „daß die Medizin nicht schlimmer als die Krankheit ist"?

TherapeutInnen sollten mit den aktuellen Auffassungen, wie bei sexuellen Übergriffen von Erwachsenen und Geschwistern zu verfahren ist, vertraut sein.

Was ist zu tun, wenn während der laufenden Therapie Übergriffe stattfinden?

Das ständige Jonglieren mit zwei Rollen kann TherapeutIn wie KlientIn gleichermaßen verwirren. Die Rollen einer sozialen KontrollagentIn und einer TherapeutIn (heilen, trösten, nähren) scheinen oft aneinanderzustoßen und in Konflikt zu geraten. Dies stellt den schwierigsten Aspekt des FBS-Programms dar. Die Aufgabe der TherapeutIn besteht nicht nur darin, KlientInnen zu bestrafen, sondern die familiären Beziehungen zu stärken, so daß ein erneuter Fall von sexuellem Übergriff unwahrscheinlicher wird. Zu beurteilen, worin ein wirklich ethisches, verantwortungsbewußtes und rechtlich einwandfreies Vorgehen besteht, ist keine einfache Aufgabe. Jeder Fall, an dem wir beteiligt sind, verlangt immer ein Abwägen von rechtlich und ethisch verantwortbaren Aspekten. Da es keine Patentrezepte gibt, auf die man sich verlassen könnte, verlangt jeder Fall, daß man sich fortwährend um diese Balance bemüht.

Es ist dabei auch eine Aufteilung zwischen der HauptbetreuerIn und einer weiteren MitarbeiterIn möglich: die erste orientiert sich an der Behandlung und kann „die Gute" bleiben, während die zweite den rechtlichen Belangen Geltung verschafft. Im Idealfall verfolgt die KontrollagentIn das gleiche Ziel wie ihre therapeutisch orientierte KollegIn: die emotionalen Bindungen der Familieneinheit zu stärken, um eine Basis für Stabilität und Wohlergehen zu schaffen.

Wenn man ohne Team arbeitet, ist es nützlich, das eigene Dilemma offen mit der KlientIn zu besprechen. Selbst wenn sie eine Unterbringung des Kindes empfiehlt und dies unter Achtung der Würde der KlientIn tut, so bleibt die KlientIn nach unserer Erfahrung doch bereit, mit der TherapeutIn weiterzuarbeiten. Die meisten KlientInnen können eine richtige Entscheidung von einer falschen unterscheiden, und es ist wichtig, von dieser Voraussetzung auszugehen. Auch muß sich die TherapeutIn immer wieder vor Augen halten, daß sich alle KlientInnen und Fälle voneinander unterscheiden – auch die Fälle sexueller Übergriffe. Jeder Fall sexueller Übergriffe ist einzigartig und anders als alle anderen, so daß eine Behandlung notwendig ist, die individuell auf die Situation zugeschnitten ist.

E. Alkohol und Drogen

Es wird angenommen, daß in etwa 50-80% der FBS-Fälle Drogen und Alkohol eine Rolle spielen. Deshalb muß jedE FBS-MitarbeiterIn über Kenntnisse und Fertigkeiten verfügen, um einzuschätzen, in welcher Weise Drogen und Alkohol die Fähigkeiten der KlientInnen beeinflussen, sich als Eltern zu verhalten.

Es gibt viele widersprüchliche Feststellungen verschiedener ExpertInnen darüber, worin die effektivsten und erfolgreichsten Methoden und Modelle bestehen. Die tägliche Arbeit „vor Ort" ist eine schwierige Zeit für PraktikerInnen. Während wir weiterhin auf Forschungsergebnisse warten, die uns sagen, welches die beste Behandlungsmethode für welche KlientIn ist, legen die vorliegenden Daten nahe, daß ein individuell angepaßter Behandlungsansatz am besten funktioniert. Die ausgedehnte Studie des *Instituts der Medizin* (1990) tritt ein für präventive Maßnahmen, frühzeitige Interventionen und einen individuellen Ansatz und betont Gültigkeit und Wert nicht-traditioneller Therapieformen.

Die meisten ExpertInnen stimmen darin überein, daß die Erfolgsrate in der Alkoholtherapie nicht sehr hoch ist. Man veranschlagt eine Erfolgsrate von zehn Prozent für langjährige Abstinenz (vier Jahre und länger). Auf der anderen Seite geht man im allgemeinen davon aus, daß mit den meisten Therapien das positive Ergebnis geringeren Alkoholkonsums verbunden ist sowie eine Verbesserung der Lebensqualität für zwei Drittel derjenigen, die sich einer Behandlung unterziehen. Es stellt sich in diesem Zusammenhang die ernste Frage, ob die Behandlungsmethoden ohne Erfolg sind oder ob die Erfolgskriterien einer Prüfung unterzogen werden müssen. Viele vertreten die Auffassung, daß völlige Alkoholabstinenz nicht das einzige Kriterium für Erfolg sein sollte (MILLER, 1985).

Die FBS-MitarbeiterInnen dürfen die Kosten, die mit einer Behandlung verbunden sind, wegen der ökonomischen Situation ihrer KlientInnen nicht übersehen. Ein großer Teil der Erfolgsforschung weist darauf hin, daß es zwischen einer Kurzzeit- und einer traditionellen Langzeitbehandlung des Alkoholmißbrauchs keine wesentlichen Unterschiede gibt (FINGERETTE, 1988; HESTER und MILLER, 1989; HOLDEN, 1986, 1987).

Viele stationäre Behandlungsprogramme für Drogen- und Alkoholmißbrauch setzen wegen der steigenden Kosten kürzere Verweilzeiten in den Behandlungseinrichtungen an. Für viele KlientInnen, besonders für die, die an einem Gesundheitsfürsorge-Programm teilnehmen, verkürzen sich die Zeiten auf vierzehn Tage, zehn Tage bis hin zu einer Entgiftung zu Hause. Die herkömmliche 28-tägige Behandlungsdauer ist längst keine Regel mehr. Heute ist eine fünf bis sieben Tage dauernde Entgiftung unter medizinischer Aufsicht üblich, die von Tagesprogrammen und ambulanter Behandlung abgelöst und von Selbsthilfe-Programmen, AA und anderen Hilfesystemen begleitet wird.

Die meisten sozialen Hilfsprogramme betonen den Ernst der Drogenproblematik und ihre verheerenden Auswirkungen auf Familien. Sie haben einige Angebote, die diese Effekte verringern sollen und greifen daher auf das fachliche Wissen von DrogenberaterInnen zurück. Die meisten FBS-Programme haben Zugang zu diesen Diensten. Zusammenarbeit und Koordination der angebotenen Leistungen ist für den Erfolg der Arbeit entscheidend.

Da die meisten Programme hohe Rückfallquoten haben, sollte ein Hauptanliegen darin bestehen, das Umfeld von KlientInnen zu verändern, so daß es das abstinente Verhalten fördert, wenn sie nach Hause zurückkehren. KlientInnen, die in eine Familie und ein soziales Netz zurückkommen, in dem weiterhin Umgang mit Rauschmitteln und ein unveränderter Lebensstil praktiziert werden, haben ein hohes Risiko, rückfällig zu werden. Viele Untersuchungen kommen zu dem Schluß, daß die Erfolgsaussichten größer sind, wenn jemand die Unterstützung seiner Familie und einen sinnvollen Beruf hat, weil dies eine starke Motivation für die Behandlung schafft.

Da die meisten Behandlungsprogramme auf einer freiwilligen Teilnahme, einem Eingeständnis der Probleme und der Bereitschaft zur Therapie basieren, hat vielleicht nur die FBS-MitarbeiterIn auch Kontakt zu jenen KlientInnen, die von sich aus keine Behandlung aufnehmen würden. Entscheidend ist, daß die FBS-MitarbeiterInnen mit der Rauschmittelproblematik vertraut sind und damit umzugehen verstehen. Auf diese Weise können sie ihre Verbindungen zu diesen KlientInnen nutzen.

Im folgenden haben wir noch ein paar nützliche Vorschläge zusammengestellt, die aber keineswegs umfassend sind. Um es noch einmal zu
wiederholen: Nicht alle KlientInnen sprechen auf die gleiche Behandlung an. Es ist wichtig, daß die Ansätze den KlientInnen entsprechend
modifiziert werden.

Wenn Drogenmißbrauch abgestritten wird

Es kommt sehr häufig vor, daß KlientInnen ihren Rauschmittelmiß-
brauch abstreiten, auch wenn es dafür offenkundige Anzeichen gibt,
wie rückständige Mietzahlungen, keine Lebensmittel im Haus, Rech-
nungen, die sich ansammeln usw. In diesem Zusammenhang ist eine
offene und sachliche Frage nach dem täglichen Gebrauch von Alkohol
und Drogen manchmal angebrachter als ein vorsichtiges hinter-dem-
Berg-halten. Zuvor muß natürlich ein angemessenes „Joining" stattge-
funden haben und eine tragfähige Arbeitsbeziehung entstanden sein.

TherapeutIn: „Sie führen ein verdammt anstrengendes Leben. Sie müssen mit einer Reihe schwieriger Probleme fertig werden.
Ich weiß, daß viele Menschen in einer vergleichbaren
Lage trinken oder Drogen benutzen, um mit ihrem Leben
fertig zu werden. Was machen Sie, was Ihnen dabei hilft,
nicht zu viel Drogen oder Alkohol zu benutzen?"

Diskussion:

Durch eine solche Bemerkung wird Drogen- und Alkoholgebrauch in
einen normalen Rahmen gestellt und verdeutlicht der KlientIn auch,
daß sie ernste Probleme hat, mit denen fertig zu werden nicht gerade
leicht ist. Die TherapeutIn läßt keinen Zweifel daran, daß sie davon
ausgeht, daß die KlientIn zu Drogen oder Alkohol greift, die Frage aber
ist, wieviel sie davon gebraucht – und nicht, ob sie überhaupt welche
nimmt. Drogengebrauch wird als etwas behandelt, was unter den gege-
benen Umständen verständlich ist und dies hilft der KlientIn, weniger in
Abwehr zu gehen.

KlientIn: Ich versuche, es zu beschränken. Ich nehme nur wenig.
Ich weiß, ich sollte gar nichts nehmen, aber meine Freunde versorgen mich mit Stoff.

Natürlich reagieren nicht alle KlientInnen in der eben beschriebenen
Weise. Wenn sie weiterhin mißtrauisch gegenüber den Motiven der
TherapeutIn sind und das Problem verleugnen, bleiben folgende Mög-
lichkeiten.

a) Die Teamspaltung (vgl. Kapitel 9). Die hauptsächlich Betreuende stellt sich auf die Seite der KlientIn, während einE zweitE MitarbeiterIn oder einE andere, zum Beispiel die SupervisorIn, eine konfrontierende Haltung einnimmt.

> *TherapeutIn:* Wie Sie wissen, habe ich Ihre Situation mit meiner SupervisorIn (meinen KollegInnen) besprochen. Sie ist überzeugt, daß in Ihrem Fall auch Drogen eine Rolle spielen und daß Sie mich an der Nase herumführen. Ich glaube nicht, daß Sie so etwas machen, weil Sie doch sehr ehrlich mit mir sind. Ich weiß also nicht mehr, was ich glauben soll. Was glauben Sie?

b) Die „Konfusionstechnik". Sie setzt die KlientIn unter erheblichen Druck, funktioniert aber in einigen Fällen sehr gut.

> *TherapeutIn:* Je besser ich Sie kennenlerne, desto deutlicher wird mir, wie schwer Ihr Leben ist. Nun habe ich ziemlich viel Erfahrung in der Arbeit mit Leuten, die Drogen und Alkohol benutzen. Ich bin verwirrt. Alles in Ihrer Situation legt nahe, daß Sie Drogen benutzen, aber Sie sagen, daß Sie keine benutzen. Das ergibt keinen Sinn. Können Sie mir da weiterhelfen?

Wenn diese Methoden versagen, können Sie immer noch auf eine Konfrontation oder eine Urinuntersuchung zurückgreifen. Einige KlientInnen reagieren besser auf rechtliche oder Zwangsmaßnahmen.

KlientInnen in die Bestimmung der Ziele mit einbeziehen

Viele Untersuchungen (MILLER, 1985) weisen darauf hin, daß sich – unabhängig vom Problem – die Erfolgsrate erhöht, wenn KlientInnen an der Festlegung der Ziele mitwirken können, besonders wenn es sich um Fälle mit Alkoholmißbrauch handelt. Es ist also wichtig, sie mit einzubeziehen, wenn es um die Auswahl der Ziele geht, die überschaubar, meßbar und realistisch sein sollten.

Da das Ziel des FBS-Programms der Zusammenhalt der Familie und zugleich die Garantie der Sicherheit der Kinder ist, muß immer klar sein, in welcher Weise der Drogengebrauch sich auf die Sicherheit der Kinder und die Fähigkeit der KlientIn auswirkt, die Familie zusammenzuhalten.

Manchmal entscheiden sich KlientInnen für den gelegentlichen Gebrauch von Drogen und/oder Alkohol und sind nicht bereit, zu Anfang einem völligen Verzicht zuzustimmen. Auch wenn dies nicht ideal ist, so ist es doch ein verfolgenswertes Ziel. Wenn eine KlientIn zeigen kann, daß sie es schafft, ihre Menge zu verringern, kann man ihr dabei helfen, diesen Ansatz auszubauen. Es stellt einen ersten kleinen Schritt dar. Wenn sie einen Monat ohne Drogen nicht durchhält, muß sie sich ihre Abhängigkeit eingestehen.

Rückfälle

Im Idealfall bleibt eine KlientIn nach Abschluß eines Behandlungsprogramms völlig abstinent. Im Alltag aber müssen KlientIn und TherapeutIn mit gelegentlichen und periodischen Rückschlägen rechnen. Wenn man mit einem Rückfall rechnet und Pläne macht, damit umzugehen, so heißt das nicht, ihn zu ermutigen. Es ist vernünftig und realistisch, PatientInnen in die Lage zu versetzen, Rückfälle zu verhindern, zu bewältigen und zu kontrollieren und so rasch wie möglich „auf den richtigen Weg" zurückzugelangen.

Für die meisten DrogenkonsumentInnen ist es nicht schwer, aufzuhören. Sie machen es jede Woche. Die schwierigere Aufgabe ist es, trocken oder clean zu bleiben. Abstinent zu bleiben, ist meist schwieriger als „ 'mal nichts zu trinken". Meine klinische Erfahrung zeigt, daß das, was die TherapeutIn tut, um Abstinenz aufrechtzuerhalten, sich von den Aktivitäten unterscheidet, die sie benutzt, um einen Rückfall zu verhüten. Die Mitgliedschaft bei den AA, NA, CA (cocaine anonymous) oder in anderen Selbsthilfegruppen ist ein guter Weg, abstinent zu bleiben und einen neuen Lebensstil zu erlernen, was eine sehr schwierige Aufgabe ist, die große Unterstützung und Engagement verlangt.

Was tun, wenn sich ein Rückfall ereignet?

Da die meisten Fachleute im Bereich der Alkoholtherapie ein oder zwei Rückfälle pro Jahr als normal betrachten, stellt sich die Frage, was die TherapeutIn tun sollte. Das größte Risiko für einen Rückfall stellt die Sorge der KlientIn dar zu versagen. Sie schämt sich wegen ihrer „Schwäche" und ihres Mangels an Willenskraft, ihr „Versprechen" sich selbst und anderen gegenüber zu halten. Für KlientInnen kann es ziemlich entmutigend sein, wenn sie den Eindruck bekommen, daß es sinnlos und vergeblich ist, immer wieder von vorne anzufangen. Eine solche Sichtweise kann völlig überwältigend sein. KlientInnen brauchen Hilfe, um zu erkennen, daß ein Rückfall nicht bedeutet, daß sie ganz von vorne anfangen müssen, sondern daß sie von dort aus relativ rasch zu ihrem früheren Erfolgsniveau zurückkehren können.

Häufig kann eine detaillierte Analyse, die zukünftige Schritte betont, statt zurückliegende Mißerfolge in den Vordergrund stellt, klar machen, was die KlientIn beim nächsten Mal anders machen muß und welche Strategien sie braucht, um mit ihrer Schwäche fertig zu werden.

Wie kommt es, daß die Dinge nicht noch schlimmer sind?

Anstatt einen Rückfall als Versagen zu betrachten, kann die TherapeutIn ihn in einen anderen Rahmen stellen: er dient der KlientIn als Erinnerungsstütze, daß sie noch immer eine „genesende Person" ist und daß sie noch mehr auf den Heilungsprozeß achten muß. Die folgenden Schritte führen ein paar nützliche Gesichtspunkte auf, die die TherapeutIn durchgehen sollte, wenn die KlientIn von einem Rückfall berichtet.

1. Finden Sie heraus, auf welche Weise sich dieser Rückfall vom letzten unterscheidet. Auch der kleinste Unterschied zwischen den einzelnen Rückfällen sollte Beachtung finden, so daß die KlientIn erkennen kann, daß sie kleine, aber doch wesentliche Fortschritte macht.

2. Fragen Sie die KlientIn, wie sie es geschafft hat, an gerade diesem bestimmten Punkt aufzuhören. Was hat ihr gesagt, daß sie beim fünften Glas aufhören und nicht weitertrinken sollte? Was hat sie gemacht, um sich an diesem Punkt zu bremsen?

3. Was hat sie aus diesem Ereignis gelernt, das sie auf die nächste Situation dieser Art anwenden kann?

4. Was tut die KlientIn zwischen ihren Rückfällen Positives für sich. Veranlassen Sie sie dazu, dieses Verhalten zu verstärken. Es können z.B. folgende Dinge sein: sinnvolle Beschäftigungen, sportliche Aktivitäten, gesunde Ernährung und Produktivität usw.

5. Veranlassen Sie die KlientIn, die gefährdenden Situationen vorherzusehen – Gelegenheiten für Rückfälle waren: Geburtstage, Partys, Feiertage... Entwerfen Sie realistische Strategien für alkohol- bzw. drogenfreies Verhalten.

6. Achten Sie weiterhin auf Änderungen des Lebensstils, der FreundInnen, sozialer Gruppen und Kontakte.

7. Achten Sie auf Belange der KlientIn in Hinblick auf das größere soziale System, schauen Sie auf den „Wellen-Effekt".

8. Unterstützen Sie die KlientIn weiterhin durch Komplimente und Ermunterung.

9. Deuten Sie ihren Rückfall dahingehend um, daß es ein Hinweis ihres Unbewußten ist, daß sie noch gefährdet ist und daß sie es weiterhin langsam angehen sollte.

F. Diese „verflucht schwierigen Fälle"

Glücklicherweise müssen TherapeutInnen diese Worte nicht allzu oft hinunterschlucken. Den meisten sind sie von Zeit zu Zeit schon einmal über die Lippen gekommen. Die Hoffnung, daß solche Fälle nicht mehr vorkommen, ist und bleibt ein Wunschtraum. Selbst „Wunderfragen" scheinen nicht zu helfen. Nichts von dem, was Sie getan haben, hat geholfen, und dabei haben Sie doch alles Erdenkliche versucht.

Was soll man in solchen Fällen anfangen?

1. Nur keine Panik! Sie sind nicht die einzigE, denn jedE hat solche Fälle!

2. Überprüfen Sie, ob Sie es mit einer „KundIn" zu tun haben.

Die „KundIn" muß nicht notwendigerweise die KlientIn sein. Vielleicht ist es das Gericht, die Schule, einE verärgerteE VerwandtE, Ihre SupervisorIn oder sogar Sie selbst (vgl. Kapitel 2).

Fallbeispiel

Das Gericht hatte für den vierzehnjährigen Markus folgendes angeordnet: er soll die Schule weiterbesuchen, sich um einen Job bemühen, das Ausgehverbot einhalten, sich einer Drogentherapie unterziehen, sich keinen Ärger mit der Polizei einhandeln und eine Familienberatung im Rahmen des FBS-Programms wahrnehmen.

Markus hatte eine Reihe von Schwierigkeiten mit dem Gericht und der Schule; er war Mitglied einer Jugendbande und die meisten seiner Freunde befanden sich in einer Einrichtung für schwer erziehbare Jugendliche. Dies kam einer Auszeichnung gleich und garantierte, daß man in die Gruppe aufgenommen wurde; in den letzten zwei Jahren war er nicht zur Schule gegangen; seine Mutter litt unter einer chronischen Geisteskrankheit; sein Vater saß im Gefängnis und es bestand kein Kontakt zur Familie; es gab keine Verwandten, die sich um Markus oder seine Familie hätten kümmern können. Es war offensichtlich, daß Markus' zwölfjähriger Bruder sich schon jeder Kontrolle entzog.

Markus handelt mit Drogen und besserte damit das AFDC auf, das seine Mutter bekam (Aid to Families with Dependent Children). Es war klar, daß die Mutter davon abhängig war, daß Markus das Familieneinkommen aufbesserte, damit sie der Familie ab und zu etwas Besonderes kaufen konnte. Sie war nicht in der Position, von Markus zu verlangen, daß er zur Schule ging und das Ausgehverbot einhielt. Markus schimpfte manchmal mit seiner Mutter wegen ihrer unzureichenden Erziehung. Weil sie wußte, daß sie von Markus abhängig war, hielt sie sich zurück und sprach ihn nicht auf seine Zukunft an. Sie fürchtete sich vor einem Leben ohne ihn.

Das Ganze war mehr als ein Familienproblem. Es stellte ein massives soziales Problem dar, das der FBS-Dienst nicht lösen konnte. Die „KundIn" war in diesem Fall die Gemeinde, die aber nicht bereit war, etwas zu tun.

In solchen Fällen muß die TherapeutIn wiederholt abklären, wer „KundIn" in bezug auf welches Problem ist.

3. Prüfen Sie, ob Sie einE KundIn für Veränderung vor sich haben.

Bei einigen Fällen besteht Ihre Aufgabe nicht notwendigerweise darin, Veränderung herbeizuführen, sondern den Status quo zu erhalten. Ihr Ziel ist es, wie einE SachwalterIn zu handeln, die für Bewahrung und nicht für Wandel eintritt.

4. Prüfen Sie, ob Sie die richtigen Ziele vertreten

Streben Sie das gleiche Ziel wie die KlientIn an? Will sie sich wirklich ändern oder sagt sie es nur, weil sie es gewohnt ist, sich auf erwünschte Weise zu verhalten? Vielleicht braucht sie Hilfe, wirklich realistische Ziele zu bestimmen. Seien Sie realistisch.

5. Prüfen Sie, ob Sie vielleicht schon ein Ziel erreicht haben, ohne es zu bemerken.

Schauen Sie noch einmal in Ihre Unterlagen und Ihre ersten Beurteilungen. Vielleicht haben Sie und die KlientIn schon das Ausgangsziel erreicht, ohne sich dessen bewußt zu werden. Vielleicht haben Sie einen kleinen Erfolg nicht genug gewürdigt.

6. Sorgen Sie dafür, daß Ihnen Supervision und Konsultation zur Verfügung stehen.

Eine fallbegleitende Supervision/Konsultation ist von zentraler Bedeutung. Machen Sie wegen der „verflucht schwierigen Fälle" ein Brainstorming mit Ihren KollegInnen und holen Sie die Meinung anderer ein. Manchmal ist es ermutigend zu hören, daß KollegInnen oder SupervisorInnen den Fall genauso „schrecklich" finden.

Eine unterstützende Atmosphäre unter KollegInnen ist wesentlich. Fallbesprechungen müssen in regelmäßigen Abständen stattfinden, damit sie alle nützlichen Techniken kennenlernen können. Von Zeit zu Zeit tut es gut, über KlientInnen herzuziehen oder die Frustrationen über das System loszuwerden. Solche Diskussionen sollten jedoch nicht zu einem regelmäßigen „Lästern" ausarten. Aus diesen Sitzungen sollten positive und konstruktive Ideen hervorgehen.

7. Lernen Sie aus Erfolgen und Fehlern.

Jede Familie bietet uns ein reiches Erfahrungsfeld und wir können ihnen dankbar sein, daß sie uns Gelegenheit geben, Erfolg zu haben, wie bescheiden zu bleiben. Analysieren Sie Ihre Erfolge ebenso wie Ihre Fehler. Es besteht eine generelle Tendenz, sich auf Fehler und Mißerfolge zu konzentrieren. Es ist wichtig, die Fehler zu kennen, aber es ist ebenso bedeutsam, darauf zu schauen, was Sie richtig gemacht haben. Bewahren Sie Ihre Erfolge im Geist und wenden sie Sie auf andere Fälle an.

8. Denken Sie daran, daß Sie Unterschiede im Leben von KlientInnen herstellen.

Denken Sie immer daran, daß Sie mit jedem Kontakt und jedem Gespräch zu einer positiven Veränderung beitragen. Sie machen einen wesentlichen Unterschied im Leben eines anderen Menschen. Dies stellt die wichtigste Belohnung für das, was Sie tun, dar. Ihr berufliches Engagement, denen zu helfen, die am verletzbarsten, hilflosesten und hilfsbedürftigsten sind, ist bewundernswert. Machen Sie alle diese guten Dinge, die Sie machen, weiter.

Literatur

BERG, Insoo Kim „Couple therapy with one person or two", in: Elam NUNNALLY & Katherine CHILMAN (eds) „The Families in Trouble, Vol. 3", S. 30-54, Newbury Park, Ca.: Sage, 1988 a

BERG, Insoo Kim „Kurztherapie eines obdachlosen Droghenabhängigen: Eine Fallstudie", Z.system.Ther. 6(3): 207 - 211, 1988 b

BERG, Insoo Kim & Larry HOPWOOD „Doing with very little: Treatment of Homeless Substance Abusers", J. Independent Soc. W., 1991

BERG, Insoo Kim & Scott D. MILLER „Working with the Problem Drinker", Norton: New York, 1992. Dtsch.: „Kurzzeittherapie bei Alkoholproblemen", Heidelberg: Cl.Auer, 1993

DE SHAZER, Steve „The death of resistance", Fam. Proc. 23: 79-83, 1984

DE SHAZER, Steve „Keys to Solution in Brief Therapy", New York: Norton, 1985, dtsch „Wege der erfolgreichen Kurztherapie", Stuttgart: Klett-Cotta, 1989

DE SHAZER, Steve „Clues: Investigating Solutions in Brief Therapy", New York: Norton, 1988, dtsch „Der Dreh. Überraschende Wendungen und Lösungen in der Kurzzeittherapie", Heidelberg: Cl.Auer, 1989

DE SHAZER, Steve „Putting Difference to Work", New York: Norton, 1991, dtsch „Das Spiel mit Unterschieden. Was therapeutische Lösungen lösen", Heidelberg: Cl.Auer, 1992

DE SHAZER, Steve, Insoo Kim BERG, Eve LIPCHIK, Elam NUNNALLY, Alex MOLNAR, Wallace GINGERICH & Michele WEINER-DAVIS „Brief therapy: Focused solution development", Fam. Proc. 25: 207-222, 1986, dtsch „Kurztherapie - Zielgerichtete Entwicklung von Lösungen", Familiendynamik 11(3): 182-205, 1986

DOH „Protecting Children: A Guide for Social Workers Undertaking a Comprehensive Assessment", London: HMSO, 1988

FINGERETTE, Herbert „Heavy Drinking: The Myth of Alcoholism as a Disease", Los Angeles: University of California Press, 1988

FRANKLIN-BOYD, Nancy „Family Therapy with African-American Families", New York: Norton, 1990

GEORGE, Evan, Chris IVESON & Harvey RATNER „Problem to Solution: Brief Therapy with Individuals and Families", London: BT-Press, 1990

HESTER, Reid & William MILLER „Handbook of Alcoholism Treatment Approaches: Effective Alternatives", New York: Pergamon, 1989

HOLDEN, C. „Alcohol consumption down, research up (Letter)", Science 236: 773, 1986

HOLDEN, C. „Is alcoholism treatment effective ?", Science 236: 20-22, 1987

Institute of Medicine „Broadening the Base of Treatment for Alcohol Problems", Washington, D.C.: United States Government Printing Office, 1990

KISER, David J. „A Follow-Up Study Conducted at The Brief Family Therapy Center of Milwaukee, Wisconsin", 1988

KRAL, Ron & Kate KOWALSKI „After the miracle: The second stage in solution focused brief therapy", J.S.S.T. 8 (2&3): 73-76, 1989

LIPCHIK, Eve (ed) „Interviewing" (The Family Therapy Collections), Rockville, Maryland: Aspen, 1988

LIPCHIK, Eve & Steve DE SHAZER „The purposeful interview", J.S.S.T. 5 (1 & 2): 88-99, 1986

MANN, J. „Time-Limited Psychotherapy", Cambridge, Ma.: Harvard University Press, 1973

MILLER, William „Motivation for treatment: A review with special emphasis on alcoholism", Psychol. Bull. 98 (1): 84-107, 1985

NUNNALLY, Elam, Steve DE SHAZER, Eve LIPCHIK & Insoo Kim BERG „A Study of Change: Therapeutic Theory in Process" in: Donald E. EFRON (ed) „Journeys: Expansion of the Strategic-Systemic Therapies", New York: Bruner/Mazel, 1986

O'HANLON, William H. & Michele WEINER-DAVIS „In Search of Solutions: A New Direction in Psychotherapy", New York: Norton, 1989

O'HANLON, William H. & A.L. HEXUM „An Uncommon Casebook. The Complete Clinical Work of Milton H. Erickson, M.D.", New York: Norton, 1990. Dtsch.: „Milton H. Ericksons gesammelte Fälle", Stuttgart: Klett-Cotta, 1994

SIFNEOS, Peter „Seven years' experience with short-term dynamic psychothe-rapy", 6th International Congress of Psychotherapy, 1965

SIFNEOS, Peter „Short-term dynamic psychotherapy of phobic and mildly obses-sive-compulsive patients", Am. J. Psychother. 39 (3): 314-322, 1985

STONE, Elizabeth „Black Sheep and Kissing Cousins: How Our Family Stories Shape Us", New York: Penguin, 1988

WATZLAWICK, Paul, John H. WEAKLAND & Richard FISCH „Lösungen", Bern-Stutt-gart-Wien: Huber, 1974

WHITE, Michael „The process of questioning: A therapy of literary merit ?", Dulwich Centre Newsletter, Winter 1988, dtsch „Der Vorgang der Befragung: eine literarisch wertvolle Therapie ?", Familiendynamik 14 (2): 114-128, 1989

WEINER-DAVIS, Michele, Steve DE SHAZER & Wallace J. GINGERICH „Building on pretreatment changes to construct the therapeutic solution: An exploratory stu-dy", J. Mar. Fam. Ther. 13: 359 - 363, 1987

Literatur zu US-familienbezogenen Diensten:

Behavioral Sciences Institute „Overview of Homebuilders Programs Treatment Effectiveness", Federal Way, Washington, Behavioral Sciences Institute, 1986

Bribitzer, M.P. & M.J. Verdieck „Home-based family-centered intervention: Evaluation of a foster care prevention program", Child Welfare 67: 255-266, 1988

Edna McConnell Clark Foundation „Keeping Families Together: The Case for Family Preservation", New York, 1985

Family Empowerment Resource Network „Definition of Home-Based Services", Middlebury, Vermont, Counseling Service of Addition County, 1987

Frankel, H. „Family-centered, home-based services in child protection: A review of the research", Soc. Service Rev. 61: 137-157, 1988

Jones, M.A. „A second chance for families: Follow-up of a program to prevent foster care", New York: Child Welfare League of America, 1985

Minnesota Department of Human Services „Family Based Services Handbook", St. Paul: MI, 1985

National Resouce Center on Family Based Services „Home-Based Family Centered Preplacement Prevention and Family Reunification. A Basic View", Iowa City, Iowa: The University of Iowa, School of Social Work, National Resource Center on Family Based Services, 1990

Rzepnicki, T.L. „Recidivism of foster children returned to their own homes: A review and new directions for research", Soc. Service Rev. 61: 57-70, 1987

Stehno, S.M. „Family-centered child welfare services: New life for an historic idea", Child Welfare 65: 231-240, 1986

Sudia, C. „Preventing out-of-home placement of children: The first step to permanency planning", Children Today 15: 4-5, 1986

Whittaker, J.K., J. Kinney, E.M. Tracy & C. Booth (eds) „Improving Practice Technology for Work with High Risk families: Lessons from the `Homebuilders` Social Work Education Project" (Monograph No. 6), Seattle, Washington: University of Washington, Center for Social Welfare Research, 1988

Personenverzeichnis

Sachverzeichnis

Fallbeispiele